应急管理的思维能力与体系构建研究

刘川　孙莹————著

辽宁人民出版社

图书在版编目（CIP）数据

应急管理的思维能力与体系构建研究 / 刘川，孙莹
著. -- 沈阳：辽宁人民出版社，2024. 8. -- ISBN 978-
7-205-11283-7

Ⅰ. D630.8

中国国家版本馆CIP数据核字第2024U1P557号

出版发行：辽宁人民出版社
　　　　　地址：沈阳市和平区十一纬路 25 号　邮编：110003
　　　　　电话：024-23284325（邮　购）　024-23284300（发行部）
　　　　　http://www.lnpph.com.cn
印　　刷：辽宁新华印务有限公司
幅面尺寸：170mm×240mm
印　　张：20
字　　数：300 千字
出版时间：2024 年 8 月第 1 版
印刷时间：2024 年 8 月第 1 次印刷
责任编辑：顾　宸
封面设计：丁末末
版式设计：鼎籍文化创意
责任校对：刘再升
书　　号：ISBN 978-7-205-11283-7

定　　价：68.00 元

序　言

　　笔者在中共辽宁省委党校应急管理教研部从事应急管理相关的教学和科研工作，教学的对象是省内各级从事应急管理相关工作的领导干部，在国家推进应急管理体系与能力现代化的目标下，如何完善应急管理体系建设，如何提升领导干部的应急管理能力是值得深入研究的内容。

　　应急管理能力需要应急体系的完善，包括物资储备、组织储备、方案储备等，同时也需要领导干部在应急管理中的思想能力储备。体系与思维能力可以相互配合，相互补充，却无法相互替代。只有二者都不断进行完善，才能真正提升应急管理的实际效果。问题是带人走出困境的最好向导。体系再完美，本身不会自动发生作用，起决定作用的依然是人，人做出正确判断和决策的根源在于思维能力。应急管理体系无论如何严密、完善，最终依然无法取代应急实践处置中的人的洞察与判断。正是应急管理过程中人的思维能力给予了应急管理体系强大的力量。

　　在应急管理的实践中，最需要领导干部发挥作用的时刻是应对即将发生转折和质变的临界点。需要依靠思维能力在一定的社会组织和群体内，自上而下领导组织、指挥、协调、控制下属活动。领导需要为团队提供思想和意志。思想是黑暗中发现微光的能力。意志是敢于跟随这线微光前进的勇气。思想和意志都来源于思维能力。思想是思维阶段性的固定成果。应对突发情况的思维是不断进步的，应急思维凝练成应急思想也是在不断进行中的。意志来源于价值观，为了更重要的价值目标，人们才能用意志对抗困境。在复杂的风险环境中，突发事件的决策能力不取决于左右逢源和上下周旋的能力，而是在于对正确价值观的思考，在于对个人得失与国家民族利益的权重判断。

本书重点探讨从事应急管理相关工作的领导干部应该具备哪些思维能力，这些能力又如何促进应急管理体系的完善。本人在校讲授"提升防灾减灾救灾能力"和"公共安全应急指挥体系建设"等培训课程，本书是课程的补充内容，也是我和孙莹老师对思维能力和体系建设相互促进的研究总结。本书的写作和出版得到中共辽宁省委党校（辽宁行政学院、辽宁省社会主义学院）的支持，同时也得到校内外多位专家的帮助指导，特别是应急管理教研部主任伊文嘉教授，为本书提出了很多指导性建议。本书的合著者孙莹老师为本书的研究提供了丰富的文献资料，并完成了第四章、第五章、第六章、第七章的写作，总字数达到 15 万字。感谢应急管理教研部全体同事的帮助和鼓励。

"君子对青天而惧，闻雷霆而不惊；履平地而恐，涉风波不疑。"应对突发事件的思维能力不仅是领导干部的必备能力，也是每一个人值得精进的能力，是感知风险和完善体系的关键，是发现规律与创造价值的能量来源，也是坚守操守与实现价值的根基。

是为序。

刘川

2024 年 3 月 2 日

目 录

第一章

思维能力与体系构建的关系

一、领导干部的思维能力需求

（一）思维的分类

人们在工作、学习、生活中每逢遇到问题，总要思考，这就是思维的过程。思维最初是人脑借助于语言对事物的概括和间接的反应过程，思维以感知为基础又超越感知的界限。通常意义上的思维，涉及所有的认知或智力活动。它探索与发现事物的内部本质联系和规律性，是认识过程的高级阶段。[①] 思维是通过分析、综合、概括、抽象、比较、具体化和系统化等一系列过程，对感性材料进行加工并转化为理性认识来解决问题的。思维是个宽泛概念，基于不同的标准可以形成不同的概念划分。

从思维的形式进行分类可以分为感性具象思维、理性具象思维和抽象逻辑思维。感性具象思维是指在直接接触外界事物时感官直接感觉到的思维。理性具象思维是在感性具体基础上经过思维的分析和综合，达到对事物多方

---

① 刘颖、苏巧玲：《医学心理学》，中国华侨出版社，1997，第27页。

面属性或本质的把握。抽象逻辑思维则是以抽象概念为形式的思维，它主要依靠概念、判断和推理进行思维。

从思维的目的对思维进行划分可以分为上升性思维、求解性思维和决断性思维。上升性思维是以实践所提供的个别经验为起点，把个别经验上升为普遍性的认识。个别性质的思维大多来自日常的生活体验，过于直接和个性化，因而不具有普遍的指导意义，其真实性有待实践检验，最终上升为普遍性认识。求解性思维是围绕问题展开思维，依靠已有的知识去寻找与当前现状之间的中间环节，从而使问题获得解决。如解答数学题，需要先分析已知条件，再看问题，最后再找由条件到问题之间的桥梁。决断性思维是以规范未来的实验过程或预测其效果为中心的思维。

遵循具体性、发展转化、综合平衡三条原则，对思维的分类可以从多个角度展开，这里不一一列举。人们在对思维的效果进行衡量时通常使用思维能力的概念。思维能力包括理解力、分析力、综合力、比较力、概括力、抽象力、推理力、论证力、判断力等能力。不同的工作对思维能力有着相应的需求，基于我党对领导干部的能力需求，本书聚焦七种思维能力进行探讨。

（二）领导干部的"七种思维能力"

习近平总书记在党的十九大报告中指出，全党要"增强政治领导本领，坚持战略思维、创新思维、辩证思维、法治思维、底线思维"[①]。这是习近平总书记第一次系统完整地阐述领导干部思维建设的观点。2019年1月，中央党校召开省部级主要领导干部"坚持底线思维着力防范化解重大风险"专题研讨班，习近平总书记在开班式的讲话中加入了第六种思维能力——历史思维能力，强调："领导干部要加强理论修养，深入学习马克思主义基本理

---

① 《习近平决胜全面建成小康社会夺取新时代中国特色社会主义伟大胜利——在中国共产党第十九次全国代表大会上的报告》，人民出版社，2017，第68页。

论，学懂弄通做实新时代中国特色社会主义思想，掌握贯穿其中的辩证唯物主义的世界观和方法论，提高战略思维、历史思维、辩证思维、创新思维、法治思维、底线思维能力，善于从纷繁复杂的矛盾中把握规律，不断积累经验、增长才干。"[1]党的二十大报告中，加入了第七种思维能力——系统思维能力。习近平指出："我们要善于通过历史看现实、透过现象看本质，把握好全局和局部、当前和长远、宏观和微观、主要矛盾和次要矛盾、特殊和一般的关系，不断提高战略思维、历史思维、辩证思维、系统思维、创新思维、法治思维、底线思维能力，为前瞻性思考、全局性谋划、整体性推进党和国家各项事业提供科学思想方法。"[2]

提升以上七种思维能力是对当今新时代领导干部的必然要求。中国共产党需要在时代发展中回答"为谁执政、怎样执政、怎样才能执好政、怎样才能做到长期执政"的问题。"党面临的长期执政考验、改革开放考验、市场经济考验、外部环境考验具有长期性和复杂性，党面临的精神懈怠危险、能力不足危险、脱离群众危险、消极腐败危险具有尖锐性和严峻性，这是根据实际情况作出的大判断。"[3]面对百年未有之大变局，我国面临的各种风险更为复杂，增强领导干部"七种思维能力"是化解国内外矛盾，提升治国理政能力，实现中华民族伟大复兴的必然要求。

（三）"七种思维能力"的关系与定位

"七种思维"构成一个逻辑体系，需要从整体上进行理解和把握。

---

[1]《习近平在省部级主要领导干部坚持底线思维着力防范化解重大风险专题研讨班开班式上的讲话》，《人民日报》2019年1月22日第1版。

[2]《习近平高举中国特色社会主义伟大旗帜为全面建设社会主义现代化国家而团结奋斗》，人民出版社，2022，第21页。

[3]《习近平在省部级主要领导干部坚持底线思维着力防范化解重大风险专题研讨班开班式上的讲话》，《人民日报》2019年1月22日第1版。

战略思维是指导。它对其余六个思维具有引领作用，是指明方向并作出整体规划的思维。当代中国共产党人战略思维的前提与总目标就是为中国人民谋幸福，为中华民族谋复兴。提升战略思维能力也就是提升领导干部高瞻远瞩、统揽全局和善于把握事物发展总体趋势和方向的能力。领导干部要善于从大局看问题，放眼世界，放眼未来，也放眼当前的一切方面。在重大原则问题上旗帜鲜明，在复杂多变的国际局势中静观其变，在制定方针政策时冷静观察，谋定而后动。

历史思维是依据。没有历史思维，战略思维的底蕴则必然不足。所谓历史思维，是通过对历史过程的科学梳理、对历史问题的深入分析、对历史事件和人物的认真研究，充分总结提炼出历史发展规律，进而汲取推动历史发展的智慧和方法，预览历史发展的未来的一种思维方式。战略思维的真正确立确认，需要历史思维提供支撑，需要对历史过程、历史事件、历史人物的科学梳理，需要对历史发展的全部过程进行整体性和本质性的把握，需要历史经验的古为今用。历史思维能力是领导干部以史为鉴、知古鉴今和善于运用历史眼光认识发展规律、把握前进方向、指导现实工作的能力。落实在提高领导干部工作水平上，最为重要的是要具有历史意识和文化自觉，即想问题、做决策要有历史眼光，能够从以往的历史中汲取经验和智慧，自觉按照历史规律和历史发展的辩证法办事。

辩证思维是方法。从战略思维的角度思考问题，就必然和必须运用辩证法思考问题，而不是形而上学地思考问题。提升领导干部辩证思维能力也就是提升正视矛盾、分析矛盾、解决矛盾的能力，提升善于抓住关键、找准重点、洞察事物发展规律的能力。这需要在实践中把握问题的多样性，多层次分析问题，多角度观察问题，善于抓住主要矛盾思考战略问题，要思考主要矛盾对次要矛盾的决定性因素，要善于思考充分运用主要矛盾的影响力引导次要矛盾向主要矛盾方面转化，要充分思考矛盾的主要方面的作用，引导矛盾的主要方面最大限度地发挥其作用。提升辩证思维能力还表现为善于运用对立统一规律分析战略问题中的各种要素，既要一分为二，又要一分为三，还可以一分为若干，为战略问题的最终决策与定夺提供最大值的权重。

系统思维是要求。系统是由相互作用相互依赖的若干组成部分结合而成的、具有特定功能的有机整体，而战略的制定需要进行系统的考量。系统思维能力是领导干部把握改革发展的系统性、整体性、协同性的能力。系统分析是对于系统内的基本问题运用多种分析方法，找出可行方案进行分析比较，使系统整体效益达到最优的一种方法。深入研究各领域发展的关联性和各项举措的耦合性，使各项工作在政策取向上相互配合、在实施过程中相互促进、在实际成效上相得益彰。经济体制、政治体制、文化体制、社会体制、生态文明体制和党的建设制度改革紧密联系、相互促进，任何一个领域的发展变化都会牵动其他领域，同时也需要其他领域密切配合。如果各领域协同不好，即使勉强推进，战略的效果也会大打折扣。

创新思维是途径。要保证战略目标的顺利实现，在战略思维过程中，务必秉承创新思维，因为中国共产党人秉持的初心、肩负的使命决定了这是必然选择。提升创新思维能力需要提高领导干部破除迷信、超越过时陈规和善于因时制宜、知难而进、开拓创新的思维能力。要有探索真知、求真务实的态度，为了创新创造而百折不挠、勇往直前，不断积累经验，取得改革发展的新成果。领导干部要带领群众进一步解放思想，实事求是，与时俱进，勇于推进理论和实践创新，解放和发展社会生产力，激发和增强社会活力，坚决破除各方面的体制机制弊端，开拓中国特色社会主义事业更加广阔的前景。

法治思维是保障。围绕战略思维的终极目标进行思考，在法治思维方面，自然重点是对规则的思维。如前面分析，法治思维在整个战略思维的推进过程中，应当重视和关注的是执政党和国家整体目标实现过程中的有序性与有绪性原则的体现。有序性原则与有绪性原则的统一体，就是法治精神、法律制度、规则意识。离开了法治思维，必然导致社会失序乱绪，贻误战略思维的有效性进行。领导干部要带头在全社会形成办事依法、遇事找法、解决问题用法、化解矛盾靠法的良好法治环境，在法治轨道上推动各项工作。同时，要加强对执法活动的监督，努力让人民群众在每一个司法案件中都感受到公平正义。只有使领导干部深刻理解和全面把握坚持依法治国、依法执政、依法行政，才能保障战略的顺利实现。

底线思维是边际。所谓底线，就是数学概念上的边际。从整体性战略思维把握，在实践中应当不少于两个层面的理解。从国家利益层面来看，国家的政治安全、意识形态、国家主权、根本政治制度、基本政治制度、基本经济制度、基本价值观等领域的问题，是有明确底线、有边际的，是不可以也不能商量的，没有讨论的余地和讨论的空间。提升底线思维能力也是提高领导干部客观地设定最低目标、立足最低点、争取最大期望值的积极思维能力，宁可把形势想得更复杂一点，把挑战看得更严峻一些，做好应付最坏局面的思想准备。要见微知著、未雨绸缪，增强前瞻意识，把工作预案准备得更充分、更周详，才能在工作中做到心中有数、处变不惊。战略思维中保持底线思维意识，也是保证在运用战略思维分析重大问题时不越矩、不脱轨、不误判、不犯原则性错误。

二、应急管理体系的构建

（一）什么是"体系"

近年来，"体系"这一词语被提起的频率越来越高，当某一现象，或某一个新事物的规律被各自"体系"阐释的时候，显得思维更加深刻，视野更加广阔，阐述更加学术。但是究竟什么可以被称作体系？什么不能？这一表述的边界在哪里？《现代汉语词典》对"体系"一词的解释为："若干有关事物或某些意识互相联系而构成的一个整体。"从字面解释来看，体系有如下影响因素：一是体系所包含事物的范围，某些事物可以在新的机制下纳入体系之中，使体系的涵盖内容扩大，因此体系的范围通常是动态变化的。二是事物之间相互联系的机制，事物之间产生联系的方式多种多样，怎样的联系是可以形成体系的联系，怎样的联系只是相关，这需要进行区分。体系之间的相互关联是一种形成结构的联系，而不是各事物的简单相加和机械凑合。这种联系在体系的运作过程中形成一定的规则和固有方式。

"体系"与"系统"又有怎样的区别？《现代汉语词典》对"系统"一词的解释为："同类事物按一定的关系组成的整体。"二者在涵盖的范围上并不完全不同。"体系"中的事物可能是同类的，也可能不是同类的。"系统"中的事物都是同类的。在语言学术语中，"语言体系"和"语言系统"就是同一个意思：指构成语言的各个层次的单位，及其互相对立、互相区别、互相联系、互相制约的关系网络。再如，"司法系统"，就是和司法相关的事物组成的整体，通常可以看作各级人民法院、人民检察院的合称。而"司法体系"所涵盖的内容中除了司法相关的事物，包括公、检、法、司四大机关，共同构成了我国的司法体系。因此在某些具体的内容下，"体系"和"系统"具有相同的含义，而以上对"体系"的解释都可以说是为了更好地符合语言体系而表达的。体系的构成要素可以包括人、财、物、信息、技术和环境等方面。其中，人是体系中最活跃的因素，其他因素则通过人的作用和影响来实现体系的目标和功能。例如，在教育体系中，教师、学生、行政人员等是主要的人力资源，而资金、教学设备、校舍等则是物力资源。因此，一个体系应具有以下特点：一是整体性，体系中的各个部分相互关联、相互依存，构成一个有机的整体。二是目的性，体系通常具有明确的目标和功能，这些目标和功能是体系存在的基础。三是稳定性，体系具有一定的稳定性和持续性，不会轻易发生改变。四是适应性，体系能够适应环境的变化，保持自身的稳定和发展。五是复杂性，体系通常具有复杂的结构和关系，需要仔细分析和管理。

（二）什么是好的体系

评价体系的好坏，通常是根据体系运作下产生的效能和导向进行评价。一个良好运作的体系可以提升效率。将碎片化的联系，重复冗余的流程进行整合成具有合理化结构的运作体系是事物发展的必然选择，在体系化整合和改进的过程中首先要基于现实的物质基础，随着社会发展，适合现实的体系也需要不断更新，那些不能做到与时俱进的体系，在运作效能上就会降低，带来诸如官僚主义、结构僵化等问题，因此，体系是否能够更好地适应现实，发挥运作效能是评价体系优劣的重要参数。如果一个高效运作的体系是出于一种邪恶或不道德的目的进行的，如为了提升奴隶贩卖或屠杀效率形成的运作体系，以社会的尺度来看，是一种阻碍人类和谐进步的恶行，这就不能仅仅从效率角度去评判。因此，对于体系的评价应该是基于人类共同利益的，在科学技术持续进步促进下，人类对自然的影响力不断增大，人类彼此之间的联系也更为密切，基于可持续发展观和共同利益观的"人类命运共同体"意识可以作为评价体系的一个标准。运行结构对于需要众多人员协作的工作，体系运行结构就成了体系的基础。例如，足球是典型的团队运动，除去守门员，如果一个队的 10 个人都追着足球跑，产生的攻防效率自然低于有明确位置分工的战术安排。当有足球教练尝试将球员分为三到四层防线，形成 4—4—2、3—5—2、4—2—3—1 等不同阵型时，能够使足球的传接更为顺畅，阻挡对手进攻的效果也更好。在体系运行中，快速直接的信息传递有助于提升应对效率，通常情况下，扁平化的管理结构优于科层制的管理结构，但如果缺乏权责划分，扁平化结构的更容易引发信息的冗余和救援活动的碎片化。最佳的体系的运行结构需要基于参与部门的权责和能力寻求一个恰当的层级结构平衡点。

（三）我国的应急管理体系

目前，我国理论界和实务部门尚未对"应急管理体系"进行科学权威的界定，已有为数不多的定义对"应急管理体系"内涵与外延的认识也不完全一致。其共识可以被归纳为：应对突发公共事件时的组织、制度、行为、资源等相关应急要素及要素间关系的总和。我国的应急管理体系是以"一案三制"为核心发展而来的应急管理体系。"一案三制"即：应急预案，应急管理体制、应急管理机制和应急管理法制。四者作为应急管理体系有机联动的核心要素，各具内涵特征和功能定位，有助于应急管理决策、组织、制度的理论建设与实践创新，共同指向建设规范化、综合化、协同化、专业化的应急管理框架。[1] 新时代的应急实践要求应急管理体系与能力的现代化发展，应急管理体系建设也要求以更好发挥应急能力为目标。应急管理部成立以后，我国的应急管理体系由"一案三制"为核心转向由应急管理部牵头组织的新局面，不仅强调全灾害管理，而且更加重视全过程管理，以应急管理部主导的多主体协同网络的建构以及准备、预防、减缓、响应、恢复五大环节的机制优化与流程重塑构成新时代应急管理体系改革的新任务。[2] 建构中国特色应急管理体系要求以完备的应急管理法律体系为保障，建立多主体参与的应急组织系统、分工明确、统一指挥的应急体制，在体制基础上形成相互协作、反应快速的应急机制。新时代应急管理体系的要求也强调统筹规划资源、明确阶段重点、完善应急体制、加快信息联网、强化政社合作、保护一

---

[1] 钟开斌：《"一案三制"：中国应急管理体系建设的基本框架》，《南京社会科学》2009年第11期。

[2] 张海波：《新时代国家应急管理体制机制的创新发展》，《人民论坛·学术前沿》2019年第5期。

线人员，重点加强统一领导和总体协调机构建设，基于国情依托与制度属性推动建构中国特色应急管理体系。[①]

以应急管理部成立为标志的应急管理改革带来了应急机构权力重组、相关法律法规修订、新体制。现行的管理体系建设并非抛弃之前的"一案三制"，而是需要理顺与"一案三制"的关系，实现应急管理与国家安全管理体系融合。

1. 应急预案

体系建设要求应急预案做到"横向到边、纵向到底"，内在结构包括特定突发事件分级标准、应急组织体制、事前事中事后的管理措施、应急保障、信息发布与公开、责任与奖惩机制。应急预案的本质是通过非常态实践中的隐性的常态因素显性化进而将制度内在规定性转为实践外化的确定性，加强应急准备，保持应急活动的灵活性，实现"转危为安"。[②]从实践运作来看，预案内容缺少针对性、预案之间衔接不畅、预案缺乏可操作性是应急管理预案存在的主要挑战，优化的基本方向为强化预案的编制、培训、演练与评估，重点在于实现宏观指导原则到微观操作导向的功能定位转变，"自上而下"模版驱动到"自下而上"风险导向的编制方法转变，封闭孤立的内部规范到公开透明的外部评估的管理方式转变，成效展示性导向到问题检验性导向的演练目标转变。[③]另外，地方部门机械地执行预案，而造成执行中的不良后果，除了追究预案制定不合理的责任以外，执行部门的责任是否应当追究也成为一个有争议的问题。应急管理体系的现代化要求应急预案的灵活性和有效性。

---

① 中国行政管理学会课题组：《建设完整规范的政府应急管理框架》，《中国行政管理》2004年第4期。

② 张海波：《中国应急预案体系：结构与功能》，《公共管理学报》2013年第2期。

③ 钟开斌：《中国应急预案体系建设的四个基本问题》，《政治学研究》2012年第6期。

2.应急管理体制

我国的应急管理体制与国家治理变迁的轨迹总体保持一致，呈现出"一元化领导—控制性放权—赋能型协调—政党型收权"的基本特征，由单灾种管理的防灾减灾体制向协同应对的应急管理体制与职能化综合管理的应急管理体制变迁。[①] 国家应急管理部，地方的应急管理厅、局成立之前，应急管理体制基本属于部门主导、各管一方，中央和地方政府应对危机主要依靠临时领导小组、附属式综合协调机构，综合应急管理能力欠缺、机构设置层次不清、应急职责划分不明成为应急管理体制有效运作的突出挑战。[②] 机构改革后，在应对跨界突发公共事件时出现的部门职能模糊、跨部门协调困难也揭示出"应急管理部门'梁'的理想职能定位与'柱'的实际机构设置之间存在结构性矛盾"，需通过设立国家应急管理委员会等机构来承担统筹协调职责，提高部门应急协调与资源整合能力。[③] 我国当前的应急管理体制是以应急管理部牵头主导、多主体协同的网络结构。网状结构内部仍然是继承了传统的科层结构。为有效应对不断积聚的自然灾害风险、城市风险、技术风险与社会风险，应以满足人民群众对安全发展的客观需求为导向，将党和政府高度重视的政治优势、综合国家提升的经济优势、科学技术发展的技术优势、多元主体有机协同的社会优势以及重特大危机事件应对的经验优势转化为应急管理体制创新发展的动力，基于国家发展战略的系统维度、国家安全的战略高度、风险管理的专业深度以及智慧科学的技术精度来构建新型国家应急管理体制。[④]

[①] 钟开斌：《中国应急管理体制的演化轨迹：一个分析框架》，《新疆师范大学学报》（哲学社会科学版）2020年第6期。

[②] 刘霞、严晓：《我国应急管理"一案三制"建设：挑战与重构》，《政治学研究》2011年第1期。

[③] 钟开斌：《找回"梁"——中国应急管理机构改革的现实困境及其化解策略》，《中国软科学》2021年第1期。

[④] 滕五晓：《新时代国家应急管理体制：机遇、挑战与创新》，《人民论坛·学术前沿》2019年第5期。

3. 应急管理机制

应急管理机制是应急过程中各种制度化、程序化的管理方法与措施的总和，《中华人民共和国突发事件应对法》规定应急管理机制建设的基本要求是"统一指挥、反应灵敏、协调有序、运转高效"。按照应急管理环节划分，机制被分为预防与应急准备机制、监测与预警机制、信息报告与通报机制、应急指挥协调机制、信息发布与舆论引导机制、社会动员机制、善后恢复与重建机制、调查评估与学习机制和应急保障机制等次级子机制。从应急管理实践的全过程来看，应急管理机制包括如下方面：在事前预防与应急准备阶段，主要涉及社会管理机制、风险防范机制、应急准备机制、宣教培训机制、社会动员机制；在事发监测与预警阶段，主要涉及事件监测机制、事件研判机制、信息报告机制、事件预警机制、国际合作机制；在事中应急处置与救援阶段，主要涉及先期处置机制、快速评估机制、决策指挥机制、协调联动机制、信息发布机制；在事后恢复与重建阶段，主要涉及恢复重建机制、救助补偿机制、心理救援机制、调查评估机制、责任追究机制。[①] 在应急体系现代化的要求下，机制建设需要细化应急管理机制体系的次级机制，促进机制之间有效衔接，提升各项机制的运行效率，充分运用科技赋能应急机制建设与创新，并在应急管理实践中以任务为导向补强机制短板，构建与突发事件应对相适配的应急管理机制体系，不断提升应急管理有效性与合法性。[②]

4. 应急管理法制

在"一案三制"语境中，应急管理是指应急管理体制、机制核心内容的

---

① 闪淳昌、周玲、钟开斌：《对我国应急管理机制建设的总体思考》，《国家行政学院学报》2011年第1期。

② 杜钰、李天云：《中国应急管理研究30年：演进历程、核心议题与议程展望》，《行政与法》2023年第11期。

法律化表现形式。我国的应急管理法律体系是以《中华人民共和国突发事件应对法》为核心，也包括基于不同类型的突发事件制定的法律。自然灾害类法律法规主要包括《中华人民共和国森林法》《中华人民共和国防震减灾法》《中华人民共和国防洪法》《中华人民共和国气象法》《中华人民共和国水法》等，这些法律先于新时代应急管理概念范畴存在于我国的法律之中。事故灾难类法律法规随着经济发展逐渐完善，主要包括《中华人民共和国安全生产法》《中华人民共和国渔业法》以及安全生产、铁路运输、海上交通、核电厂等方面的管理条例。公共卫生事件类法律法规较为分散，如《传染病防治法》《国境卫生检疫法》等，在应对大型公共卫生类突发事件，主要依据《突发公共卫生事件应急条例》，如何将其升级为《突发公共卫生事件应对法》也是应急管理法制建设中的重要课题。社会安全类法律法规包括由《中华人民共和国宪法》《中华人民共和国兵役法》和《中华人民共和国人民防空法》等组成的战争与动员状态法。以《中华人民共和国国家安全法》为主体的国家安全法在应急管理体系现代化的要求下，完善法律修改和执行机制，走出"应激式立法模式"，理顺既有法律中关于应急管理体制的规定，注重明确司法机关在突发事件应对中的职责，不断提升应急管理法治化水平。[①]

（四）我国应急管理体系建设面临的挑战

我国全面开展应急管理体系建设的时间短、基础弱、底子薄，特别是由于新时期突发事件增多、复合性增强、破坏程度增大，现有体系开始暴露出机构定位不清、协调机制不畅、资源与技术不足等问题，必须进行前瞻性、战略性和整体化的顶层设计和模式重构。在战略上，如何从举国救灾向举国

---

① 周孜予、杨鑫：《"1+4"全过程：我国应急管理法律体系的构建》，《行政论坛》2021年第3期。

减灾转变、从不惜一切代价应急处置向千方百计做好应急准备并与科学处置救援相结合转变，如何从国家角度坚持底线思维，立足应对大灾、巨灾和危机，都是必待调整的战略性、方向性问题。①

1. 顶层设计有待完善

安全是我国政治、经济和社会建设与发展的首要前提。经济发展和国家安全对社会环境的稳定有很强的依赖性，平安成为老百姓解决温饱后的第一需求。我国战略布局上面临新风险的挑战：一是应急管理体制重构后的关系问题，包括政府与市场及社会的关系、党政军的关系、中央与地方的关系、综合机构与专业部门的关系、政治决策与专业指挥的关系、发展与应急及减灾的关系等。二是部分地区应急管理基础依然比较薄弱，一些地方和部门不同程度地存在着重速度、轻质量，重表面、轻基础，重眼前、轻长远，重处置、轻预防，重效益、轻安全，重产出、轻投入，重地上、轻地下，重硬件、轻管理等不符合科学发展、可持续发展要求的现象。

2. 应急管理体制融合不足

"党政共管"是应急管理体系建设中的先进经验，既能充分体现党委统一领导下的行政领导负责制的原则，又符合应急管理工作的实际需求与特点。但其在体制方面依然面临挑战。首先，表现为党政军协调与合作体制不完善，传统行政体制中的"条条"矛盾、"块块"矛盾以及"条块"矛盾成为应急力量从分散转向整合的屏障。综合应急管理体系在机构设置和职能划分等方面尚存在需完善的空间。其次，由于应急准备体系响应主体被扩大，各部门的协同应急能力的匹配上存在问题。专业应急队伍的建设与整合工作有待加强。

3. 综合保障能力亟须夯实

近年来，我国应急资源保障水平持续提升，但综合保障、基础能力亟须

---

① 闪淳昌、周玲、秦绪坤、沈华、宿洁：《我国应急管理体系的现状、问题及解决路径》，《公共管理评论》2020年第2期。

夯实。有效的人、财、物等资源保障是突发事件应对工作的基础，但目前我国部分地区各类应急管理人才缺乏，专业应急队伍和装备数量不足、标准化不高，特别是应急指挥车辆、通信设施、大型和特种装备缺乏，专业培训演练基础条件欠缺，与实战需要差距较大。我国应急物资准备体系依然存在缺陷，具体表现在物资运输指挥管理架构不够清晰、区域物资与紧急生产能力存储薄弱、物流调配能力有待提升、各类物资供应主体间协调力度不够等方面。科技与信息化尚需提高创新能力以夯实综合保障的基础。

4. 应急法制体系需要完善

我国应急法制框架基本建立，但内容尚需补充、深化、完善。在应急执法中缺乏权威性的常设机构作为执法主体，紧急状态的宣布程序、主体、撤销程序等不够明确，这使相关政府行为缺乏法律依据。部分行业缺乏可操作性的配套法规、政策、标准和措施，与整个法律体系的整合以及与其他相关法律之间的协调、衔接存在问题。缺乏有关领域的专门立法，如缺乏统一有效的法律来对抗行使行政紧急权的行为，不利于保护公民权益。部门根据单行法开展应急工作的管理模式很难适用于复合化的突发事件。当各部门处理超出自己管理范围的突发事件时，容易出现由于自由权过大而侵犯公民合法权益的问题。

5. 应急预案存在缺陷

应急预案方面仍面临以下问题。一是部分预案究竟是行政程序还是指导原则，不够明确。二是部分预案在制定过程中，缺乏系统科学的风险评估和应急资源调查，导致预案在完备性、针对性与有效性上有所欠缺，模仿抄袭影响了其可操作性。三是预案衔接不足。整个预案体系在某些关键层级或节点上存在缺失，导致体系衔接断点，不同层级政府、部门的预案之间关系不明确，甚至互相矛盾，影响预案高效衔接，导致"条条""块块"和"条块"之间缺乏有效、及时的沟通。四是缺乏对于巨灾的预案准备，缺乏对具有破坏性和高度复杂性特点的重大突发事件进行预案准备。

6.安全文化有待加强

我国安全文化建设正朝着健康、广泛、深入、务实的方向发展，特别是在宣传教育的观念和方法上出现了创新，但仍存在以下问题。一是全社会的风险意识与危机意识普遍淡薄，认识不到潜在风险的普遍性和危险性，这是目前我国安全文化建设的一个深层次和根本性问题。二是缺乏对安全文化的基础理论研究与整体建设的规划。三是全民防灾知识科普宣传与自救互救能力的教育培训比较薄弱，应急文化素质教育迫在眉睫。四是应急管理人员的专业能力较为缺乏，应急管理素质与本领有待加强。

（五）完善新时代应急管理体系的要求

1.坚持应急管理体系的基本原则

坚持党的领导。加强党对应急管理工作的集中统一领导，全面贯彻党的基本理论、基本路线、基本方略，把党的政治优势、组织优势、密切联系群众优势和社会主义集中力量办大事的制度优势转化为应急管理事业发展的强大动力和坚强保障。

坚持以人为本。坚持以人民为中心的发展思想，始终做到发展为了人民、发展依靠人民、发展成果由人民共享，始终把保护人民群众生命财产安全和身体健康放在第一位，全面提升国民安全素质和应急意识，促进人与自然和谐共生。

坚持预防为主。健全风险防范化解机制，做到关口前移、重心下移，加强源头管控，夯实安全基础，强化灾害事故风险评估、隐患排查、监测预警，综合运用人防物防技防等手段，真正把问题解决在萌芽之时、成灾之前。

坚持依法治理。运用法治思维和法治方式，加快构建适应应急管理体制的法律法规和标准体系，坚持权责法定、依法应急，增强全社会法治意识，实现应急管理的制度化、法治化、规范化。

坚持精准治理。科学认识和系统把握灾害事故致灾规律，统筹事前、事中、事后各环节，差异化管理、精细化施策，做到预警发布精准、抢险救援精准、恢复重建精准、监管执法精准。

坚持社会共治。把群众观点和群众路线贯穿工作始终，加强和创新社会治理，发挥市场机制作用，强化联防联控、群防群治，普及安全知识，培育安全文化，不断提高全社会安全意识，筑牢防灾减灾救灾的人民防线。

2.权利与责任相适应

在我国的应急管理体系中，政府主体之间的协同主要由权责关系驱动，即具有制度和政策权力的政府主体必须履行与之相应的管理职责。例如，2021年9月1日生效的《中华人民共和国安全生产法》规定了"三管三必须"原则，即：管行业必须管安全，管业务必须管安全，管生产经营必须管安全。这为在最大范围内推动多主体协同提供了法律保障。又如在新冠疫情防控中，国务院联防联控机制高度强调属地责任、部门责任、单位责任和个人责任四方责任的落实，为在最大范围内实现多主体协同提供了政策支持。在新兴风险、巨灾、跨界危机带来的不确定性日益增强的情况下，应急管理工作面临的压力越来越大，厘清应急管理工作的责任归属、评估应急管理工作的履责程度的难度也越来越大。[①]责任的固化也会导致应急管理缺乏变通，不利于各部门的协同配合，最终不利于适应性的提升。问责的泛化会降低应急管理作为职业的吸引力。促进高质量发展更容易获得直接的业绩，保障高水平安全更多表现为责任而非业绩，难以以量化指标衡量。应急管理决策过程通常只有次优而无最优决策，但由于其关乎人的生命安全，缺乏试错

---

① 张海波：《中国第四代应急管理体系："逻辑与框架"》，《中国行政管理》2022年第4期。

的空间，容易导致公众的不满乃至苛责，积极作为可能会承担更大的责任。因此，新时代应急管理体系完善需要妥善解决应急管理体制机制变化后的权责问题。

3. 体系与能力相适应

应急管理体系与能力现代化的完善过程中，体系建设和能力建设密不可分。二者的共同基础是应急管理理念的现代化。当前我国应急管理理念的核心内容包括总体国家安全观、统筹发展与安全、"人民至上、生命至上"、人类命运共同体。在国家治理现代化与总体国家安全观引领下，要以顶层设计驱动应急管理与安全治理理念契合、制度融合，从理念上厘清政府、市场与社会在应急管理中的功能定位及其互动逻辑，理顺应急管理组织体系中的纵横关系，提高风险管理、平战转换、信息沟通、行政问责等应急机制的运行效率，选择合适的应急管理政策工具组合，在"理念—体制—机制—工具"的一体优化完善中实现应急管理模式创新重构。[1] 在新时代应急管理理念指导下的应急管理能力内容更为丰富。从宏观层面来看，应急管理能力主要是应急的国家治理基础能力和国家应急管理能力。从中观层面来看，应急管理能力包括跨阶段贯穿性能力、风险治理能力、应急准备能力和应急响应能力四个方面。从微观层面来看，应急管理能力包括更多：政治担当能力；以人民为中心的职业操守；内外沟通互动能力；应急管理基础理论与知识；信息技术应用知识；系统科学的思维能力；合作协同能力；危机学习能力；调查研究能力；应急管理终身学习能力；等等。为了更好地运用新理念，发挥应急管理能力，需要在体系建设中完善集中统一的领导体制、科学顺畅的运行机制、系统完备的法律制度。推进应急管理现代化要实现"五个转变"，即由政府主导向政府主导与政社协同并重转变，由应急处置导向向风险治理与

---

① 薛澜、刘冰：《应急管理体系新挑战及其顶层设计》，《国家行政学院学报》2013年第1期。

应急管理并重转变，由行政负责向党政同责、一岗双责转变，由条块化应急管理向综合式应急管理转变，由动员式应急管理向规范化、标准化和信息化应急管理转变。[①]

三、以思维能力推进应急体系建设

思维能力是处理现实问题的前提，面对具体情况，思维能力直接影响处理问题的方式和过程。在应急管理活动中处理具体事件具有复杂性、突发性等特点，这对思维能力提出了更高的要求，符合应急管理要求思维能力是正确处理各类突发事件的前提，判断准了，思路对了，再加上有效的措施，事件才能得到妥善处理。我们大部分的学历教育经历都是基于思维能力提升的，或增加具体知识，或开拓思维路径，或加强表达，或感受他人。各种领域都需要思维能力强的人，有些思维能力是共同需要的，比如抽象概括能力、归纳演绎能力、分析比较能力等。不同学科和领域需要的思维能力的侧重点有所不同，文学创作需要的思维能力不完全等同于数学研究需要的，产品销售需要的思维能力不完全等同于机械制造需要的。因此，有必要探讨具体领域内的思维能力特点和影响。本节从探讨应急管理领域的思维能力特点入手，探讨应急管理领域思维能力在应急管理体系与能力建设中的作用。

（一）应急思维能力的特点与作用

1. 应急管理思维能力的特点

应急管理思维能力的特点可以概括为：基于理性，忠于感性。首先应急管理是一种管理科学，科学要基于理性逻辑，除了具备一般科学所需的逻辑

---

① 薛澜、沈华：《五大转变：新时期应急管理体系建设的理念更新》，《行政管理改革》2021年第7期。

思维能力。应急管理也是一个实践性很强的学科，管理过程直接影响人的生命和财产安全，作为突发事件的应对者在思维上不仅需要基于逻辑分析的理性，还需要忠于价值的感性思维。除了需要基于理性的调查分析和预测计算，还需要忠于感性的崇高目标和牺牲精神；除了需要基于理性的逆向思考和演绎推理，还需要忠于感性的人文关怀和换位思考。这需要在两种看似矛盾的思维中实现统一，在权衡中实现社会价值的最大化。

2.思维与体系的相互作用

面对可能来临的风险，既不能异想天开，也不能教条主义。应急思维不是没有边界的，而是受客观条件影响的。符合应急物质条件的行动方案才是切实可行的。只有看到突发事件共性中的特殊性，具体问题具体分析，在应急预案的框架下灵活合作才能避免教条主义。这对决策者的要求很高，而一个好的应急管理体系能帮助决策者提升效率和成功率。应急体系的建设需要以更好地发挥应急思维能力为前提，为将思维能力转化为应急能力提供支撑，并在实践中灵活运用思维能力促进体系完善。这也正是马克思主义原理中的物质决定意识，意识反作用于物质，代表物质的应急管理体系与代表意识的应急思维发生作用正是基于应急实践。因此，在探讨应急思维如何与应急体系构建相互影响的过程离不开具体的应急管理实践案例。一些应急管理案例直接影响了应急管理相关法规的出台，一些具有巨大社会影响的突发事件也直接影响了全民对应急思维的理解。

（二）思维能力引导体系建设方向

应急管理体系的发展与创新需要思维和观念的协同发展。在应急管理的实践中发挥适应于现实工作的思维，对于改进应急管理体系的体制机制，完善法制和应急预案有积极作用。应急管理思维需要基于应急管理的本质。应急管理的本质是一种非常态的管理。管理上的思维方式和思维应用也需要应对非常态的情况。应急思维的着力方向是防止社会系统从有序状态转向无序状态，思维的应用过程是促使社会系统从无序状态回归有序状态而展开的多主体协同过程。应急管理思维需要跳出既有思维的定势。在全球各类风险、灾害、危机面广量大、长期存在的背景下，新兴风险、巨灾、跨界危机此起彼伏，多重叠加。应急管理既要坚持源头治理、防微杜渐，也要适时跳出定势、重新出发。除了需要具备防范"灰犀牛"事件的思维，还需要对历史上从未出现过的"黑天鹅"事件的风险具有想象力。

应急管理不仅是应急管理部门的工作，也不仅是应急管理、卫健、公安部门的工作，而是所有部门在常态管理之外都需要具备的职能。对于社会公众而言，保障高水平安全和推进高质量发展具有同等重要的社会价值。应急思维不仅需要应用于所有应急管理的部门，还需要应用于社会的风险认知和应急管理实践的全过程之中。

以战略思维的高度谋划全方位应急能力建设，以能力提升为中心促进应急管理体系向着制度化与社会化方向发展，提升突发事件应对的标准运行力、全程管理力、全员参与力、组织保障力，形成与全面深化改革、国家治理现代化、总体国家安全观相适配的应急模式。

以历史思维分析过往危机应对的基础上，构建应急管理的中国模式。以时代的视野观察各国应急管理体系建设中的经验教训，发展和完善符合中国传统思想的中国特色模式，在社会结构变革与社会风险加剧的基础上充分利用执政方式转变与理论预设更新的发展态势，推动构建应急管理的中国模式。

以辩证思维实现应急管理理论与实践良性互动，以实践经验滋养理论的发展，将本土实际与全球视野相结合。在统筹发展和安全的过程中发挥我国的政治优势化解矛盾。现实发展与安全的统一，发挥政府主导机制、市场引导机制与社会动员机制的合力效应。

以系统思维持续优化改进碎片化的应急体制机制，不断推进国家应急管理现代化。从应急预案操作、信息通畅覆盖、组织动员、资源配置、权变调适与持续学习能力等方面优化"科层式"应急模式的能力支撑，克服科层制组织封闭、保守与僵化的困境，向着主动回应、注重预防的"有机体"应急模式演进。[①]

以创新思维推动信息技术赋能，以大数据等信息技术的信息基础支撑、技术平台支撑、工具能力支撑为赋能机理，以网络舆情监测分析、风险隐患智能排查、应急响应社会协同、应急决策情报支持、临机决策效率提升、部门权责清晰匹配、应急资源整合调度等为赋能路径，有利于破解政府应急管理信息化发展中的主体单一、流程不畅、信息孤岛、重硬轻软等碎片化困境，推动应急管理模式创新发展。[②]

以法治思维保障应急管理体系的运行。解决管理主体之间的权责边界模糊的困境，在应急准备、监测预警、应急响应、恢复重建过程中对法律责任进行规范。持续推进精细化立法，健全应急管理立法立项、起草、论证、协调、审议机制和立法后实施情况评估机制。完善公众参与、专家论证、风险评估、合法性审查、集体讨论决定等法定程序和配套制度，健全并实施应急管理重大行政决策责任倒查和追究机制。

以底线思维应对更为复杂的风险挑战。在致灾因子复杂多样、交织叠加的风险社会环境中，把握各类风险呈现出系统性、叠加性、全球性、无序性的演化特征，深化对各类风险生成根源、演化机理、分布状态的理论认知，强化对域外理论成果的持续性跟踪引介，提升风险认知能力、辨识能力、评估能力，实现风险隐患的源头管控。

[①] 程惠霞：《"科层式"应急管理体系及其优化：基于"治理能力现代化"的视角》，《中国行政管理》2016年第3期。

[②] 岳向华、林毓铭、许明辉：《大数据在政府应急管理中的应用》，《电子政务》2016年第10期。

（三）总体国家安全观指导下"七种思维能力"的体现

1. 战略思维能力

总体国家安全观是以国家战略思维的体现。习近平强调，要"加强战略思维，增强战略定力，更好统筹国内国际两个大局，坚持开放的发展、合作的发展、共赢的发展"[①]。维护国家安全的战略思维需要从战略性高度统筹谋划，贯彻总体国家安全观、保持战略定力、增强战略自信，牢牢掌握维护国家安全的战略主动权。站在战略高度认识国家安全问题需要立足于百年未有之大变局来做好战略规划，"立足我国发展重要战略机遇期大背景来谋划"[②]。保持战略定力需要"不论国际形势如何变幻，我们要保持战略定力、战略自信、战略耐心，把维护国家安全的战略主动权牢牢掌握在自己手中"[③]。在总体国家安全观为指导下，我国始终坚持走和平发展道路，始终坚持在促进国际社会共同安全中实现自身安全和发展目标。保持战略定力还需要坚决维护核心利益。实现共同安全并不是无条件的妥协，更不是放弃我们的正当权益，牺牲国家的核心利益。我们必须要坚持国家利益至上的国家安全准则，坚持原则性和策略性相统一，在维护核心利益的基础上推动共同安全，实现自身安全。

总体国家安全观把实现内部安全作为国家安全工作的首要目标。通过深化改革完善国家安全工作机制和提高国家安全实现能力。2013年11月，中共十八届三中全会做出了全面深化改革的重大战略部署，全会强调国家安全是改革发展的重要前提，把国家安全工作改革作为全面深化改革的重要内容之一，明确提出"设立国家安全委员会，完善国家安全体制和国家安

① 习近平：《习近平谈治国理政》，外文出版社，2014，第247页。
② 习近平：《习近平谈治国理政》第二卷，外文出版社，2018，第382页。
③ 习近平：《习近平谈治国理政》第二卷，外文出版社，2018，第382页。

全战略，确保国家安全"①。2015 年 1 月，中共中央政治局审议通过《国家安全战略纲要》，强调坚持总体国家安全观和党的领导，将内部安全和外部安全兼顾起来，对内重视发展对外重视合作。落实国家治理体系现代化的目标要求，"构建系统完备、科学规范、运行有效的制度体系，使各方面的制度更加成熟更加定型"②。在社会综合治理方面，推进新时代平安中国战略的实施。经济社会的快速发展和社会安全形势的不断变化使国家安全的内涵不断扩展，也在内容和目标上对建设平安中国提出了新的更高要求，习近平强调，"在更高起点上全面推进平安中国建设，努力建设领域更广、人民群众更满意、实效性更强的平安中国，为全面建成小康社会、夺取中国特色社会主义新胜利作出新贡献"③。总体国家安全观以战略视野重新认识和界定平安中国建设，打破了局限于社会治安单一具体层面的原有工作思维定势，把平安中国建设提升到国家内部安全目标追求的高度和层面。从具体战略目标层面看，建设平安中国以实现人民安居乐业、社会安定有序和国家长治久安为目标，突破了原来社会安全领域的局限，逐步扩展并覆盖了国家总体安全所包含的政治安全、人民安全、经济安全、文化安全和社会安全、生态安全等各个安全领域，成为国家安全战略的重要组成部分。

总体国家安全观针对外部环境的战略方针是通过推动合作共赢实现共同安全。"坚持开放的发展、合作的发展、共赢的发展，通过争取和平国际环境发展自己，又以自身发展维护和促进世界和平。"④ 要实现共同发展的战略目标，必须建立起一种不同于以往零和博弈和相互竞争的新型国际关系。对

---

① 《十八大以来重要文献选编（上期）》，中央文献出版社，2014，第540页。
② 《十八大以来重要文献选编（上期）》，中央文献出版社，2014，第493页。
③ 《把人民群众对平安中国建设的要求作为努力方向 确保人民安居乐业社会安定有序国家长治久安》，《人民日报》2013年6月1日第1版。
④ 《习近平在中共中央政治局第二十七次集体学习时强调推动全球治理体制更加更正更加合理 为我国发展和世界和平创造有利条件》，《人民日报》2015年10月14日第1版。

此，习近平主张"各国应该共同推动建立以合作共赢为核心的新型国际关系，各国人民应该一起来维护世界和平、促进共同发展"①。

2.历史思维能力

"历史是现实的根源，任何一个国家的今天都来自昨天。"②当代国家安全问题具有独特的时代性，在差异性中也包含同一性。总体国家安全观需要在历史和现实的土壤成长。我国的历史发展决定了我国中国特色社会主义道路和制度。准确把握国家安全工作的历史规律和发展趋势，才能更好地贯彻总体国家安全观。当代中国总体国家安全观既尊重历史又立足于现实国情，充分吸收和传承中华优秀传统文化中关于国家安全思想的合理与有益成分，从中国处于社会主义初级阶段这个最大的现实国情出发，立足和服务于中国实现和维护国家安全的现实需要，达到具体的历史的统一。

中华人民共和国成立以来，中国共产党始终把国家安全置于工作的首要地位，把实现和维护国家安全作为执政的重要目标进行思考，党的历届领导核心在提出一系列富有时代特点的国家安全主张和理念的同时，一直努力尝试构建具有中国特色的国家安全领导体制。1983年，党中央决定整合相关部门职能成立国家安全部，但其主要职能和作用仍局限于传统安全领域。1997年，首次提出成立国家安全委员会的方案，但由于条件不成熟最终未能付诸实践。2000年，成立"中央国家安全领导小组"作为国家安全工作的主要协调机构。2013年，中国共产党十八届三中全会决定成立中央国家安全委员会；2014年初，中央政治局明确国家安全委员会相关设置。2014年4月，中央国家安全委员会召开第一次会议并正式开始运行和履行职能。习近平正式提出总体国家安全观，对总体国家安全观的内涵、原则与变革国家安全领导机制进行了阐述，为新时期中国国家安全工作确立了全新的指导

---

① 习近平：《习近平谈治国理政》，外文出版社，2014，第273页。
② 《习近平在布鲁日欧洲学院的演讲》，《人民日报》2014年4月2日第2版。

思想。通过一系列深入论述和配套规定与制度设计安排，特别是加强国家安全战略制定和国家安全法治建设，推动了总体国家安全观的内涵的进一步充实、完善和发展。我国的国家安全工作在历史发展中不断完善，各个时代的优秀经验也被总结成为总体国家安全观的一部分。总体国家安全观的现实需要是维护和发展中国特色社会主义。从总体国家安全观提出的历史背景来看，社会主义初级阶段是当代中国的鲜明特征。总体国家安全观在指导新时代国家安全工作中需要考虑我国的历史沿革及中国特色社会主义道路的发展方向。总体国家安全观在以中国特色社会主义理论体系为指导的前提下，继承了中国国家安全体系中的基本认识，通过把握现实问题的历史源流，从根本上解决了国家安全工作中的难点。

总体国家安全观体现了中华优秀传统文化中安全思想的精髓。中华优秀传统文化是我们宝贵的精神财富，其中蕴含着丰富的国家安全理念和方略，"积累了丰富的治国理政经验，其中既包括升平之世社会发展进步的成功经验，也有衰乱之世社会动荡的深刻教训"[1]，这些经验和教训可以为我们今天完善国家安全体系提供有益的借鉴和启发。总体国家安全观作为引领当代中国国家安全工作的精神指引，从中华优秀传统文化中充分汲取养分，将中华优秀传统文化中治国安邦的思想和智慧精华借鉴、吸收和运用到维护和实现国家安全的治理实践当中。中华优秀传统文化中重视民生的思想，对实现国家安定和社会稳定有重要作用，总体国家安全观汲取了中华优秀传统文化中民本思想的营养，又同马克思主义的群众观点和政党学说相结合，强调把人民安全作为国家安全的宗旨并置于国家安全体系的中心地位。总体国家安全观秉持中国传统文化推崇的"天下大同"精神，求同存异，强调通过合作推动共同发展，打造人类命运共同体和实现世界各国共同安全的目标。

---

[1] 《习近平在中共中央政治局第十八次集体学习时强调牢记历史经验历史教训历史警示　为国家治理能力现代化提供有益借鉴》，《人民日报》2014年10月14日第1版。

3. 辩证思维能力

总体国家安全观坚持马克思主义的唯物史观和唯物辩证法，以辩证思维认识和分析实现国家安全所涉及的重大关系。习近平强调，"必须不断接受马克思主义哲学智慧的滋养，更加自觉地坚持和运用辩证唯物主义世界观和方法论，增强辩证思维、战略思维能力，努力提高解决我国改革发展基本问题的本领"[①]。总体国家安全观在解决国家安全的具体问题时需要遵循和利用客观规律性与普遍联系性，统筹认识和处理国家安全与发展、内部安全与外部安全、自身安全与共同安全的关系。

国家安全体系涵盖范围广，各种领域的安全在具体工作中存在一定的矛盾。总体国家安全观强调既重视政治安全、国土安全与军事安全等传统安全领域，又突出人民安全、经济安全、文化安全、社会安全等非传统安全领域。总体国家安全观兼顾传统安全与非传统安全，反映了当前国家面临军事入侵等传统安全威胁下降和非传统安全威胁持续上升的现实。我国受到外来入侵的威胁不仅是通过武力途径，更多地表现为恐怖活动和意识形态的恶意渗透。我国社会转型带来繁荣的同时也不断面临新的社会矛盾和社会冲突。因此，总体国家安全观突出强调了把建设平安中国作为国内安全的目标追求，提高社会治理水平，维护社会安定有序，有效预防和化解社会矛盾，提升人民安全感。任何一个领域安全的实现对其他安全领域来说既是前提也是结果，这需要坚持以联系和发展的辩证思维认识和把握国家安全与经济社会发展之间的相互作用关系，统筹考虑国家安全问题和经济社会发展问题，统筹考虑国家总体安全同改革、发展、稳定之间关系，既深刻认识到实现国家总体安全离不开发展所提供的基础和前提，又认识到国家安全对发展稳定提供重要保障作用。在正确把握安全与发展辩证关系准确认识的前提下，协调

---

① 《习近平在中共中央政治局第二十次集体学习时强调坚持运用辩证唯物主义世界观方法论提高解决我国改革发展基本问题本领》，《人民日报》2015年1月25日第1版。

推进国家总体安全与经济社会发展。

总体国家安全观还要求我们准确把握内部安全与外部安全、自身安全与共同安全的辩证关系。在中国和外部世界的联系与交往不断加深的今天，"我们维护国家安全的难度非但没有随着国家生存危机的下降而降低，相反，我们实现经济社会发展的国内外安全形势更为复杂多变"[①]。内部安全同国际安全相互交织和密不可分的相互关系反映的是内因和外因的辩证关系，总体国家安全观既重视自身安全又重视共同安全，使国家安全的目标追求更加全面和理性。当前国家安全面临的问题呈现出与以往不同的表现形式和特点，国家安全不仅仅局限在国家领土的有限空间里，国际安全环境及其变化对国家安全也产生重大影响。不稳定的周边安全局势、全球性的非传统安全威胁、国际秩序和国际治理体系暴露出的问题相互交织、牵一发而动全身，形成了中国巨大的外部安全挑战。总体国家安全观在运用辩证思维设定安全目标方面，主张以符合时代发展潮流和世界各国普遍期望的全新安全理念去代替狭隘的国家安全观念和被时代所淘汰的国家安全实现方式，坚持合作共赢与共同发展的安全理念，坚持以互利共赢取代零和博弈和单赢，倡导构建命运共同体和实现共同安全取代霸权与强权。统筹兼顾国内安全与国际安全，要求深入调整考察和关注国家安全的视角，以内部安全为根本，以国际安全为重要依托，体现了二者的有机结合与相互补充的辩证关系。

在国家安全维护路径上，要坚持顶层设计和具体举措的辩证统一。在顶层设计上，要充分发挥中央国家安全委员会作为中央国家安全领导机构的组织保障作用，建立健全国家安全系统机构设置、人员配置和职责分工，保证国家安全工作的集中统一领导和高效协调运转。充分发挥《国家安全战略纲

---

① 黎宏：《论总体国家安全观的变革性特征》，《重庆大学学报》（社会科学版）2015年第3期。

要》作为国家安全维护战略文本的统领作用，有效指导国家安全维护实践。在具体举措上，要明确国家安全各个领域的职责任务，为落实总体国家安全观提供全方位的保障。继续加强国家安全宣传教育，增强全民国家安全意识，促进国家安全维护的常态化建设。总之，要从国家安全维护的组织制度、物质保障、常态建设等方面全面构建国家安全维护路径，保证顶层设计和具体举措的辩证统一。

4. 系统思维能力

国家安全是由多重要素构成的，习近平强调，要"构建集政治安全、国土安全、军事安全、经济安全、文化安全、社会安全、科技安全、信息安全、生态安全、资源安全、核安全等于一体的国家安全体系"[①]。国家安全观是一个开放的系统，国家安全体系也不仅仅包含上述十一个方面，而是一个动态发展和调整的系统，每一个新要素都对之前的各个要素产生影响。后又将海外利益安全、生物安全、太空安全、极地安全和深海安全纳入总体国家安全观的系统之中。任何一个方面的不安全都会导致整个系统的不安全。随着国家安全形势的不断变化与发展，这个体系的内容还必然会有所扩充。总体国家安全观的各个子领域不是孤立的，而是相互关联、相互影响的。运用系统思维可以深入探讨各个子领域之间的相互关系。例如，政治安全和经济安全是密不可分的，政治稳定和经济发展是国家安全的重要基石。同时，文化安全和社会安全也是相辅相成的，一个健康、开放的文化环境有助于促进社会和谐稳定。科技安全与信息安全也是相互关联的，科技创新的发展往往会带来新的网络安全问题。环境安全和资源安全也是相互影响的，环境的恶化会导致资源的枯竭，而资源的过度开发也会破坏生态环境。通过运用系统思维分析各个子领域之间的相互关系，我们可以更加全面地理解总体国家安

---

① 《习近平主持召开中央国家安全委员会第一次会议强调坚持总体国家安全观 走中国特色国家安全道路》，《人民日报》2014年4月16日第1版。

全观的内涵，并制定更加有效的安全策略。在经济发展过程中，我们需要综合考虑资源环境承载能力、科技创新能力和国际经济形势等因素，制定出可持续的发展战略。在维护信息安全的过程中，我们需要综合考虑技术手段和法律法规等方面，建立完善的信息安全体系。在保护环境方面，我们需要推动绿色发展、循环发展和低碳发展，实现经济发展和环境保护的良性循环。

总体国家安全观把世界作为一个更大的安全系统来看，每个国家的安全都对世界的整体安全产生影响。共同安全的基础承认并尊重世界各国在历史文化、价值观念和意识形态、社会制度与发展道路选择等方面存在的多样性和差异性，以及各自不同的安全利益需求。共同安全是平等的安全，在承认和尊重国家间差异的基础上，共同安全强调世界各国的安全问题不能由少数国家或国家集团所垄断，每个国家都是平等的安全主体，享有获得安全保障的平等权利，对维护和实现共同安全承担相应的责任和义务。我国主张以联合国宪章和和平共处五项原则为指引，通过深入开展对话合作实现可持续的共同安全。面对影响实现共同安全的国家之间的矛盾分歧和关乎全人类生存发展的共同安全威胁，通过对话、磋商、谈判与国际协商等多边主义的和平方式加以解决，而不是诉诸武力或武力威胁的单边主义的方式去解决。同时，在对话的基础上形成稳定的国际安全合作机制，依靠制度稳定性巩固共同安全的可持续性，依靠有效的国际安全合作机制加深彼此了解、增进相互信任，有效减少相互疑虑、化解分歧与消除隔阂，扩大合作范围与领域，维护世界各国共同的安全利益。通过深入开展合作，世界各国在实现了自己利益诉求的同时，也推动了其他国家利益的实现，增强了国家之间发展利益的交集，最终形成各国合作共赢的良好局面。

5. 创新思维能力

总体国家安全观是对中国国家安全问题的创新性思考，是对新时代我国安全环境的新变化和安全威胁新趋势做出准确的认识和判断。创新思维主要体现在科技创新和机制创新之中。

科学技术是第一生产力，科学技术既是经济发展的重要推动因素之一，科学技术及其应用也是维护和实现国家总体安全必不可少的基础与保障。一方面，通过发展科学技术，提高防范和应对各类安全威胁的技术能力。随着互联网技术的迅速发展和不断扩展，信息安全的重要性不断凸显，围绕网络信息安全的攻防战从来没有停止过，应对网络信息安全威胁的最有效的方式就是提高应对这些与国家安全密切相关的技术防御能力。另一方面，通过发展科学技术打破国外在关系国计民生的关键领域的技术封锁。无论是大到火箭、卫星、宇宙飞船这样的高精尖技术应用，还是小到路由器、交换机、手机这样的日常电子产品，其背后都是以不断创新的科学技术作为发展的动力，而越是核心和尖端的科技及产品对国家安全的影响就越深远，也越容易受到外部的封锁，只有自主掌握核心科技才能摆脱受制于人的被动处境，才能增强国家安全在科学技术上的独立自主性，才能将国家安全的主动权牢牢掌握在自己手中。

总体国家安全观在实现了中国国家安全观念创新的同时，要将全新的安全观念转变为现实的安全，还需要全新的国家安全工作机制的组织领导和统筹协调。习近平就此指出，"我们的安全工作体制机制还不能适应维护国家安全的需要，需要搭建一个强有力的平台统筹国家安全工作。设立国家安全委员会，加强对国家安全工作的集中统一领导，已是当务之急"[①]。中央国家安全委员会从提出动议到成立运行的过程也是总体国家安全观阐述的重要过程。成立中央国家安全委员会，为中国国家安全工作确立了全新的领导机制，与国外的"国安委"隶属于政府部门不同，"中央国家安全委员会作为

---

① 《十八大以来重要文献选编（上期）》，中央文献出版社，2014，第506页。

中共中央关于国家安全工作的决策和议事协调机构，向中央政治局和中央政治局常务委员会负责，统筹协调涉及国家安全的重大事项和重要工作"[1]。作为中国国家安全工作体制的顶层设计，中央国家安全委员会的鲜明特征是突出了坚持党对国家安全工作的绝对领导这一根本原则和基本前提，突出了中国共产党对国家安全工作的统一领导和统筹协调的权威，有助于执政党在总体层面把握国家整体安全形势和制定国家安全战略决策。由于党和国家各主要部门高级领导人都在其中任职，因而使国家安全委员会涵盖了党、政、军等多个系统，能够统筹全方位的国家安全问题，是一个兼具内政、外交和军事，以及对内社会治理、对外捍卫国家利益的跨部门机构，将涉及国家安全的重大问题的决策纳入国家核心决策圈层当中，能够将国家面临的现实安全形势和安全威胁作为一个整体而不是仅仅作为具体领域的特定问题去认识和判断，突出和提升了国家安全决策的总体性，有效统筹国内安全和国际安全两个方面，从而有助于最终实现国家总体安全的工作目标。

6. 法治思维能力

在总体国家安全观指导下，中共十八届四中全会通过的《关于全面推进依法治国的重要决定》对全面依法治国做出了战略部署，在国家安全领域落实全面推进依法治国重大战略举措，就是要加快国家安全工作的法治建设进程，构建国家安全法律体系。

我国需要制定一部能够体现总体国家安全观基本精神与要求，对国家安全工作能够起到统领作用的《国家安全法》。我国曾于1993年制定了《国家安全法》，这是中国国家安全法律体系建设过程中具有重要意义和影响的事件，但由于主客观的局限性，"这部《国家安全法》主要是关于反间谍侦查与隐蔽战线的法律，意在国务院内部并列设置国家安全部与公安部，并未涵

---

[1] 《中共中央政治局召开会议研究决定中央国家安全委员会设置审议贯彻执行中央八项规定情况报告》，《人民日报》2014年1月25日第1版。

盖真正意义上的国家安全的全部政府职能"①。2016年1月，经过修订的《中华人民共和国国家安全法》正式颁布实施。新修订的《国家安全法》以总体国家安全观为指导原则，对国家安全做出了明确的定义，从任务、职责、制度、保障以及权利和义务等几个方面，对国家安全涉及的一系列带有普遍性的问题做出了具有总体性和原则性的界定与规范。这是将总体国家安全观的原则要求以法律的形式加以明确并固定下来，为实现国家安全提供了有力的法律保障。《国家安全法》在法律层面准确回答了"什么是国家安全"的问题，明确规定"国家安全是指国家政权、主权、统一和领土完整、人民福祉、经济社会可持续发展和国家其他重大利益相对处于没有危险和不受内外威胁的状态，以及保障持续安全状态的能力"②。

《关于全面推进依法治国的重要决定》还明确提出"贯彻落实总体国家安全观，加快国家安全法治建设，抓紧出台反恐怖等一批急需法律，推进公共安全法治化，构建国家安全法律制度体系"③。《国家安全法》为制定专门法律法规维护具体领域的国家安全留出了空间，并将同这些法律法规一起编织起维护国家总体安全的法律体系，为依法维护国家安全提供坚实的法律保证，原《国家安全法》修改为《中华人民共和国反间谍法》，针对严峻的网络安全形势，2016年11月全国人大表决通过《网络安全法》，为规范和维护网络信息安全提供了明确的法律依据。此外，经济安全、金融安全、文化安全等方面的法律规范也逐步完善，不断完善维护国家安全的法律体系，为依法维护和实现国家总体安全、打击危害国家安全的犯罪行为提供强有力的法律武器。

要强化国家安全法治的贯彻落实。国家机关及其工作人员在涉及国家安

① 宋建强：《中国国家安全法治建设的模式与格局研究》，《学术交流》2014年第9期。
② 《中华人民共和国国家安全法》，中国法制出版社，2015，第3页。
③ 《中共中央关于全面推进依法治国若干重大问题的决定》，《人民日报》2014年10月29日第3版。

全的工作和活动中，必须严格依法履行职责、行使权力。在社会安全领域，要进一步健全依法维权和化解纠纷机制，"对各类社会矛盾，要引导群众通过法律程序、运用法律手段解决，推动形成办事依法、遇事找法、解决问题用法、化解矛盾靠法的良好环境"①。通过引导群众学会用法、合理用法，为维护国家安全和社会稳定提供良好的法治环境。

7.底线思维能力

开展国家安全工作要具备底线意识和底线思维，必须把增强忧患意识和居安思危作为重大原则来坚持，强调要从最坏处做准备，避免国家安全工作出现根本性和颠覆性的失误。树立国家安全维护的底线思维是在深刻认识我国国家安全所面临形势的基础上，对国家安全维护实践的基本性、兜底性要求。习近平指出："我们必须保持清醒头脑、强化底线思维，有效防范、管理、处理国家安全风险，有力应对、处置、化解社会安定挑战。"②"我们必须清醒看到，前进的道路从来不会是一片坦途，必然会面对各种重大挑战、重大风险、重大阻力、重大矛盾，必须进行许多新的历史特点的伟大斗争。"③维护国家安全绝不能消极懈怠、回避矛盾，而是要强化危机意识，更自觉地维护国家主权、安全和发展利益，更自觉地防范各种风险，战胜各种挑战。要明确国家安全维护的底线。

在关系国家核心利益问题上绝不妥协退让，这就是维护我国国家安全的底线所在。任何动摇国家主权、分裂国家领土、否定国家制度、损害国家利益的行为，我们都会坚决与之斗争到底。加强军事建设，铸造强大国防力量是底线思维的重要体现。"安不可以忘危，治不可以忘乱。我们捍卫和平、维护安全、慑止战争的手段和选择有多种多样，但军事手段始终是保底手

---

① 习近平：《习近平谈治国理政》，外文出版社，2014，第204页。
② 习近平：《习近平谈治国理政》，外文出版社，2014，第202页。
③ 习近平：《习近平谈治国理政》第二卷，外文出版社，2018，第415页。

段。"① 强大的国防是国家安全的基本保障，一流的军队是维护和平的坚实后盾。落实总体国家安全观，树立国家安全维护的底线思维，必须加强国防和军队建设，贯彻落实新时代党的强军思想，适应国家安全需求，统筹推进传统安全领域和新型安全领域军事斗争准备，为维护国家安全提供坚强军事保障。

---

① 习近平：《习近平谈治国理政》第二卷，外文出版社，2018，第416—417页。

第二章

战略思维能力：体系建设的指导

一、战略思维的特点与作用

战略思维是一个多维度、多层次的概念，它涉及对事物的整体性、长期性、前瞻性的思考。其起源可以追溯到军事战略的制定，后来被广泛运用于商业和组织管理等领域。战略思维是指对全局性、长远性和根本性问题进行系统分析和决策的一种思维方式。它强调在复杂多变的竞争环境中，通过整体、动态、前瞻和创新的思考方式，制定具有可行性和可操作性的战略方案，以实现长期的成功和目标。战略思维的目的是通过合理的资源配置和高效决策，以达成预定目标。在战略思维的框架下，决策者需要全面分析内外部环境，识别机会和威胁，制定具有可行性和可持续性的战略。

（一）战略思维的特点

1. 全局性

战略的最终目标是取得战争的胜利。"战略一定要为整个军事行动确定一个适应战争的目标，也就是制定作战计划；各个战局的方案和部署计划，都必须把达到这一目标的行动同这个目标联系起来。"而不是"把一切都局限在优势与均势、时间与空间、几个角与几条线的关系上"①。战略思维必须从整体和全局的视野出发来研究、观察和处理问题。从整体出发，树立全局观念，始终把自己的工作重心放在照顾全局和顾全大局上，是军事家、政治家及其他管理者的基本素质和要求。毛泽东强调："战略胜利取决于战术胜利的这种意见是错误的，因为这种意见没有看见战争的胜败的主要和首先的问题，是对于全局和各阶段的关照得好或关照得不好。如果全局和各阶段的关照有了重要的缺点或错误，那个战争是一定要失败的。"② 全局的整体利益和要求、全局的性质和功能不是由其局部的简单相加而成。这种思维要求管理者从全局出发，处于一线作战或是中层管理人员依然需要掌握全局性的思维。"要求战役指挥员和战术指挥员了解某种程度的战略上的规律，何以成为必要呢？因为懂得了全局性的东西，就更会使用局部性的东西。"③

军事家在进行战略筹划和战略实践时首先不能不考虑环境和时代的主要特点，即世界发展的大趋势。因为环境和时代的主要特点、世界发展的大趋势对战略家战略实践的成功与否起着至关重要的制约作用。历史上成功的战略家则无一例外都是首先认清了时代的特点和世界发展的大趋势，因而他们的战略筹划和战略实践活动能够顺应时代潮流，合乎世界发展的大趋势，获得了成功。邓小平强调："要提倡顾全大局，有些事从局部看可行，从大局看不可行；有些事从局部看不可行，从大局看可行。归根到底要顾

---

① 克劳塞维茨：《战争论》，孙志新译，北京联合出版公司，2014，第133页。

② 毛泽东：《中国革命战争的战略问题》（1936年12月），《毛泽东选集》第1卷，人民出版社，1991，第175页。

③ 毛泽东：《中国革命战争的战略问题》（1936年12月），《毛泽东选集》第1卷，人民出版社，1991，第175页。

全大局。"① 从大局出发制定方针政策并形成可执行的计划是战略思维的重要特点。

2. 预见性

战略预见是战略思维的重要组成部分和内容，在某种意义上可以说，没有战略预见就没有战略思维。战略预见是对社会的政治、经济、军事等宏观事物发展变化趋势的认识和判断。科学的战略预见正确反映了社会未来的前途和发展趋向，因而科学的战略预见能激发社会实践主体对未来的美好憧憬和追求，对广大人民群众有巨大的鼓舞和动员作用，能使人们在困难面前看到光明的前途，看到前进的方向。战略预见能力是政治家或战略家的基本素质要求。善于预见历史发展的趋势和方向，从而掌握趋势发展进程的本领，是成功管理者的重要能力。

要准确地判断和把握事物未来发展的趋向，就必须对现实事物的各种内外矛盾以及各种矛盾方面的力量对比关系作深入的分析。现实事物都是各种矛盾的统一体，既是以往各种矛盾发展的结果，又是未来事物状态的发展趋向的原因。事物运动发展变化的绝对性，事物本质及其必然趋势暴露的过程性以及人的认识能力的有限性决定了预见事物未来运动变化的全部内容的不可能性，使科学预见产生了不确定性，但事物发展运动变化的大趋势和大方向仍然是可预见的，即事物运动变化是有规律的，且其规律是可知的。

战略思维下的趋势预见实际上是发现事物发展过程中有哪些内外因素和条件会导致该事物向不利于我们的方向发展，又有哪些内外因素和条件则会促使事物朝有利于我们的方向发展。认识和明确了支撑好坏两种可能性的各自的内外因素和条件，才有可能在实践中找到如何破坏支撑坏的可能性的内外因素和条件以及如何加强那些支撑好的可能性的内外因素和条

---

① 邓小平：《在中央军委全体会议上的讲话》（1977年12月28日），《邓小平文选》第2卷，1994，第82页。

件的办法。

3. 联合性

联合作为一种谋略形式，能够迅速增强自己的力量，削弱敌人的力量，改变敌我力量的对比，为战胜敌人创造有利的条件。它的重要性在战略运筹中不断凸现。历史上举凡伟大的战略家无不注重联合战略的运用。春秋战国时就有合纵连横的思想和实践：苏秦、张仪的合纵连横都是战略思维的联合性的体现。三国时期孙刘联盟是双方具有基于联合性战略思维做出的选择，这一军事联合成功抵抗曹操军事集团的进攻并形成了三国鼎立的格局。

战略思维要求区分主要敌人和次要敌人、当前敌人和未来敌人，以便联合或中立次要敌人和未来敌人，从而集中力量打击主要的和当前的敌人，这是联合战略的一大规律之一。马克思说："在政治上为了一定的目的，甚至可以同魔鬼结成联盟，只是必须肯定，是你领着魔鬼走而不是魔鬼领着你走。"[①]联合中的领导权是联合战略的核心问题。组成联盟的各个阶级、阶层、集团、党派，既有共同的政治、经济利益和要求，同时它们又有各自不同的利益和要求。各种势力为实现各自的利益和要求，为达到各自的目的，总是希望他们自己能在联盟中居于领导地位，发挥主导作用，以便借助其他阶级、阶层、集团、党派的力量，使联盟为自己的目的服务。因此战略思维还包括在形成联盟中的权力分配设计。

（二）战略思维的代价

1. 代价现象

军事进攻总是伴有人员伤亡的代价。任何战略利益的获取都要相应付出一定的代价。代价现象是人类社会发展过程中的普遍现象，是主体在实践

[①] 马克思：《马克思恩格斯全集》第8卷，人民出版社，1961，第443页。

中为达到某种目的而付出的人力、物力、财力。付出必要的代价是进行实践活动的必要条件，没有必要的代价的付出，实践活动就无法开展和进行。这是实践活动的规律所决定的。不想付出必要的代价，往往就要付出更大的代价。和平革命与暴力革命都是社会阶级关系的调整及其利益关系的重新分配，社会的利益冲突表现得也更为剧烈。在这种冲突中，一方面，无论结局如何，各方的利益都或多或少地受到损伤，全社会因此也就付出了巨大的代价。另一方面，为了在利益的竞争、冲突中尽可能减少损失，而尽可能多地获得利益和价值。各个集团、阶层、阶级的利益代表在从事战略设计时都必须具有强烈而自觉的代价意识，对战略利益和代价进行权衡，所以，在一定意义上，战略思维就是对代价与战略利益的权衡。管理者在筹划战略时，首先要考虑的就是利益和代价的关系，确定要获得什么样的战略利益，并衡量需要用多大的代价去获得这种战略利益。尽管这种权衡是一种预期和估计，不一定符合战略实施后的实际情况，必须通过战略实践来检验，但在一项战略实施之前，战略家的这种判断是非常必要的。战略家在战略实践中首先要正视代价，承认代价，判断代价之大小，以做到用较小的代价换取较大的利益。

2. 战略决策的错误代价

在一般的意义上，错误是难免的，人在实践活动中，在没有认识客观规律时，受着客观规律的制约，具有很大的盲目性，但是人又能够充分发挥自己的主观能动性，去认识客观规律，并根据客观规律改造世界。人一方面难免犯错误，但另一方面人又能够总结教训，纠正错误，取得经验，获得正确的认识，即获得真理。

错误虽然难免，但可以少犯。因为事物的运动一定是有规律的。其规律是可以认识的，真理是可以获得的。在《论持久战》中，毛泽东指出，战争现象是较之任何别的社会现象更难捉摸，更少确实性，即更带所谓盖然性。[①]但战争不是神物，仍是世间的一种必然运动，因而"不管怎样的战争情况和战争行动，知其大略，知其要点，是可能的。先之以各种侦察手段，继之以指挥员的聪明的推论和判断，减少错误，实现一般的正确指导，是做得到的。""战争是力量的竞赛，但力量在战争过程中变化了其原来的形态。在这里，主观的努力，多打胜仗，少犯错误，是决定的因素。客观因素具备了这种变化的可能性，但实现这种可能性，就需要正确的方针和主观的努力。这时候，主观作用是决定的了。"[②]

3.代价的可接受程度

代价可否接受，关键看它所换取的利益的大小和多少。代价的付出本身并不是目的，而只是实现某种目的的手段。代价是否合理，就要看它与其所获得的利益的比例关系。在一般情况下，如果所获得的利益超过所付出的代价，那么这种代价就应该认为是合理的代价。从这个角度看，把代价的最小化作为战略思维的方向是否正确就成为一个重要议题。人在实践中应该以最小的代价获取最大的利益。但最小代价的提法，只是一种理想的状态。现实的人的实践中的代价都是具体的。因此，我们可以在实践中把付出最小代价作为一种理想目标来追求，但在战略执行的实践中却只能做到付出比较小和尽可能小的代价，而不能达到最小，也就是说，最小是有条件的和相对的，而不是无条件的和绝对的。人的现实的实践活动中的代价是以主体的可接受为准。

理论上，人们在进行某一实践之前，就会对实践中的代价与收益的比例关系作权衡和计算。只有在预期的代价小于预期的收益时，人们才会去进行这一实践活动。战略家在筹划战略实践时一般也遵循这一规律。在具体的战略筹划和战略实践中，代价和利益的比例关系不是一目了然的。由于主体需

---

① 黄保红：《毛泽东战略思维研究》，中共中央党校博士论文，2003。
② 毛泽东：《毛泽东选集》第2卷，人民出版社，1991，第487页。

要的多重性，主体的利益也是多方面的，而当主体在多方面的利益不可兼得时，主体就需要对一些利益做出取舍。取舍是利害与得失的权衡，取舍的原则自然是在各种利益无法全面保证的情况下，只好取最大的和最根本的利益，其他的利益只好作为代价牺牲。在各种损失无法全部避免的情况下，只好设法避免最大的损失，而承受那些次要的损失，这种承受损失也是代价。在现实的战略筹划和战略实践中，根本利益和非根本利益的区分不会清晰地摆在人的面前，战略家必须审慎地确定自己需要什么和舍弃什么。这也正是战略思维实施的难点。

（三）战略思维的过程

1.信息收集与处理：获取并分析相关信息

信息是制定战略的基础，收集并处理信息是战略思维过程的重要步骤。这个过程涉及如何识别并获取关于环境、竞争者和自身的关键信息，并对其进行分析以揭示本质、模式和趋势。收集信息的范围可以从宏观的国际政治经济环境，微观的部门内部运作数据和市场需求。在处理这些信息时，要采用科学的方法和工具，如数据分析、市场调研和 SWOT 分析等，以确保信息的准确性和有效性。此外，要特别注意信息的质量，包括其完整性、真实性、及时性和相关性，以避免因信息错误导致的战略决策失误。

2.制定战略目标：明确目标，规划路径

在获取并分析了相关信息后，下一步是制定战略目标。这些目标应该是明确、具体和可衡量的，并具有可行性和现实性。制定战略目标时，要充分考虑组织的使命、愿景和价值观，以确保目标符合组织的发展方向。同时，需要规划实现这些目标的路径，包括制定详细的行动计划和策略。在这个过程中，需要综合考虑组织的内部资源和外部环境，确定关键的成功因素和潜在的威胁。此外，路径规划应考虑风险管理和危机应对策略，以应对可能出

现的不确定性。

3. 执行和监控：实施计划，跟踪效果

在确定了战略目标和路径后，需要将其付诸实施。在执行过程中，要确保资源的合理配置和有效利用，建立有效的沟通机制和团队合作文化，以推动计划的顺利实施。同时，需要建立监控机制，定期评估计划的进展和效果，及时发现并解决问题。监控过程不仅是对计划执行的跟踪和控制，也是对外部环境变化的监测。一旦发现实际情况与计划出现偏差，应及时进行调整和修正。此外，通过持续的绩效评估和反馈，可以不断优化战略目标和路径，提高战略的有效性和适应性。

4. 反馈和调整：根据结果调整战略

反馈和调整是战略思维过程中不可或缺的一环。在执行和监控的基础上，定期进行战略回顾和评估，对结果进行总结和分析。反馈应包括成功的经验和失败的教训两个方面。通过反馈，可以对现有战略的有效性进行判断和评价。同时，要根据反馈结果进行必要的调整。大趋势的变化可能造成预定的战略目的难以达成，因此要根据环境的变化调整战略方向，增加或减少合作伙伴，改变计划的时间要求等。

（四）战略思维能力的培养

1. 理论知识的学习

理论知识是培养战略思维能力的基石。通过学习学科基础、专业知识和相关理论，可以掌握战略思维所需的基本概念、方法和工具。理论知识的学习不仅能够帮助我们理解战略思维的原理，还可以为我们提供解决问题的思路和指导。在学习过程中，要注重理论联系实际，将理论知识应用到实际情境中，以便更好地理解和掌握。

2.实践经验的积累

实践经验是培养战略思维能力的关键环节。通过参与实际项目、实习、案例分析等方式，可以积累丰富的实践经验，加深对战略思维的理解和应用。实践经验不仅可以让我们从实际情境中总结经验教训，还可以帮助我们更好地理解和应用理论知识。在积累实践经验的过程中，要注重反思和总结，将实践经验与理论知识相结合，形成自己的战略思维框架。

3.思维方式的训练

思维方式是培养战略思维能力的核心。战略思维强调以全局、长远、多角度的方式思考问题，因此要注重训练自己的思维方式。在思考问题时，要尝试从不同角度、不同层次进行分析，把握问题的本质和规律，提出切实可行的解决方案。此外，要注重培养自己的批判性思维和创造性思维，以便更好地应对复杂多变的现实问题。在思维方式训练过程中，可以通过参加讨论、写作、阅读等方式来提高自己的思维能力和表达能力。

二、战略思维在应急管理体系建设中的应用

（一）以战略思维观察应急管理体系

1.战略思想适用于应急管理体系建设

我国战略思想的代表《孙子兵法》强调战略思想的基础是谋算，先对情势进行资源和环境的分析，基于实际情况开展行动。"孙子曰：兵者，国之大事，死生之地，存亡之道，不可不察也。故经之以五事，校之以计而索其情：一曰道，二曰天，三曰地，四曰将，五曰法。"如果将孙子提出的"五事"与应急管理对应："道"是应急管理工作的宗旨，真正做到生命至上，人民至上，为了更好地保护人民生命财产进行的应急管理活动，自然会得到广大人民群众的支持，参与者也会将其作为光荣的事业奋斗终身。"天"可

以看作应急管理活动所需要面临的自然环境，我国幅员辽阔，各地的气候及自然资源差异较大，各地的应急活动都需要依据具体的自然环境考虑在内。"地"可以看作应急管理的社会环境，我国不平衡、不充分的发展导致不同地区的社会资源配置是不匀质的，要涉及应急力量和资源的配置问题。"将"是应急管理的领导者，领导者的自身素质与应急能力影响着应急活动实现的效果。"法"也就是应急管理的法制建设，完善的法律法规是应急体系高效运转的保障。行动开始之前进行谋算，针对存在的弱点进行修正，目的在于实现体系的高效运转。因此，战略思维可以看作应急管理体系的建设的指南，从战略高度对应急管理体系建设进行规划，才能保证应急管理体系的高效运行。

2. 战略思维对应急管理体系的影响

（1）战略思维对应急管理体系创新的影响

应急管理中战略思维的应用是指将战略思维引入应急管理过程中，以提高应急管理的效率和效果。战略思维在应急管理体系创新中的影响路径主要表现在以下几个方面：一是指导应急管理实践。战略思维为应急管理体系提供了全局的视角，引导实践者对问题进行分析、判断和解决，从而使应急管理体系更加高效、有序和灵活。二是促进资源优化配置。战略思维根据不同的情况调整应急管理体系的资源分配，使资源得到更加合理的利用，提高了应急管理体系的效能。三是提升应急决策质量。战略思维强调对信息的收集、处理和利用，这有助于提高应急决策的科学性和准确性，降低风险，减少损失。

（2）战略思维对提升应急管理体系效能的影响

战略思维对提升应急管理体系效能的影响主要体现在以下几个方面：一是提高响应速度。战略思维强调对危机的早期识别和快速响应，对应急管理体系的快速反应能力提出了更高的要求，有助于提高整个体系的响应速度。

二是优化资源配置。战略思维根据不同的情况调整应急管理体系的资源分配，使资源得到更加合理的利用，提高了应急管理体系的效能。三是增强协同能力。战略思维强调各应急管理部门的协同合作，通过信息共享、资源整合等方式，提高了应急管理体系的整体协同能力。

（3）战略思维对应急管理体系稳定性的影响

战略思维对应急管理体系稳定性的影响主要表现在以下几个方面：一是提高风险防范能力。战略思维强调对危机的预防和预警，对应急管理体系的风险防范能力提出了更高的要求，有助于提高整个体系的稳定性。二是增强危机应对能力。战略思维强调对危机的有效应对，通过科学的决策和有效的执行，降低了危机对体系稳定性的影响。三是促进体系持续改进。战略思维强调对体系的持续改进和优化，通过反馈和评估机制，发现并修正体系中的问题，使体系更加稳定。

3. 创新战略思维在应急管理体系中的应用策略

（1）提升对应急管理体系中战略思维的重视程度

战略思维在应急管理体系中的重视程度是决定其能否有效应用的关键因素。要提升对应急管理体系中战略思维的重视程度，需要从以下几个方面进行：首先，提高应急管理体系中各级人员的战略思维能力。通过培训、学习和实践经验的积累，对应急管理体系中的各级人员进行战略思维能力的提升，使其能够更好地理解和应用战略思维。其次，加强对应急管理体系中战略思维重要性的宣传和教育。通过各种渠道和方式，如会议、宣传册、网络等，广泛宣传战略思维在应急管理体系中的重要性，强调其对应急管理的重要作用。最后，提高对应急管理体系中战略思维应用的意识和自觉性。通过加强对应急管理体系中战略思维应用的监督和管理，提高相关人员的自觉性和主动性，使其能够自觉地运用战略思维指导应急管理工作。

（2）完善战略思维在应急管理体系中的支持体系

完善战略思维在应急管理体系中的支持体系，是保障战略思维有效应用的重要保障。具体而言，可以从以下几个方面进行：首先，建立完善的战略思维应用机制。通过建立相关的制度和规范，明确战略思维在应急管理体系中的应用方式和程序，确保其有效应用。其次，加强对应急管理体系中战略思维应用的投入和支持。通过加大对应急管理体系中战略思维应用的投入和支持力度，提高相关人员的工作积极性和创造性。最后，建立战略思维应用的反馈机制。通过建立相关的反馈机制，及时了解和掌握战略思维在应急管理体系中的应用情况和效果，为其持续改进和提高提供依据和支持。

（二）战略思维在应急组织结构设计中的作用

1. 战略思维对应急组织结构的影响

战略思维在应急组织设计中起着至关重要的作用。战略思维强调组织结构的适应性和灵活性，以应对各种紧急情况。在应急组织设计中，战略思维关注以下几点：一是组织结构的适应性。战略思维强调组织结构应适应应急工作的需要，能够迅速响应各种紧急情况。通过调整组织结构，可以更好地整合资源、提高效率。二是组织结构的灵活性。战略思维认为组织结构应具备灵活性，以便在紧急情况下能够快速调整和优化。这有助于提高组织的应对能力。三是组织结构的网络化。战略思维提倡构建网络化的组织结构，以便信息交流、资源共享和协同行动。这种结构可以增强组织的适应性和创新能力。通过以上措施，战略思维对应急组织结构的适应性、灵活性和网络化产生了积极的影响，有助于提高组织的应急能力和效率。

2. 战略思维对应急组织流程的优化

尽管战略思维在应急组织设计中发挥了重要作用，但仍需根据实际情况进行优化。以下是几种主要的优化路径：

第一，需要不断更新战略思维，以适应不断变化的应急组织环境。这涉及对新的管理理念、方法和技术的引入和学习，从而不断提升战略思维的适应性和创新性。第二，需要将战略思维与应急组织的实际情况相结合，制定出符合自身特点的优化方案。这需要深入分析应急组织的内外部环境、资源状况、人员素质等因素，从而找出关键问题所在，并采取有效措施进行改进。第三，需要建立完善的反馈机制，以便及时发现和解决战略思维在应急组织设计中存在的问题。这涉及对应急组织运行过程中的信息收集、整理和分析，从而为优化决策提供依据。第四，需要建立有效的激励机制，鼓励员工积极参与到优化过程中来，共同推动应急组织设计的持续改进。第五，战略思维在应急组织设计中的优化是一个持续不断的过程，只有通过持续学习和实践积累，才能够不断提升战略思维在应急组织设计中的应用效果，从而为应急组织的有效运行提供有力保障。

战略思维还关注应急组织流程的优化。以下是战略思维在应急组织流程优化中的几个方面：一是流程简化。战略思维提倡简化应急组织流程，去除不必要的环节和冗余的步骤，以提高响应速度和效率。二是流程协同。战略思维强调构建跨部门、跨层级的协同流程，以便在紧急情况下能够迅速调动资源、协同行动。三是流程透明化。战略思维提倡在应急组织中实现流程透明化，明确各部门的职责和任务，以便快速了解组织内部的运行情况，提高决策效率。四是流程创新。战略思维鼓励在应急组织中引入创新元素，通过流程再造、技术应用等手段，提升组织的应对能力和响应速度。通过以上措施，战略思维有助于优化应急组织流程，提高组织的响应速度、协同能力和创新水平。

3. 战略思维在应急组织设计中的理念体现

战略思维在应急组织设计中的理念创新主要体现为对应急组织的认知和设计思路的转变。传统的应急组织设计往往只关注组织结构和职责划分，而忽视了在复杂多变的应急情境中，组织成员的认知、行为和互动对整体应急效率的影响。因此，战略思维倡导将应急组织设计视为一个动态、适应性的过程，而非静态的职责划分。具体而言，战略思维强调以下几点理念创新：一是整体性设计。战略思维强调组织设计的整体性，即不再将组织设计仅仅局限于职责划分和任务分配，而是将组织视为一个完整的系统，关注组织内部各要素之间的互动和协同。二是适应性能力。在战略思维的指导下，应急组织设计更加注重适应性能力，即能够快速、灵活地应对各种突发状况。这种理念强调组织的柔性，以及成员的主动性和创新性。三是以人为本。战略思维强调以人为本，即在组织设计中充分考虑人的因素，如人的认知、情感和行为等。这种理念认为，只有充分激发和利用人的潜能，才能使组织在应急情境中发挥最大的效能。

（三）战略思维在应急预案中的应用

1. 战略思维在应急预案制定中的作用

应急预案是为了应对可能出现的突发事件而制定的行动方案。在现实生活中，突发事件可能包括自然灾害、事故灾难、公共卫生事件、社会安全事件等。这些事件往往会对人们的生命财产安全和社会稳定造成极大的威胁。因此，应急预案的制定和实施对于减少灾害损失、维护社会稳定具有重要意义。在应急预案制定过程中，需要全面考虑可能发生的突发事件类型和影响，制定出具有针对性和可操作性的预案。战略思维的应用可以帮助人们从全局性、长远性和战略性的角度进行分析和思考，把握关键因素和薄弱环节，提高预案的科学性和可操作性。

战略思维在应急预案制定中的应用主要体现在以下几个方面：首先，战略思维要求对应急预案进行全面的分析和评估，识别出可能发生的突发事件类型、影响范围和严重程度，以及可能的风险点和脆弱环节。通过对这些因素的综合分析，可以制定出更加科学、合理、有效的应急预案。其次，战略思维强调在应急预案中要明确责任分工和协作机制。应急预案中应该明确各级政府、相关部门、社区组织和公民等各方面的责任和义务，以及在应急处置中的协作方式和流程。通过明确责任分工和协作机制，可以确保在紧急情况下能够迅速启动应急响应，形成有效的应对合力。最后，战略思维注重在应急预案中建立信息共享和沟通机制。应急预案中应该建立完善的信息收集、传递、分析和发布机制，确保相关部门和公众能够及时获取准确的信息，以便做出正确的应对决策。同时，信息共享和沟通机制还可以促进各部门之间的协作和配合，提高应急响应的效率和效果。

2. 战略思维在应急预案实施中的应用

（1）危机识别与评估

在应急预案设计过程中，危机识别与评估是战略思维的重要应用之一。危机识别是对潜在的危机进行感知和认知的过程，而评估则是对应急状况的严重程度和影响范围进行量化和分析的过程。战略思维在危机识别与评估中的应用主要体现在以下几个方面：首先，战略思维能够帮助决策者从宏观的角度出发，全面地分析和掌握潜在的危机。在危机识别阶段，决策者需要从不同的角度和层面出发，对可能出现的危机进行全面的扫描和排查。这需要运用战略思维的宏观视角和全面性，对各种可能的危机进行充分的认知和了解。其次，战略思维能够帮助决策者对危机进行科学合理的评估。在评估阶段，决策者需要运用战略思维对危机的严重程度、影响范围、可能造成的损失等方面进行科学合理的评估。这需要运用战略思维的逻辑分析和科学思维方法，对危机进行量化和指标化的评估。

（2）风险分析与发展趋势预测

风险分析与发展趋势预测是应急计划中的重要环节之一。战略思维在风险分析和发展趋势预测中的应用主要体现在以下几个方面：首先，战略思维能够帮助决策者进行全面的风险分析。在风险分析阶段，决策者需要从不同的角度和层面出发，对应急计划中可能出现的风险进行全面的分析和研究。这需要运用战略思维的全面性和深度，对各种可能的风险进行充分的认知和分析。其次，战略思维能够帮助决策者进行科学的发展趋势预测。在发展趋势预测阶段，决策者需要运用战略思维的逻辑分析和科学思维方法，对未来可能的发展趋势进行科学的预测和分析。这需要运用战略思维的定量分析和数据驱动的决策方法，对未来发展趋势进行量化和指标化的预测和分析。

（3）制定应对策略与措施

制定应对策略与措施是应急元中的核心内容。战略思维在制定应对策略与措施中的应用主要体现在以下几个方面：首先，战略思维能够帮助决策者制定全面的应对策略。在制定应对策略阶段，决策者需要从不同的角度和层面出发，对应急计划中可能出现的风险和危机进行全面的规划和应对。这需要运用战略思维的全面性和前瞻性，制定出全面、科学、合理的应对策略。其次，战略思维能够帮助决策者制定具体的应对措施。在制定应对措施阶段，决策者需要根据实际情况，制定出具体的、可行的应对措施。这需要运用战略思维的实践性和操作性，结合实际情况制定出切实可行的应对措施

（四）战略思维在应急资源管理中的应用

1. 战略思维对应急资源管理的影响

应急资源管理是指组织在应对突发事件过程中，对所需资源进行规划、组织、协调、控制和评估的一系列活动。应急资源管理是应急管理中的重要环节，包括资源的规划、配置、调度和利用等环节。战略思维的应用可以帮助人们从全局性、长远性和战略性的角度分析应急资源的需求和分布情况，实现资源的优化配置和高效利用。例如，在应急资源管理中，需要综合考虑不同地区和部门的资源需求和分布情况，制定出合理的资源调度方案，同时

还需要考虑资源的可持续利用问题，提高资源的利用效率和管理水平。战略思维在应急资源管理中的作用主要体现在以下几个方面：首先，战略思维要求对应急资源进行全面规划和管理。应急资源管理应该根据可能发生的突发事件类型和规模，结合地区特点和发展需要，制定科学、合理、全面的应急资源储备和调配方案。同时，应该建立完善的应急物资采购、储存、运输和分发机制，确保在紧急情况下能够迅速到达一线。其次，战略思维强调对应急人员进行全面管理和培训。应急资源管理应该建立完善的应急人员储备和培训机制，提高应急人员的专业素质和能力水平。同时，对应急人员进行分类管理和培训，提高应急人员的针对性和专业性，确保在紧急情况下能够迅速投入使用。最后，战略思维注重对应急设备进行全面管理和维护。应急资源管理应该建立完善的应急设备储备和维修机制，确保设备能够在紧急情况下迅速投入使用并保持良好的工作状态。同时，应该根据地区特点和实际情况，合理配置应急设备资源，避免浪费和重复建设。

2. 战略视角下的资源配置思路

在战略视角下，应急资源的配置需要考虑多个因素，包括资源的种类、数量、分布情况以及使用条件等。在进行资源配置时，需要以战略思维来指导整个配置过程，以实现资源的最大化利用和最优化配置。首先，需要明确应急资源的战略目标。在应急管理中，资源的配置应当与战略目标保持一致，以确保资源的使用能够最大程度地满足战略需求。如果战略目标是尽可能减少灾害损失并尽快恢复社会秩序，那么资源配置应当优先考虑具有快速响应和高效救援能力的资源。其次，需要深入分析应急资源的供需情况。在应急管理中，资源的供需情况是动态变化的，因此需要实时掌握资源的供应和需求情况。如果某一地区在灾害发生后出现资源短缺，那么资源配置应当优先供应该地区，以满足其紧急需求。最后，需要综合考虑资源的种类、数量、分布情况以及使用条件等。在应急管理中，不同种类的资源具有不同的用途和特点，因此需要针对不同的情况选择合适的资源进行配置。在救援过程中，需要综合考虑救援队伍、物资、设备以及资金等多种资源，以实现资源的最大化利用和最优化配置。

3. 应急资源高效配置的方法和模型

在战略视角下，应急资源的配置需要采用科学的方法和模型来进行。目前，应急资源高效配置的方法主要包括最优化模型、仿真模型以及博弈论模型等。最优化模型是一种常用的应急资源配置方法，其主要思想是通过数学建模来寻找最优解，使用线性规划或非线性规划等方法来求解应急资源配置的最优解。最优化模型可以综合考虑资源的种类、数量、分布情况以及使用条件等，以实现资源的最大化利用和最优化配置。仿真模型是一种基于计算机技术的应急资源配置方法。其主要思想是通过模拟灾害发生后的实际情况来评估不同资源配置方案的优劣，如以使用蒙特卡罗模拟等方法来模拟灾害发生后的资源需求和供应情况，以评估不同资源配置方案的优劣。博弈论模型是一种基于博弈理论的应急资源配置方法。其主要思想是通过分析参与者的利益关系来寻找最优解，如以纳什均衡等方法来分析应急资源竞争中的利益关系，以实现资源的公平分配和有效利用。

三、战略思维视角下的案例分析："4·17"沈阳棋盘山大火

（一）"4·17"沈阳棋盘山大火的基本情况

2019年4月17日13时50分，辽宁省沈阳市浑南区高坎街道葫芦村（位于沈阳棋盘山国际风景旅游开发区内）突发火情，因当日风力达9级以上（浑南区出现极大风速11级的极端天气），火借风势瞬间蔓延成片，很快形成急进树冠火，火场由南向北急速蔓延，进而形成了大面积山火。火情

发生后，在辽宁省委省政府和沈阳市委市政府的坚强领导和科学指挥下，各方力量快速反应、通力协作，历经 43 小时连续奋战，至 4 月 19 日 9 时，火场全线告捷，明火被全部扑灭。此次火灾，共转移、疏散、安置群众 14543人，无人员伤亡，无次生灾害，扑救工作取得全面胜利。火警发生后，沈阳市森林公安局立即派遣民警到起火点附近开展前期调查。经森林公安部门全力侦查，起火过程和原因迅速查明，此次山火系浑南区高坎镇葫芦村村民张某某（男，46 岁）清理耕地内杂草时，点燃苞米秸秆残渣引燃地头杂草引发山火。犯罪嫌疑人张某某对犯罪事实供认不讳，案件侦办工作顺利完成。

（二）战略思维指导下的森林火灾准备

1. 风险预防

沈阳市按照森林火灾高发时段和高火险地区，在森林防火期内划定如下火险期和火险区：每年 10 月 1 日至翌年 5 月 31 日为森林防火期；每年 3 月15 日至 5 月 15 日为森林高火险期。按照国家和辽宁省政府的要求，结合沈阳市实际情况，可以适度调整森林防火期和森林高火险期时限。春防期间是野外火源管控最难时段，传统民俗用火、祭祀用火、春耕生产用火交织，进山踏青旅游、采摘山货、徒步旅游等活动频繁，森林火灾隐患加大。除了人为原因，不利的气象条件、物候条件、基础条件同样是引发森林火灾的原因。在气象条件方面，火险天气是发生火灾的重要条件；在物候条件方面，森林覆盖率、草原植被盖度明显增加，林区牧区可燃物载量明显增多，成为发生火灾的物质基础。在基础条件方面，浅山区林农交错、林草相间现象十分普遍，田在山上、村在山间不同程度存在，存在"家火上山"和"山火入户"的风险。沈阳市相关部门采取了超常规措施严控林区上坟烧纸、焚烧秸秆、点放孔明灯等行为，严格执行野外用火审批制度，同时向广大市民发布提示，要求进山入园，注意森林消防安全，做到进山不带火，入林不吸烟，以免引发森林火灾。

2. 预案管理

根据《中华人民共和国突发事件应对法》《中华人民共和国森林法》《森林防火条例》《国家森林火灾应急预案》《辽宁省森林防火实施办法》《辽宁省突发事件应对条例》《辽宁省森林火灾应急预案》《沈阳市突发事件总体应急预案》等法律法规及有关规定，沈阳市结合实际情况编制了《沈阳市森林火灾应急预案》。预案制定后，沈阳市森林防火指挥部办公室会同有关部门定期组织开展预案的培训与演练工作，以检验森林消防队伍的快速反应、协同配合、有效处置等方面的能力，检验应急预案的适用性和可操作性。在培训与演练的过程中，视情况变化适时组织评估和修订，同时要求各地区结合实际情况制定本地区的森林火灾应急预案。2019 年 1 月 31 日，沈阳市应急管理局为切实做好秋冬季特别是春节、元宵节及全国"两会"期间森林火灾扑救相关准备工作，在浑南区开展了 2019 年冬季森林火灾扑救演练。演练地点选择在浑南区棋盘山风景区南侧，假设的着火点与"4·17"棋盘山火灾真实着火点相距仅几公里，模拟的情景正是村民焚烧秸秆引发森林火情，演练的及时有效为本次森林火灾的成功处置奠定了坚实的基础。

3. 监测预警

根据森林火险等级和可能造成的危害程度，森林火险预警级别划分为 5 个等级，由低到高依次采用绿色、蓝色、黄色、橙色和红色表示。浑南区是沈阳市森林防火最为重要的区域，浑南区的森林防火体系及森林消防队运用森林防火多维立体管控系统，实现了手机远程监控追踪、位置、图像、通信、信息共享，可以实时查看、监测、预警林区消防情况。该系统具备"指挥系统"和"移动共享"两个平台，"空中监控系统""山体监控系统""地面监控系统""移动天眼""GPS 实时定位""林内红外线感应预警""林内智能广播网络""林内烟雾、高温感应智能报警""森林公安林区电子围栏""森林公安侦码采集定位"十个终端，通过"两平台、十终端"的建立，创新了林业、森林公安与森林防火相结合的预警管控方法，实现了空中预警、地面监控、路口监视、林内管理、人员监督、生态监测、技术侦查相结合的系统管控，基本形成了全方位、全天候、立体化的林区安全预警管控体系。本次火灾发生当天，气象部门通过多渠道发布了森林火灾五级预警，相关部门已经做好随时应对火险的准备，积极履行各自职责。火灾发生后，浑南区森林消防应急指挥中心同时接到了来自三个不同终端的预警，为应急部门进行快速反应提供了有力保障。

（三）战略思维在森林火灾应对的体现

1. 信息报告

按照《沈阳市森林火灾应急预案》的相关规定，本次火灾发生在沈阳市东部和北部地区（浑南区），地处森林公园、风景区高火险区域内，正值森林高火险期，火情出现后，护林员和系统终端同时发出火情信息，浑南区森林消防预警指挥中心第一时间将火情信息以电话形式报告给沈阳市森林防火指挥部办公室，随后补报了文字材料。沈阳市森林防火指挥部办公室将有关情况上报给沈阳市政府和辽宁省森林防灭火指挥部办公室，同时通报沈阳市森林防火指挥部各成员单位，各成员单位迅速响应，积极履行各自职责。

各部门根据预案要求规范上报信息的内容，并按要求时限上报，包括火灾发生的时间、地点、地类、过火面积、火场情况、天气条件及需要支援的车辆、人员、扑火物资等。森林火灾情况报送原则上实行逐级上报，特殊情况下沈阳市森林防灭火指挥部办公室可直接向事发地（林场、乡镇、街道）有关部门了解情况，有关部门须提供全面、真实的情况。

本次火灾发生后，指挥部实施了每小时信息报告制度，每小时对气象条件、灭火救援、转移安置、案件侦破、重点防护、后勤保障、基础设施等情况都进行了通报，这对后续的决策指挥和扑救工作起到了至关重要的作用。指挥部根据现场情况多次召开现场会，及时调整各方面的力量，有效处置火灾。

2.决策指挥

火灾发生后，相关各部门迅速搭建现场灭火组织指挥体系，成立指挥部。下设专家技术组、灭火救援组、转移安置组、重点部位保护组、医疗救护组、宣传舆情组、后勤保障组、案件侦破组，共计八个组。沈阳市市长坐镇现场担任总指挥，省应急管理厅、省公安厅、卫计委、气象局、林草局等领导参加指挥部工作。辽宁省公安厅调派 600 名特警、辽宁省消防总队调集全省的消防备份力量支援沈阳，辽宁省应急厅调集社会消防专业队伍，共调集了 10 个市 450 人的专业力量赶来增援。地方消防负责供水，民兵、武警和现役军人负责警戒重要设施周围、清理余火、打扫战场。

此次扑救作战分扑灭明火、清理火场、全面看护三个阶段来进行。

第一阶段（扑灭明火阶段）：从 4 月 17 日 14 时发现火情响应至 4 月 18 日 6 时火场明火基本扑灭，历时 16 小时。其间，市、区两级森林防火指挥部接报后即时启动森林火灾应急预案，市委市政府第一时间成立现场灭火指挥部，市委书记和市长全程坐镇指挥，由市长担任总指挥，副市长担任副总指挥，实施现场统一指挥，根据 11 处重点火点组建大洋山、森林公园、毛望路三个区域前线指挥部，由浑南区应急局局长、副局长和工程师担任前线指挥员，综合研判气象、火情、救援力量后，果断下达了保证救援人员安全、连夜扑打的指令。同时，分区施策，整合细分森林消防专业队、消防救援队和武警部队力量，逐区域配备消防车辆、洒水车辆、专业救护力量，全部投入三个重点区域内。沈阳市森林消防队伍 160 人全部投入一线火场扑灭火头；市消防救援支队安排 57 个中队 172 台消防车 972 名指战员在关东影视城、野生动物园、森林公园、加油站等 41 处重点部位布防，设立水枪阵地，防范火情侵入。沈阳警备区调集兵力 337 人驻防重点部位。武警部队组织 1000 名官兵协助铺设水带、架设水枪，集中各方力量 3300 余人扑救了明火，火场扑救工作取得关键性胜利。

第二阶段（清理火场阶段）：从 4 月 18 日 6 时直升机空中侦察和洒水作业开始，到 4 月 19 日 9 时章子沟复燃火点全部扑灭为止，历时 27 小时。针对 4 月 18 日白天风力增大，多处火点死灰复燃的情况，指挥部组织各方力量 6000 余人组成四个梯队，围绕重点点位排兵布阵，采取空中直升机吊桶洒水作业，地面指战员推进灭火，无人机视频实时回传火情，指挥部依据回传视频决策指挥的方式，实施空地一体、立体作战，持续不间断推进火场清理。第一梯队为直升机力量，对于大范围救援难度大的复燃火点实施洒水灭火；第二梯队为森林消防、消防救援等专业灭火力量，扑救复燃火点；第三梯队为公安、武警力量，打残火余火；第四梯队为属地行政执法、街村义务消防员和护林员力量，消灭零星残火。4 月 18 日 13 时，现场指挥部根据空中侦察火情变化情况，果断决策整合前方扑救力量，将大洋山、森林公园、毛望路三个扑救重点片区合并为一个扑救片区，全力扑灭复燃明火火点；同步统一组建沈抚联勤指挥部，统一协同清理两片区零星复燃火情。至 18 日 20 时累计扑灭复燃火点 20 处，仅剩 1 处章子沟火点因地势陡峭、扑救条件不利暂未扑灭。4 月 19 日 0 时，指挥部制定章子沟火点扑救行动方案。6 时，指挥部组织 1300 人（森林消防 300 人、武警 800 人、消防 200人）、53 台消防水车、6 台环卫水车对章子沟复燃火点发起总攻，对 1.5 公里火线自东向西依次按 500 米距离划分为 A、B、C 三个扑火区域，每个区域按 100 人专业力量布置，每段安排 50 名武警运输铺设水带，200 名武警跟进扑灭，2 架直升机从 5 时开始向火场轮番运水投水，53 台消防水车、6台环卫水车随时保障水源供给。经过 3 小时攻坚，至 19 日 9 时复燃火点全部扑灭，扑救工作取得了决定性胜利。

第三阶段（全面看护阶段）：从 4 月 19 日 9 时开始，扑救工作转入全面看护阶段。按照市委市政府作出的坚决防止死灰复燃、坚决防止新发火险的作战指令，指挥部组织沈北新区 300 人奔赴森林公园，浑南区引领配署的特警 600 名、武警 200 名奔赴动物园周边及毛望路、望滨街道南山家子、高坎街道中和村后山、观音阁南山区等五个重点区域布防，全面清理消除燃点烟点。浑南区、沈北新区将重点区域划分为 10 个网格片区按照"定人、定格、定责、定线、定频"进行地毯式、滚动式、回马枪式的巡查看护，其中，浑南区设置望滨街道、满堂街道、高坎街道、野生动物园、森林公园、关东影视城六个看护网格，配备看护人员 757 名；沈北新区设置马刚金刚寺、中寺南山、铁营子和马泉村四个看护网格，配备看护人员 80 名。同步力量部署，消防部门的 53 台消防车 224 名指战员和 300 名武警、公安部门 1000 名警力继续驻点布防。其间，公安部门警务直升机、无人机空中侦察与地面网格人员驻点看护形成空地一体联动处置模式，即时处置过火区域复燃烟点 20 处，从 4 月 21 日 8 时至 4 月 22 日 8 时，过火区域未出现复燃火点和新的火险。

3. 信息发布

接到火情信息后，沈阳市委宣传部立即启动全市处置大型突发事件应急预案，成立现场新闻应急指挥部，统一开展新闻稿件编写、新闻记者接待、新闻中心设立、新闻发布筹备、火情信息收集等工作，安排值班人员 24 小时监控网络舆情，及时将研判结果向现场指挥报告，协调属地网络媒体严格按照指挥部口径统一发声，第一时间发布权威信息，积极回应社会关切，确保网上网下舆情平稳可控。火灾扑救期间，委托新华社、央视、辽台统一发布 7 篇新闻通稿，刊发中央、省、市报道 220 余篇，人民网等 530 多家网络客户端推出正面报道，话题转发阅读量 4.5 亿，网民评论 13 万余条。4 月 21 日 14 时 30 分，沈阳市森林防灭火指挥部在市政府召开新闻发布会，市委宣传部制定新闻发布会专项方案，组织应急、消防、浑南区政府、市旅游集团等部门通报棋盘山山火扑救情况，回应媒体关注，取得了很好的效果。

4. 转移安置

火灾发生后，浑南区立即启动《浑南区处置森林火灾应急预案》，并按照沈阳市森林防灭火指挥部指令，高坎、满堂、望滨三个街道办事处以及公安、民政等部门立即行动，自 4 月 17 日 14 时开始，组织发动一切力量转移安置群众。至 4 月 18 日早晨 5 时，实现了火情临近区域人员全部安全撤离，共计转移、疏散、安置群众 14543 人。

5. 后勤保障

沈阳市卫健部门组织 15 台救护车 50 余名医护人员在现场待命，安排医大一院、医大二院、医大四院、北部战区总医院、沈阳积水潭医院及市属综合医院为定点救治医院，开辟绿色通道，做好接诊准备。沈阳市交通部门在现场储备了 6 台公交和大客车、10 台雷锋出租车，在棋盘山周边准备了 100 台公交车、50 台大客车备勤，随时待命参与运输工作；沈阳市燃气集团关闭了浑南区大夫路 216 号周边的燃气阀门和调压器，切断气源，确保燃气管网安全无危险。沈阳市供电公司出动抢修人员 120 余人，抢修车辆 30 余台、发电车 4 台，提供临时用电，修复受损供电线路 14 条，恢复 5500 余户居民用电。中国移动、联通、电信三大运营商各安排 2 辆通信保障车，累计出动 622 人次保障现场通信。浑南区政府、沈北新区政府均由主要领导牵头成立专班，全力做好灭火装备、用餐、物资、住宿、车辆等后勤保障工作。

（四）关键问题分析

1. 坚持以人为本的战略宗旨

以人为本，一直是我国应急管理的首要原则，在如此广大影响区域发生的森林火灾，而且在极端恶劣的气候条件下，保证人员零伤亡十分难得。这主要归功于有关部门对棋盘山附近的居民和游客的成功疏散。

（1）落实预案协调疏散和安置

火灾发生后，沈阳市林业部门按照预案在林区居民点、风景区周围开设防火隔离带和避火通道，按照预先制定的紧急疏散方案落实责任人，明确安全撤离路线。公安部门调集大量警力对撤离疏散区域路段实施交通管制，封闭棋盘山风景区和沈阳森林公园景区，最大程度地减少了灾害可能造成的游客伤亡。处于灾害影响区域内的居民、企业员工和游客在政府主导下进行有序疏散，疏散方式主要以自行疏散为主，政府部门主要对人数较多，交通工具缺乏的地区进行重点疏散。在交通部门的协调下，发挥社会资源的力量，长途客运公司、公交公司、出租公司都参与了疏散过程，及时对政府力量提供补充。出租车司机、爱心团队等获悉棋盘山需要大量转移、疏散车辆信息后，纷纷赶到现场，免费运送群众。为避免交通拥堵，各种车辆听从统一指挥分批次到达疏散点，陆续转移群众到安置地点。对于火灾可能影响到的区域，沈阳市民政、公安、交通部门迅速调集力量、车辆，组织邻近火场地区职工群众提前撤离疏散。

（2）关注弱势群体，协调社会救援

灾害影响中的弱势群体往往也是社会结构中的弱势群体，这些群体的自身资源和能力通常难以保障其自行疏散。在可能受到灾害影响的群体中，个别居民拒绝转移，这既包含生理因素也包含心理因素。棋盘山部分自然村，成年人口大多进城务工，常住居民以老年人为主，部分老人由于健康原因行动不便，并存在一定的侥幸心理。针对这部分弱势群体，地方基层政府工作人员通过耐心劝导改变居民的意识，并用私家车运送村民，实现全员安全转移。出于以人为本的原则，应急指挥部决定对棋盘山附近养老院提前进行了疏散，这一过程中，民政部门协调沈阳其他区域的养老服务中心和福利院等机构，对棋盘山附近养老院的老人进行成功的转移和安置。

2. 战略实现基于充分的备战

此次火灾能够得以成功应对，首先要源于省、市、区各级应急管理部门对森林火灾的应急准备十分充分。这主要表现在火灾发生时，应急管理部门能够及时预警并迅速搭建高效的指挥体系，一是源于应急系统平台的科技支撑，二是源于定期组织的有效的森林火灾演练。

（1）应急系统平台提供战略实现的基础

为了提升应急预警和指挥能力，有效应对森林火险，沈阳市应急管理局组织技术中心、预警指挥中心相关专业技术人员，自行开发设计了"预警体系指挥系统平台"并于 2018 年开始投入使用。这一平台采用局域网、互联网、无线网桥等连接方式，将分布在区域内的森林资源保护、森林防火、林区治安防范、森林生态安全监测等终端设备连接至指挥中心系统平台，架设了林业预警网络。该系统具有火险预报功能，可以结合气象因子、防火季节、地理信息等对不同地理片区进行火险等级预警及火险预报。系统具备先进的应急指挥功能，可以根据火情在地图中的推演、评估分析，结合电子白板，实时对车辆、人员进行指挥调度，实时视频监控火情发展态势。系统的辅助决策功能，可以根据火情进行推演分析，火情周边保护对象、扑火资源查询、历史预警分布、气象信息查询等信息，都为决策者提供了重要的辅助决策信息。

（2）战略储备提供坚实的保障

此次火灾的扑火物资主要来源于沈阳市森林防火物资储备库，救火期间地方消防部门为森林消防提供用于扑救森林火灾的物资补充。浑南区启动区、街道办事处、社区（森林管理单位、景区经营管理单位）三级硬性森林防火物资储备，区级储备库按照市森林防灭火指挥部要求进行储备。各友邻街道办事处按照"11332"标准储备灭火物资，即 1 台运输车、10 台风力灭火机、300 把二号扑火工具、300 把铁锹、20 把往复式灭火水枪。

各社区委员会、森林管理单位、景区经营管理单位按照"4321"标准储备防火物资，即4台风力灭火机、30把二号扑火工具、20把铁锹、10把手电筒。市卫生健康委提前为灾情恶化做好准备，避免出现医疗部门无法满足森林火灾救助的情况，并对紧急医疗支援、卫生防疫、受伤人员救治、救灾药品和医疗器械调集等工作进行协调。沈阳市大数据局负责森林防灭火专用频率保护性监测工作，保障通信安全畅通，免收森林防灭火无线电台（站）频率占用费，发生森林火灾时，负责协调提供应急通信保障。国家电网沈阳供电公司组织做好火灾发生地区电力设施的安全和抢修，保障了电力供应，并协助自然资源部门做好输电线路沿线管界内森林火灾的预防工作。

（3）应急演练完善战略执行的效果

定期的应急演练是提升应急管理能力的重要手段。在落实中央关于应急管理机构改革的过程中，检验森林消防队伍快速反应、协同配合、有效处置等方面的能力成为森林灭火演练的首要目标。在"4·17"棋盘山火灾发生的两个多月前，沈阳市应急管理局在浑南区进行了火灾扑救演练。参加演练人员为浑南区森林消防大队120人，演练内容为：2019年1月31日上午10时，浑南区应急局森林消防预警指挥中心通过远程高清视频监控系统，发现棋盘山风景区国有林发生森林火情，指挥中心立即调动消防队伍出警处置。根据火场情况变化，依照《浑南区森林火灾应急处置预案》规定启动预案响应，浑南区森林消防大队先后出动各类森林消防车辆29台，包括森林消防水车12台、消防运兵车12台、指挥车2台、装备车1台、履带式森林消防坦克2台。扑救主要采用消防水车灭火、投掷灭火弹灭火、森林消防水泵远程以水灭火、履带式森林消防坦克突击火头灭火等多种方式，演练处置高效，及时扑灭火情。演练为"4·17"棋盘山火灾从及时预警到成功扑救的全过程都提供了行动层面上的充分准备。

3. 灵活运用战术应对火灾

体制的变化为机制创新提供了基础，保障消防人员生命安全作为灭火战略的机制创新的内在动力。

（1）克服条件恶劣，因地制宜

4月17日、18日，棋盘山地区救火条件极度恶劣，达到红色预警，瞬时风力可达17级。气候因素对消防员安全具有极大威胁，这当中还包括火场气温高、相对湿度小、风向易变、火场烟尘大、能见度低。这都增加了扑救人员灭火的风险。棋盘山地区山形变化多样，危险地形主要有陡坡、窄谷、单口山谷（葫芦峪）、窄山脊线（拱脊）、鞍部（山脊凹处）、突起的山岩及其他复杂地形等，这些地形会造成林火行为瞬息万变，极易导致扑火人员伤亡。此外棋盘山地区腐质层较厚，极易引发火点复燃。为了克服恶劣的气候和复杂的地理环境带来的风险，指挥部因地制宜，对不同区域采取相应的扑火方案。前线指挥部根据现场情况及时调整，采用串联、并联、串并联等多种架设技术和"单点突破、接力推进，两线用泵、分段歼灭，多点切入、分割合围，多泵编组、强攻火头，纵深突进、打清结合"等有效战术。现场扑火在指挥部的有力指挥下顺利展开，战术执行清晰明确。选顺不选逆，扑火队伍在风向上选择打开缺口；选下不选上，扑火队伍在地形上选择火线下方的有利位置打开缺口；选疏不选密，就可燃物分布而言，扑火队伍在保障重点基础设施的前提下，选择疏林地带打开缺口；选小不选大，就可燃物载量而言，扑火队伍选择在小载量可燃物区域打开缺口。

（2）分批推进、协同作战

由按部门进行地块划分灭火转变为分批次进行灭火，以往的森林火灾灭火活动中，通常按不同部队进行地块灭火划分，各个部队分头作战。由于地形气候等复杂因素不同，不同部队的经验水平也有所不同。灭火效果更多地取决于部队的临场判断。这次棋盘山森林火灾应对将不同的救火部队按照能力经验进行划分，将专业性最强、经验最丰富的森林防火队，安排为主力灭火队，分别在三个火场进行突破。最先接触火场的消防部队风险也是最大的，在供应充足、信息完备的情况下，让能力最为全面、装备最为精良的森林消防队打头阵，有效地降低了各类消防队员遭受损失的可能性。人员最为充裕的是消防救援支队、武警消防部队组成火情防御队，这一梯队主要以预防火势扩大为主要目的，架设水枪阵地并在清理火场阶段负责扑灭复燃点，在火场看护中实行网格化，更细化了责任，对于值守工作也更明确了工作目标。按照指挥部做出"坚决防止死灰复燃、坚决防止新发火险"的作战指令，浑南区、沈北新区明确了预防的重点区域，并细化为 10 个网格片区，按照"定人、定格、定责、定线、定频"的原则进行地毯式、滚动式、回马枪式的巡查看护。不同消防部队的分批推进，科学有效地为各消防部队在体力上进行了更好的保障。

4. 及时发声掌握战略主动

（1）关键信息发布

在本次救灾过程，指挥部高度重视引导社会舆论工作，沈阳市委宣传部及时启动全市处置大型突发事件应急预案，成立了现场新闻指挥部，对新闻稿件进行统一编写，对新闻记者进行统一接待。第一时间发布权威信息，安排人员 24 小时对网络舆情进行监控，发现谣言马上上报新闻指挥部，针对谣言及时澄清，确保网上网下舆情平稳可控。本次火灾的网络舆情引导工作实行了"小步快跑高频率"的发布方式，通过以社交媒体为代表的新媒体进行多频次的信息发布和正面宣传。高频率的报道挤压了谣言滋生的空间，有效地把握了舆情的方向。

（2）及时回馈网友关注问题

针对广大市民网友关心的问题，指挥部及时了解情况，积极地回应了社会关切。在新闻发布会上，相关领导积极正面地回答了记者的提问。沈阳市市民网友，对棋盘山火灾的舆情关注主要包括三个方面：第一个关注热点是起火原因。对此，新闻部门作出了及时权威的信息发布，社交媒体的传播也使这一问题得到了及时的解释。第二个关注热点是火情是否会扩大蔓延。由于棋盘山离沈阳市区距离较近，沈阳市东部部分地区居民可以直接看到棋盘山方向的火光，部分居民担心自己是否需要被疏散，这一问题通过现场指挥部及时研判分析，提前对可能被疏散的地区进行沟通。第三个关注点是棋盘山的旅游产业。这主要是基于棋盘山作为旅游景区的特殊原因。棋盘山动物园、关东影视城等景点是否受到火灾破坏也是市民关注的热点之一。对此，宣传部门与相关单位在网络上及时发声，澄清网络谣言，避免了谣言对火灾舆情的负面影响。

第三章

历史思维能力：体系构建的基础

一、历史思维的特点与作用

（一）何谓"历史思维"

李大钊在 1924 年出版的《史学要论》中写道："历史就是社会的变革，把人类的生活整个地纵着去看，便是历史；横着去看，便是社会。"[1] 从社会变革的角度去看历史，历史就表现为过去、现在和未来的动态过程。从这个角度来看，历史思维就是思维的历史方法，这是人类思维的最基本的方法，是把人类过去、现在和未来贯通起来思考问题的根本方法和总的视野，可以为总结历史规律、理性分析现实、探寻未来发展提供科学的思想武器。[2] 历史思维是建立在历史感、历史体验基础上的，主要借助于间接经验的结果（间接知识）对已逝的历史的思考、思想，是一种高级的认识活动，属于理性认识的范畴。[3]

---

[1] 李大钊：《史学要论》，北京出版社，2016，第76页。

[2] 李正义：《历史思维的哲学诠释与当代价值》，《东岳论丛》2019年第8期。

[3] 陈剑：《论历史思维》，《探索》2001年第2期。

我国文化中有重视历史教育的传统，通过阅读历史，避免之前的错误，提升认识水平。《资治通鉴》书内容贯串了北宋以前政治盛衰，目的在于给后世的统治者进行借鉴。司马迁的历史兴衰论提出的"原始察终""见盛观衰""承弊易变"的思想丰富了历史思维，发展了借鉴的历史观。而王夫之对《资治通鉴》的评论是："夫古今异时，强弱异势，战守异宜，利害异趣，据一时之可否，定千秋之是非，此立言之大病，而温公以之矣。"[①]王夫之认为司马光的历史思维缺少变化，特别是没有变通的思维，是以不变的思维看待历史的经验。历史思维应该包含更多内容。

当今语境下的历史思维包括以下两个方面的认识：一是对客观历史过程的认识。历史就其发展本质而言，究竟是反复重演的，还是不断变化的存在争议。因此存在历史进化观、历史退化观点、历史循环论以及历史停滞论等。有的学者认为，历史是特定时代的产物，不可能重复发生，因而历史根本不可能提供借鉴的认识。但历史的发展中存在重复性、常规性的规律。二是对社会历史的根本动力的认识。对此历代观点中有认为是神意驱动的，而目前对历史的普遍共识为，历史发展是基于人事的。基于人事主导的观点中还分为社会精英主导，人民群众主导，或者二者共同来创造历史，产生了英雄史观、圣人史观、群众创造历史等观点。历史思维是历史观展开的途径、方式。从不同角度出发存在多种提法：有天人联系的大历史思维、整体思维，以及所谓的混沌思维等；有天人相分的个别思维；有社会文化与经济政治是相关的关联的思维，也有切割各种的联系的割裂思维；有开放思维，也有封闭思维等。[②]本节所谈的历史思维是基于历史唯物主义观点，强调从历史的角度去理解人类社会的发展，以及在历史进程中揭示人类社会的本质和规律。

---

① 王夫之：《读通鉴论》卷26《文宗》，中华书局，2013，第159页。
② 吴怀祺：《历史观、历史思维与安邦兴邦》，《史学史研究》2007年第2期。

（二）历史思维的时态维度

历史教育学家赵恒烈曾提出历史思维大致可分为三个时态：第一时态是同时代人的看法，可称为共时态思维；第二时态是后来人的看法，可称为昔时态思维；第三时态是现代人的看法，可称为即时态思维。[①]

共时态思维指当时人对发生在现实中的事件的看法。这对理解特定历史条件下的历史事件是必要的。以后世的大众心理和社会环境来揣度古人，对事件的解释必然不同。马克思主义哲学强调以历史环境去评价历史人物，强调要站在历史的高度，全面地、客观地分析历史人物的思想和行为，避免用现代的价值观和标准去评判过去的历史。《史记》中存在对先秦时代的一些超自然现象的记述。对此古代许多著名学者，如王充、欧阳修、顾炎武等都批评司马迁之说不切实际。如《史记·五帝本纪》中记载："轩辕乃修德振兵，治五气，蓺五种，抚万民，度四方，教熊罴貔貅䝙虎，以与炎帝战于阪泉之野。"这里实际可以理解为召集信仰熊图腾、虎图腾的部落来打仗。后世的动物图腾崇拜已经式微，只有在原始初民的共时态思维中去理解图腾崇拜，才能理解看似荒诞不经的内容。

昔时态思维指后代的历史人物人对其之前的历史问题的看法。昔时态思维有两个特点：一有连续性和继承性，二有变异性和多样性。这种强调从思维过程中去认识思维的方法，能明确特定历史阶段的思想导向，提升历史认知能力。西晋初年，陈寿撰《三国志》以曹魏为正统，因为西晋的统治合法性源于曹魏的禅让。东晋之后，开始出现以蜀汉为正统的史书，因为东晋偏安江南，政治处境类似于蜀汉。北宋的政治合法性源于后周的禅让，情况与魏晋类似，因此以曹魏为正统，南宋之后，又开始出现以蜀汉为正统的倾向。

[①] 赵恒烈：《历史思维的三时态》，《首都师范大学学报》（社会科学版）1993年第4期。

即时态思维指现代人对历史的看法，强调历史的规律性认识。每个历史事件都要经历萌芽、发展、成熟、衰亡的阶段。通过对长周期的社会演进过程观察，得出更为全面性的分析。正如马克思强调："人体解剖对于猴体解剖是一把钥匙，低等动物身上表露出的高等动物的征兆，反而只有在高等动物本身已被认识之后才能理解。因此，资产阶级经济为古代经济等等提供了钥匙。"①

从时间维度上分析历史思维的重点在于从历史的角度来分析和理解事物，强调事物的发生和发展是在一个长期的过程中逐渐形成的。因此，历史思维强调对事物发展的全过程进行全面的了解，包括其起源、发展、高潮和影响等方面。例如在研究一个国家的政治制度时，历史思维要求我们了解这个制度的起源、演变过程，以及其在实际社会中所发挥的作用。通过对这种时间跨度特征的运用，我们可以更好地理解一个事物的本质和规律，以及它与其他事物的联系和影响。

（三）历史思维的作用

萨姆·温伯格认为："历史思维是后天行为，它与我们的日常思维恰恰相反。"普通人习惯于认为过去和现在是一致的，所有的事情都如同发生在此时此地，而历史思维恰恰相反，它提醒我们过去和现在之间存在着裂痕。温伯格认为，来源启发式和佐证启发式是历史思维的两大特征。所谓来源启发式，是指通过分析史料的来源（作者身份、写作时间、史料形式、信息来源等）来判断史料价值的方法；所谓佐证启发式，是指拿此史料与其他史料互相参证，进行解读。②

---

① 《马克思恩格斯选集》第2卷，人民出版社，1972，第108页。
② Donald A. Yerxa. Recent Themes in Historical Thinking, the University of South Carolina Press. 2008: 36—37.

在我国的历史思维中，这种对历史事件的理解先是得到了明确的系统性的阐释，然后又被应用到以前时代和当前实际情况的解释之中，通过这种方式，所谓"解释学的循环"就具体体现在历史思维的过程之中。我们先是得到了具有历史中正义的普世原则的"道"，然后我们把它运用到特殊的历史环境；反之，它也丰富了我们"道"的观念，如此一来，理解历史的循环就完成了。中国人从具有代表性的历史事例提炼通则，把实际事物看成是真实"绳索"上的"结"。这种对照显示了一种对"范例"的不同用法，即将短故事作为隐喻。无论何时，当中国的思想家想提出一些具有普世性原则或制定道德法则时，总是回到具体的历史事例或经验之中。①

历史思维不仅能够让我们从过去的经验中吸取教训，避免重蹈覆辙，更能够通过深度思考和全面观察，为未来的发展提供有价值的启示。第一，历史思维有助于我们理解和解释人类社会的发展。通过对历史事件的分析，我们可以理解社会发展的内在规律和外在因素，揭示历史的偶然性和必然性。这不仅可以帮助我们更好地理解当前社会的现状，也为预测未来趋势提供了重要的依据。第二，历史思维有助于我们提高决策的正确性和前瞻性。通过对历史事件的分析，我们可以预测未来可能出现的趋势和挑战，从而制定出更具科学性和前瞻性的决策。这种预见性思维可以帮助我们更好地应对未来的变化，提高决策的有效性和针对性。第三，历史思维有助于我们培养人类的批判性思维。通过对历史事件的评价和分析，我们可以发展自己的观点和价值观，从而更好地理解和评估不同的观点和思想。这种批判性思维不仅可以帮助我们更好地理解世界，更可以促进社会的多元化和包容性。第四，历史思维有助于我们推动社会的进步和发展。通过对历史事件的研究和分析，我们可以发现推动社会进步的力量和因素，从而为未来的发展提供更为积极

---

① 黄俊杰：《中国历史思维的特征》，《史学理论研究》2013年第2期。

和有价值的启示。这种推动不仅可以帮助我们更好地应对未来的挑战，更可以促进社会的进步和发展，实现更为广阔和深远的影响。

（四）历史思维的过程

历史思维的应用过程是一个由浅入深，由表及里的思维过程。历史理解、历史判断、历史表达是历史思维中依次递进的三个层次。

历史理解也就是对历史的认知过程，即"历史个体—历史局部—历史总体"的过程。历史个体包括特定的历史事件、历史人物，其特殊性虽然不能直接用于指导实践，但可以作为规律认知的切入点。历史局部是指以特定的时间跨度和地理区域内研究对象，如断代史、地区史等，对其进行思维整合，是将分散的信息形成一个系统的过程。历史总体是指对历史普遍规律的理解。人们在日常意识中理解的"历史"，并非原始的历史实在，而是经过思维加工的产物。人类的行为产生了原始经验，极少一部分原始经验通过思维进入历史。这一过程不仅使原始经验转变成历史经验，也使思维本身成为历史思维。由于我们的认识只能意识到被思维加工的经验，因此原始经验的存在只是一个逻辑预设，它使描述历史经验与历史思维的共生状态成为可能。原始经验进入历史思维的过程，也是历史经验的概念化过程，即历史经验在历史思维编织下的生成过程。

比历史理解更进一步的历史思维层次是历史判断。历史理解是历史判断的前提，历史判断是史家把历史理解上升到概念体系的过程。像其他学科的认识一样，历史认识也是由一个一个的判断构成的。历史判断分为三个层次，即事实判断、成因判断和价值判断。事实判断是指对事实的判断，即对事物的存在和性质的判断。这种判断的依据是经验证据和逻辑推理，例如："2018 年国家设立应急管理部"这种判断是客观的，不依赖于人的主观意识而存在。成因判断是指对事物发生的原因和结果的判断。这种判断的依据是对事物发展过程的分析和推理。例如："应急管理部的成立目的在于整合应急力量"这种判断也是客观的，不依赖于人的主观意识而存在。价值判断则是指对事物的价值、意义和价值的判断。这种判断涉及人的主观意识、情感和价值观。例如："应急管理人员应当具有牺牲精神"这种判断是主观的，依赖于人的主观意识而存在。在哲学中，事实判断和成因判断通常被称为"实然判断"，它们是对事物存在和性质的客观判断；价值判断则被称为"应然判断"，它是基于人的主观意识和价值观的判断。在实践中，实然判断可以为我们的行动提供客观的依据，而应然判断则可以为我们的行动提供道德和价值的指引。

历史表达是将历史思维结果外化的过程。思维是无形的人脑活动，只有通过外化的行为和语言（话语与文本）等方式把思维的结果表达出来，思维才能演化为他人所知的，可以彼此交流的，能够产生现实影响的思想、观念或计划、方案等。[1]其具体表现包括但不限于以下几个方面：一是客观描述，在描述历史事件和人物时，需要尽可能地采用客观的描述方式，避免主观臆断和偏见，确保历史事件的准确性。二是对比分析，可以通过对比不同历史事件、人物或时期，来分析它们的异同点，探究其背后的原因和意义，从而更好地理解历史。三是因果分析，通过分析历史事件之间的因果关系，可以探究历史发展的内在逻辑和规律，从而更好地理解历史。四是深入剖析，需要对历史事件和人物进行深入的剖析，探究其背后的原因、意义和影响，让读者能够理解历史的深层次含义。五是数据支持，在表达历史观点时，可以引用相关的数据和统计资料来支持自己的观点，提高表达的可信度和说服力。

---

[1] 王贵仁：《史家历史思维结构解析》，《山东社会科学》2007年第8期。

（五）以历史思维解决现实问题

1. 现实问题对历史思维的挑战

虽然历史思维对于解决现实问题具有很大的价值，但现实问题的复杂性和动态性也给历史思维带来了挑战。首先，现实问题的复杂性和动态性要求历史思维具有更高的灵活性和适应性。历史思维在解决现实问题时需要考虑多种因素和变量，包括历史背景、文化差异、社会条件等。同时，这些因素和变量也在不断变化和演化，因此，历史思维需要具备对变化的敏感性和应对能力。其次，现实问题的跨学科性和综合性要求历史思维与其他思维方式相结合。许多现实问题涉及多个领域和学科，如环境问题涉及生态学、地理学、经济学等多个领域。历史思维需要与其他思维方式相结合，如系统思维、创新思维等，以便更好地解决这些跨学科的现实问题。最后，现实问题的多样性和特殊性要求历史思维具备更强的批判性和分析能力。历史思维不能简单地套用历史经验，而是需要对其进行深入的批判和分析，以确定其是否适用于当前的问题情境。同时，还需要对历史经验进行比较和总结，以便更好地提炼出一般性的规律和启示。

2. 历史思维的基本原则

历史思维在解决问题时遵循以下基本原则：一是时空原则，历史思维强调将历史事件置于具体的时空背景下进行分析，考虑到历史时期的社会、政治、经济和文化背景，从而更准确地理解历史事件的本质和影响。二是客观性原则，历史思维要求在分析历史事件时保持客观公正的态度，尽可能地还原历史事件的真相，避免主观偏见或情感色彩的干扰。三是联系性原则，历史思维认为历史事件之间存在着密切的联系和影响，因此需要将各个历史事件联系起来进行分析，以揭示其背后的复杂关系和规律。四是对比与参照原则，历史思维通过对比不同历史时期、不同地域、不同文化的历史事件来进行参照，从而更好地理解当前的问题，并找出相应的解决方案。

3. 运用历史思维解决现实问题的具体方法

（1）基于历史经验提出假设的方法

基于历史经验提出假设是一种常见的解决问题的方法。在面对现实问题时，我们可以回顾历史上类似问题，从中寻找解决问题的线索和思路。通过对历史经验的总结和分析，我们可以提出针对现实问题的假设，并进一步通过实践或科学实验来验证假设的有效性。

（2）利用历史数据建立模型的方法

利用历史数据建立模型可以帮助我们更好地理解现实问题。通过对历史数据的收集、整理和分析，我们可以建立反映问题本质的数学模型，从而更好地预测未来的趋势和变化。这种方法可以帮助我们更好地理解问题的内在规律和变化趋势，为解决现实问题提供有力的支持。

（3）根据历史趋势进行预测的方法

根据历史趋势进行预测是一种常见的预测方法。通过对历史数据的分析和研究，我们可以发现某些规律和趋势，从而对未来做出预测。这种方法可以帮助我们更好地把握未来的发展方向和趋势，为决策提供重要的参考依据。

在实际应用中，我们需要根据具体情况选择合适的方法来解决问题。通过对历史思维的学习和实践，我们可以不断提高自己解决问题的能力，为推动社会进步和发展做出贡献。

二、历史思维在应急管理体系建设中的应用

历史思维强调从历史的视角和方法来观察和分析问题，它在应急管理体系建设中具有重要的作用。从历史视角出发，可以更加全面地了解应急管理的发展历程和趋势。通过对历史事件的分析和研究，可以发现应急管理中存

在的问题和不足，进而提出改进和完善的建议。同时，历史视角还可以为应急管理提供文化背景和社会环境等方面的解释，有助于深入理解应急管理的复杂性和多元性。

（一）历史思维在应急管理体系建设中应用的优势

1. 历史思维在把握应急管理差异化方面的优势

（1）历史视角下应急管理的文化特点

文化因素对应急管理的影响不可忽视。不同的文化背景下，人们对应急事件的态度和应对方式也会有所差异。在一些文化中，人们可能更倾向于采取保守的态度，避免冒险行为，而在另一些文化中，人们可能更倾向于采取积极的行动，寻求创新和变革。这些不同的文化倾向可能会对应急管理的实施产生重要影响。在中国传统文化中，强调集体主义和纪律性，这使得在应对紧急事件时，人们更倾向于听从指挥，共同协作，而在西方文化中，更强调个人主义，这使得在应对紧急事件时，人们更倾向于自我决策和行动。因此，在应急管理中，发挥历史思维能力，需要充分考虑文化因素的影响，尊重不同的文化背景，采取合适的策略和方法，以便最大限度地发挥应急管理的作用。

（2）历史视角下应急管理的地域性特点

除了文化因素外，地域性也是应急管理的一个重要特点。不同地区的气候、地形、交通等条件对应急管理有着重要的影响。地震、洪水、疫情等紧急事件往往具有地域性特点，需要针对不同地区的实际情况，采取相应的应急管理措施。在一些山区，由于地形复杂，交通不便，应急物资的运输和人员的疏散都面临着较大的困难，因此在应急管理中，需要充分考虑地域性特点，因地制宜地制定应急预案和措施。此外，不同地区的经济和社会发展水平也对应急管理有重要的影响。在一些经济发展较为落后的地区，由于公共设施和应急物资的缺乏，应急管理的能力和效果也会受到一定的影响。因此，在应急管理中，发挥历史思维能力，需要充分考虑地域性特点，加强对应急基础设施的建设和对应急物资的储备，以提高应急管理的整体水平。

（3）历史视角下应急管理的民族性特点

民族性特点也是应急管理中的一个重要方面。不同民族的文化传统、生活方式和价值观念都对应急管理有着重要的影响。在一些少数民族地区，由于语言、文化和宗教等方面的差异，应急管理的实施需要考虑到民族性的特点，采取相应的措施和方法。由于历史和文化的原因，个别地区民族矛盾和冲突偶有发生。在这种情况下，应急管理需要更加注重民族性特点，采取合适的措施和方法，避免因应急管理不当而引发新的民族矛盾和冲突。此外，不同民族的应急管理能力和水平也存在差异，一些民族地区因为经济和社会发展水平的限制，对应急管理的投入和能力有限，需要加强对应急管理的能力建设和技术培训。

2. 历史思维在进行应急管理体系创新方面的优势

历史思维不仅是应急管理体系建设的经验来源，同时也是推动体系创新的灵感源泉。在应急管理体系创新方面，历史思维的作用主要体现在以下几个方面：首先，历史思维可以帮助人们发现新的应急管理理念和方法。通过对历史上应急事件的深入研究，人们可以发现一些独特的应对策略和方法，这些方法可能也适用于当前的问题。随着社会的发展和技术的进步，这些方法也可以进行改进和完善，为应急管理体系创新提供新的思路。其次，历史思维可以帮助人们了解不同领域之间的相互影响。在应急管理体系中，不同领域之间的协调和配合至关重要。通过历史思维，人们可以更好地理解不同领域之间的相互影响和制约的历史原因，从而在创新过程中更加注重整体性和协调性。例如，在城市应急管理中，城市规划、交通管理、医疗救援等多个领域之间的协调配合至关重要。通过历史思维，人们可以更好地理解这些领域之间的相互影响和制约关系，从而在创新过程中更加注重整体性和协调性。最后，历史思维可以帮助人们预测和应对未来可能的危机。随着社会的发展和技术的进步，应急管理体系所面临的挑战也在不断变化。通过历史思维，人们可以更好地了解不同时期的社会经济状况、自然环境等因素对体系建设的影响，从而预测未来可能的危机类型和特点。同时，人们也可以借鉴历史上成功的应对策略和方法，为未来可能的危机应对提供参考。

（二）历史思维在风险防控体系中的应用

历史思维的自身特征与优势多表现在对以往信息的分析和对规律的把握。这可以对突发事件发生之前的风险防控提出重要参考。在现实中，历史思维对应急管理体系建设的突出贡献在于其对风险防控体系的完善。

1. 历史思维视域下的风险防控体系问题

出于对未来突发事件不确定性的考虑，以历史思维对当今我国风险防控体系重新进行审视，应急实践中依然存在一些问题。

（1）历史数据的可用性

在应急管理中，对历史数据的收集和处理往往面临着时间紧迫、数据量大等困难，由于突发事件的不确定性，历史数据往往不能完全反映未来可能发生的情况。自然灾害领域，极端天气易发高发已经成为新的趋势。事故灾难领域，技术的进步也会引发新的风险类型，这在以往的历史数据中难以体现。公共卫生领域，能产生的新型传染性病毒不确定因素很多，扩散速度难以通过历史数据掌握。公共安全方面，社会的复杂化对历史数据的关联程度分析提出了新的挑战。

（2）历史思维模型的局限性

虽然历史思维模型能够为我们提供宝贵的经验和教训，但它的应用也存在着局限性。我国社会主要矛盾的变化在社会各个领域有不同程度的体现，在其影响下的社会发展力变化也标志着当今中国进入前所未有的历史阶段。

过往的历史思维模型可能不再适合预测未来的变化，在某些情况下可能无法提供有效的解决方案。

（3）应急管理人员的历史思维能力

应急管理人员是利用历史思维进行应急管理的主要力量。应急管理工作的复杂性和不确定性对应急管理人员的素质要求较高，需要具备丰富的历史知识和判断力。此类思维能力并非短期培训就可以显著提升，需要系统教育的培养和应急管理实践的磨炼。

2. 运用历史思维完善风险防控体系的方向

基于风险防控体系可能出现的问题，需要运用历史思维提出相应的对策，同时要发挥历史思维在体系建设中的优势，在一些环节上促进体系建设的进步。

（1）加强历史数据的管理和应用

对应急管理相关的历史数据进行系统性的收集、整理和分析，有利于建立完善的历史数据库，以便在应急管理过程中能够快速获取和利用，同时要注重数据的更新和维护，以适应环境的变化。完善应急管理案例库建设，需要通过搜集、整理和分析历史上的应急管理案例，建立完善的案例库，以便在实际工作中进行参考和借鉴。

（2）完善历史思维模型的构建和应用

结合实际情况，不断完善历史思维模型的构建和应用可以提高预测的准确性和应对的有效性。通过对历史趋势的把握，可以更好地预测未来可能出现的类似事件，从而提前做好应对准备。同时，也要注重与其他相关学科的交叉研究，吸收新的理论和方法，以推动历史思维在应急管理中的应用。

（3）提高应急管理人员的素质和能力

加强对应急管理人员的长期培训和教育，有利于提高他们的历史意识和判断力。通过对应急管理历史的梳理和传承，使更多的应急管理工作人员了解和掌握历史经验，从而在实际工作中能够更好地运用历史思维。注重引进高素质的人才，建立完善的激励机制，有利于提高应急管理人员的工作积极性和创新能力。

（4）发挥历史思维在提升风险识别能力上的优势

在风险防控体系中，风险识别是至关重要的一个环节。通过对历史上的风险事件进行深入分析，可以发现各种潜在的风险因素和规律，为当前的风险识别提供重要的参考。历史思维注重对细节的关注和分析，有助于发现容易被忽略的风险因素。

（5）运用历史思维优化风险评估和决策过程

风险评估是风险防控体系中的关键环节，涉及对风险的发生概率、影响程度等进行科学评估。通过对历史上类似的风险事件进行比较和分析，可以更加准确地评估当前的风险水平。历史思维注重对因果关系的探究，这有助于深入理解风险发生的原因和机制，为制定更加有效的风险防控措施提供依据。借鉴历史的经验和教训，可以更加准确地评估风险的严重程度和影响范围，从而做出更加合理的决策。

3. 基于历史思维的风险防控体系的设计与构建

（1）以历史思维为基础的风险防控体系设计原则

基于历史思维的风险防控体系设计应遵循以下原则：第一，确保历史数据的充分挖掘和应用，必须深入挖掘历史数据，运用历史思维对风险因素进行识别和分析，为风险防控提供科学依据。第二，提升动态性与灵活性，历史思维强调变化的视角，风险防控体系应具备动态调整的能力，以适应环境和条件的变化。第三，持续改进与优化，根据历史经验和实际效果，不断优化和完善风险防控体系。

（2）以历史思维为基础的风险防控体系结构分析

基于历史思维的风险防控体系结构应包括以下层次：第一，数据收集与分析层负责收集、整理和分析与风险相关的历史数据，识别潜在的风险因素。第二，风险评估与决策层根据历史数据分析结果，对各类风险进行评估，制定相应的风险防控策略。第三，执行与监控层负责实施风险防控措施，并对实施过程进行实时监控。第四，反馈与调整层根据执行过程中的反馈和效果评估，对风险防控体系进行调整和优化。

（3）以历史思维为基础的风险防控体系功能模块设计

基于历史思维的风险防控体系应包含以下功能模块：第一，风险信息管理模块负责收集、存储、处理和共享风险相关信息，为其他功能模块提供数据支持。第二，风险识别与分析模块利用历史数据和模型，对潜在风险进行自动识别和定性、定量分析。第三，风险评估与决策支持模块基于历史经验和数据分析结果，为决策者提供风险评估和防控策略建议。第四，风险应对与处置模块制定并实施风险防控措施，包括风险预警、应急预案等。

4. 基于历史思维的风险防控体系管理

（1）风险防控措施的注意事项

基于历史思维的风险防控体系管理首先需要明确实施步骤，以确保措施的有效性和可行性。这些步骤包括风险识别、风险评估、风险应对和风险监控。在实施过程中，需要特别注意以下几点：第一，提升风险识别的准确性，应充分收集历史数据，运用历史思维对风险进行深入分析，确保识别的准确性。第二，保证风险评估的客观性，在评估风险时，应基于历史资料和数据，避免主观臆断，确保评估的客观性和公正性。第三，确保风险应对措施的有效性，针对识别的风险，应采取有效的应对措施，并持续监测措施的实施效果。第四，保障风险监控的及时性，应对风险进行持续监控，及时发现并处理新的风险。

（2）风险防控体系的维护和管理策略

为确保风险防控体系的有效运行，必须采取相应的维护和管理策略。这些策略主要包括以下几个方面：第一，建立健全的管理制度，制定和完善风险防控的相关管理制度，明确各部门的职责和权限。第二，定期进行风险评估和审查，定期对风险防控体系进行评估和审查，发现问题及时进行调整和完善。第三，加强人员培训和教育，定期开展风险防控培训和教育，提高员工的风险意识和应对能力。第四，保持信息通畅，建立有效的信息沟通机制，确保信息传递的及时性和准确性。第五，持续改进和完善体系，根据实际情况和历史经验，持续改进和完善风险防控体系。

（三）历史思维视域下的国外应急管理体系观察

对于应急管理体系发展历史的观察，不应局限于对国内应急管理体系发展历史的思考，也要充分借鉴国外的经验教训。正所谓"邻国之难，不可虞也"，对其他国家应急管理体系中出现的问题及其尝试改进的方式进行分析，才能更好地推动公共安全工作，落实总体国家安全观。关于国土面积与灾害类型的相似性，这里仅以美国为例进行探讨。

1. 美国应急管理体系的发展

美国应急管理体系建设与美国国内及国际环境的变化密不可分。美国应急管理体制开始于 1933 年成立的"国家应急管理委员会"（National Emergency Council），随着在第二次世界大战和冷战期间美国政府目标和应急管理重心的变化，美国应急管理体系也几经变化，管理理念从系统化管理理念到全面管理理念，再到综合应急管理理念。20 世纪 90 年代之后，美国应急管理确立了引入多元参与的可持续性发展理念。[①]2001 年"9·11"事件的发生，引起了美国应急管理体系的巨大变化。国家安全成为美国应急管理体制的核心理念，应急管理的工作重心也由防灾转向反恐。2002 年 11 月

---

① 闪淳昌、周玲、方曼：《美国应急管理机制建设的发展过程及对我国的启示》，《中国行政管理》2010 年第8期。

25 日，美国成立国土安全部，正式开启建立新的应急管理体系的政府改组计划。国土安全部以联邦应急管理署（FEMA）为基础，加强反恐职能，以确保国家安全为第一要务。2006 年的"卡特里娜"飓风给美国带来了巨大的损失。这也暴露了美国应急管理体系中"重反恐，轻防灾"的问题。美国地方政府的防灾准备，尤其是巨灾准备方面的不足，联邦政府难以及时对地方政府进行支援。这也促使美国应急管理体系的转变。2006 年 10 月 4 日，美国总统布什签署的《后"卡特里娜"应急管理改革法》正是弥补美国当时应急管理问题的法律体现。[1]2011 年，日本"3·11"地震成为美国应急管理理念变化的又一契机。美国政府深知以美国当时的应急管理体制难以应对类似日本"3·11"地震的风险。美国参议院就如何应对类似的特大突发事件举行专门听证会。2011 年 3 月 30 日，《总统政策第 8 号指令》（以下简称 PPD-8）取代了《总统国土安全政策指令（HSPD-8）》。PPD-8 也成为美国应急管理体系理念重构的标志。[2]美国应急管理理念不断变化，其根本原因在于美国应急管理面对的新问题不断出现。美国政府多次以法律或机构改革的模式尝试解决其在应急管理中的问题，在完善体系的作用下，美国应急管理实践中的情况也得以改善，然而其背后的核心难题始终无法从根本上解决。

2. "9·11"事件之后美国应急管理体系面临的问题

（1）地方主义严重

"9·11"事件中受到损失最严重的纽约市政府在应对这一前所未有的危机过程中所采取的措施受到了美国社会的认可，这也使地方主义问题在当时被掩盖。"卡特里娜"飓风发生之后，美国应急管理体系中的地方主义问题

---

① 王宏伟：《突发事件应急管理预防处置与恢复重建》，中央广播电视大学出版社，2009，第121页。

② 游志斌、薛澜：《美国应急管理体系重构新趋向：全国准备与核心能力》，《国家行政学院学报》2015年第3期。

凸显。首先是政府在应对"卡特里娜"飓风中的直接问题表现为面对巨灾的应对效率低下，紧急避难点的灾民无法有效撤离，物资准备不足造成骚乱，新奥尔良市进入无政府状态，联邦政府的救援也迟迟无法到达。同时美国邻近地区之间的协调工作出现问题，与新奥尔良市隔河相望的格雷特纳市，在接收了约 6000 名从新奥尔良市逃出的难民之后，决定拒绝继续接收难民。地方主义问题的根本原因在于美国的国家体制，美国国家政治的特点之一是去中心化，美国州政府拥有高度的自治权。这种体制源于美国的历史传统并得到美国民众普遍的认同。美国州政府在接受联邦政府派军队进行救援的问题上需要通过州议会进行批准。地方政府负责人由地方民众直接选出，是履行公众保护责任的第一责任人。地方政府在突发事件应对过程中需要对公共设施的保障进行供给和负责。这种模式利于地域性小规模突发事件的应对，但在应对巨灾的情况下，地方政府难以完成有效的处置和救援。

（2）标准化不足

标准化不足作为美国政府在"9·11"事件之后暴露最明显的问题，一直被全球应急管理研究工作者所重视，美国应急管理标准化不足的内涵主要包括缺少地方应对组织的规范化和缺少应急措施的规范化。美国各地方政府根据其选民的文化和习俗制定了本地区应对特定突发事件的政府机构。这种多样化的形式一直为美国社会所认同，然而在美国应急管理体系中，相似职能的机构在美国不同地区的差异性降低了协调方面和沟通方面的效率。例如，加利福尼亚州的应急管理机构是州长紧急事务管理办公室（Governor Office of Emergency Service），直接由加利福尼亚州州长管辖。新泽西州的应急管理机构为"紧急事务管理办公室"（New Jersey Emergency Management Office），由法律与公共安全部负责，行政级别低于加州的紧急事务管理办公室。美国不同地区的紧急事务专项管理组织的差异同样明显，应急组织缺少规范化造成的标准化缺失问题在巨灾面前表现为危险性的陡升。

（3）管理碎片化

美国应急管理的碎片化主要体现为应急管理体系与系统性问题之间的矛盾。在"9·11"事件发生之前，美国在州的层面建立了除应对恐怖袭击以外的系统化应对突发事件的管理体系，而美国全国统一的应急管理系统并未建立。当突发事件的规模上升到多个州的范围时，联邦政府无法以统一的管理系统与各州对接，而更多的是由联邦政府相关的部门与部门进行对接，这就导致了管理的碎片化。此外各州各自为战、州内不同区域的社区组织管理的分散性同样是应急管理碎片化的表现。应急管理碎片化直接反映在通信与信息管理中，信息收集与反馈的复杂性降低了有效信息传递的效率，这在应急救援的初期是极为致命的。信息碎片化不仅影响到救援和物资供给的效率，而且增加了灾害发生后次生和衍生事件的风险。

3. 美国政府针对应急管理问题做出的尝试

（1）强化联邦政府应急管理作用

为减少美国在应对国家层面危机过程中表现出的地方主义影响，美国政府通过法律和机构改革来提升联邦政府在国家应急管理中的地位。2002年12月，《国土安全法案》的推出和国土安全部的成立成为美国全面进行应急管理机构改革的开端。联邦层面，联邦应急管理署（FEMA）不再是直接向总统汇报的独立机构，而是成为国土安全部的一部分。州政府层面，各州成立了各自的国土安全办公室，应急管理正是国土办公室中的重要职能，各州仍然保留了国土办公室组织结构上的独立性。这一方面弱化了地方主义对应急管理的不利因素，但同时也致使美国州政府所辖的应急管理组织变得更加复杂。组织结构的复杂引发了管理流程的复杂性，这在当时并没有受到足够的重视，此后，美国在应急管理实践中尽力弥补这一为应对地方主义而造成的流程问题。直到现在，美国应急管理理念之一仍然是不断减少应急管理流程的复杂性。美国2018年发布了《应急管理战略规划2018—2022》，其中的目标三就包括：简化风险防控、应急管理和灾后恢复的流程。

（2）建立全国统一的应急管理系统

在面对国家层面突发事件威胁时，美国政府意识到国家使用统一的突发事件应急管理系统的必要性。美国各州应用较多的应急指挥系统（Incident Command System，ICS）具备成为全国应急管理标准化的可能。2004年，布什政府以 ICS 为基础建立了国家突发事件管理系统（National Incident Command System，NICS）。并通过国土安全 5 号总统指令（HSPD-5）强制要求从联邦到地方使用 NICS 系统。美国的这一举措主要针对标准化不足，并试图以这一方式尽量减少地方主义对应急管理的不利因素。美国应急管理系统并非固定的条文法律，而是一个以法律为基础的管理框架。这为美国各州根据实际情况展现灵活性提供了余地。2011 年之后美国的三个《应急管理战略规划》都试图在规范性和灵活性中寻求更好的平衡。

（3）强调应急准备和核心能力建设

美国在解决管理碎片化的方面主要以提升应急准备和建设核心能力为主要途径。PPD-8 的出台和"全社会参与"（Whole of Community）理念的建立是美国政府出于基层应急的考虑，增强应急管理的效率，降低管理的碎片化的系统性变化。这一理念目的在于建立一种整体性的、全国的、以能力为基础的准备模式。此后的美国应急管理体系发展主要表现为：从物质上提升联邦政府、州政府、地区政府的巨灾准备；从管理能力上建立可量化的"核心能力"标准，简化总结为 31 项"核心能力"。建立和完善"核心能力"的过程从风险评估开始，将可能发生的突发事件信息有效整合进行评估，对评估的结果进行应急能力差异的分析并弥补能力上的缺失，确保保障能力的应用。

4. 美国应急体系发展对我国的启示

（1）利用政治优势提升应急管理效率

我国的政治优势历来是我国处理突发事件的重要财富。与美国相比，我国进行应急管理体制完善工作的政治优势十分明显。有效利用我国的政治优势对处理中央与地方的应急管理职责问题有直接的效果，进而提高应急管理效率。《中华人民共和国突发事件应对法》明确属地为主的管理体制，芦山地震发生后，更是明确了特别重大自然灾害灾后恢复重建，坚持中央统筹指导、地方作为主体、灾区群众广泛参与的新机制。2018 年 3 月 13 日，我国建立应急管理部，更好地统筹规划和整合资源，完善了我国应急管理体系。目前，全国各地方应急管理专门机构正在完善职责之中，各地区部门整合中出现的问题更需要以我国政治的优势来进行化解，将安全生产中"党政同责、一岗双责、齐抓共管、失职追责"的内在理念创新扩大到整个应急管理领域之中。

（2）提升应急管理标准化的同时兼顾灵活性

我国在提升应急管理标准化的方面不懈努力，也取得了很多成绩。但仍然有许多可以提升的空间。如今，加快全国统一的应急管理平台建设是我国提升应急管理标准化的重要工作。同时，也应借鉴国际应急管理标准化建设的经验，以科学性为引导，借鉴业务持续性管理（BCM）在应急预案、关键基础设施保护等领域应用的成功经验，提升我国应急管理标准化水平。我国领土广阔，地域差异明显，如何在机构职责细化方面既保证规范性又保证一定灵活性是各地区面临的重要问题。全国各地区根据其自身自然环境和社会环境的特点制定有助于提升应急管理效率的方式和方法。在制度统一化的前提下，设定兼顾标准化与灵活性的应急管理执行框架，在坚持以人为本的指导思想下，发挥地区应急管理部门人员主观能动性，尊重少数民族地区风俗习惯，创新解决应急管理实践中的问题。

（3）扩大全社会参与应急管理的途径

美国的全社会参与应急管理方面有一些值得我国借鉴的地方。在应急准备方面，我国借鉴美国保险业对应急管理的支持，在深圳试点的城市巨灾保险取得了良好效果。这为扩大保险在应急管理中的作用和创新应急保险种类都提供了正面的案例。在应急处置和救援方面，鼓励更多具有专业职能的民间组织参与，这既有利于提升救援专业能力，也有利于民间应急文化的发展。恢复重建方面，充分利用社会资源，在重建的过程中提升地方经济，促进经济模式转型升级。此外，扩大应急管理咨询、风险评估、资源保障和应急管理人员培训等方面的社会参与途径也是全社会参与应急文化建设的重要组成部分。

（四）历史思维指导下的应急管理案例式教学

党的二十大之后，推进国家安全体系和能力现代化成为应急管理发展的方向。应急管理是一门实践性强的学科，强调以应急中的实际问题作为研究导向。[①]以历史思维指导进行应急管理案例教学研究，有利于学习者对应急管理过程和体系构建有直观的感受，在明确我国应急管理发展理念的基础上，推进应急管理案例式教学是教学培训中的重要方向。

1. 历史思维指导下的应急管理案例式教学的课程设计

（1）设计核心

案例教学的本质在于展示一个或一系列决策的过程，要面向中国实践，兼顾理论知识的积累与沉淀。[②]应急管理案例式教学的重点在于让学习者去思考：为什么会做出这一决策？这样角色是怎样执行的？决策的结果如何？由事件发展过程作为引导，应急管理案例式教学需要把决策问题作为案例教学设计的核心内容。案例的关注点需切合现实生活环境中所发生的现象，尤其是教学中的现象与现实决策所处的背景环境之间应该是一致的。为了适应

---

① 薛澜：《学习四中全会〈决定〉精神，推进国家应急管理体系和能力现代化》，《公共管理评论》2019年第1期。

② 张海波：《应急管理的全过程均衡：一个新议题》，《中国行政管理》2020年第3期。

我国推进国家安全体系能力现代化的要求，应急管理的案例选取应突出其在决策上的困难性和复杂性。案例教学不仅包括对过去情况的重现，也需要有一种针对未来情况的分析判断，因此，决策问题的设计还需要具有一定的前瞻性，符合我国社会状况变化的趋势，推进我国应急管理体制机制的完善。

（2）设计要素

历史思维指导下的应急管理案例设计的要素主要包括四个方面：一是教学案例的基本情况，这是实现教学目标的基础，案例自身的类型和特征直接决定了案例教学可能达成的目标方向。二是教学依据的理论，案例教学需要以理论为支撑，应急决策是依据分析和处理原则做出的判断，其方向性必须是明确的。三是案例分析的课堂展现，案例分析的展现方式可以是丰富的，包括同一问题的分组分析，不同模拟身份的诉求分析，辩论方式的对抗分析等，这需要依据具体案例的教学目标进行选择。四是解释教学结果的标准，案例教学的目的是提升学习者的应急能力，教学成果的评价需要有具体的量化标准，与某些开放性的案例不同，应急管理的案例最终需要有一个明确的决策导向，需要反映出推进国家安全体系和能力现代化的具体原则。

（3）设计逻辑

不同于地方教学或参与性观察的案例教学，历史思维指导下的应急管理案例式教学设计中需要突出问题导向的研究逻辑。应急管理案例式教学的逻辑应当是以有明确流程的方式进行的，需要在设计中解释一系列问题：针对哪种危害安全的情况进行教学？为什么选择那个案例？被选择的案例具有怎样的普遍性和特殊性？哪些材料与教学的问题相关？分析中需要收集哪些信息和资料？如何通过分析并做出符合当时情景的决策？除了流程设计逻辑以外，设计上还需要提供价值判断的内在逻辑，国家对处理突发事件的要求是明确的，在生命至上、人民至上的原则基础上，如果出现两难情况应当如何取舍，这也需要基于统一的价值判断逻辑。案例的全国过程设计不能脱离我国应急管理体系的现状、问题及解决路径。

2.历史思维指导下的应急管理案例式教学课程准备

（1）明确案例编写目的

课程准备阶段需要根据学习的对象确定教学案例的编写目的。不同班次、不同课程体系中的应急管理案例教学的侧重点也有所差异。因此需要针对不同的学员进行准备。在教学准备中需要参考班次情况，明确案例的主题，解决具体的实践难题，最终完成教学计划。同一案例可以应用在不同专业和主题的课程之中，但需要明确其选取案例进行教学的原因，如选取近年来某城市发生的特别巨大自然灾害案例作为材料。如果是以完善我国安全体系建设教学目标进行案例编写，重点将放在体制、机制、预案与相应的衔接等方面；如果教学目的在于突发事件处置能力提升，那么侧重点更多在于应急决策、资源调动、跨部门的配合等方面；如果以提升舆情引导能力为主要教学目标，那么针对不同舆论场的信息情况就是案例编写的重点。

（2）案例的编写

案例编写的开端在于寻找案例素材。案例选取的素材应当是与教学内容相一致的真实事件。选取的案例根据需要可能会隐去现实发生的地点，这也适用于选取多个类似情况下的素材进行整合，以形成新的复杂型案例。案例内容的编写方面，需要具有一定的生动性，如果仅以新闻或突发事件的调查报告为主要内容进行编写，在教学实践中常常会出现案例使用的一些障碍，内容上缺乏对案例涉及领域的独立思考。案例编写过程中需要进行大量的调查研究工作，包括实地采访、深入访谈、调查问卷等形式。采访过程中，案例编写者要尽量与案例事件直接参与者、目击者、利益相关者进行访谈，从多个侧面了解事件发生的过程与结果，以及事件对多元主体产生的影响。案例的全部内容应当是一个或一系列完整的事件，具有明确的活动内容和结果，始终以一条具体的主线贯穿，为教学提供具有针对性和启发性的问题。

（3）案例的持续研究

在案例编写完成之后，教学者还应对案例进行持续的研究，随着应急管理实践的变化进行内容上的调整，需要研究者不断丰富分析案例所必需的知识储备，从分析思路逻辑与框架上进行完善。教学者应关注案例的相关理论研究，将案例与新的研究理论相互验证，研究产生新的教学突破点。更大范围的应急管理相关的理论研究也有助于启发案例教学新的教学思路，从更大尺度观察同一案例可能会形成适应其他相关班次的新的教学内容。在教学研究过程中，学习者的观点和意见有时也会成为下一次教学更新的内容，教学者针对学习者提出的问题深入研究是完善案例教学的必然步骤，因此，鼓励学习者发表相关意见也是为案例教学持续发展的重要教学准备。

3. 历史思维指导下的应急管理案例的教学方式

（1）引导式

引导式案例教学的首要原则是坚持学员为主体，依据构建主义学习理论，引导式案例教学应当是学员主动地构建内部心理表征的过程。引导式教学的环节设计需要突出学员的主体地位，使学员在整个教学过程中更多地参与，通过问题的设计调动学习者的积极性，提升完成目标的主动性。在案例内容选择方面，需要选取本土化，有明确客体的突发事件，探讨某一具体类型的突发事件在不同外部环境中应采取怎样的处理方式。问题的设置应当起到线索的作用，为学习者提供思路的引导。另外，问题设置也需要符合开放性原则，鼓励学习者对同一问题的多角度思考，将新的想法融入教学内容之中。案例相关材料提供方面，教学者需要为学习者提供较为丰富的资料来源，让学习者更全面地了解事态发展，并主动从中筛选出有用的信息。

（2）辩论式

辩论式案例教学要实现思想性与政治性的统一，维护学习过程中的法纪意识和政治意识。教师要根据学习者的特征和学习基础选择难度适当的教学案例，避免使用某些特殊领域的案例。为保证学习者的辩论热情，在案例选择上可以靠近社会热点，选择普遍受到关注并对应急管理体系建设具有现实价值的案例。辩论式案例教学中突出逻辑推理和表达能力，但与辩论赛不同，需要双方重视材料的全面性，避免出现为了取得优势，以偏概全、偷换概念的情况，辩论的主要关注点应是对突发事件处理方式和方法的讨论。为了更好地提升教学效果，教师在辩论结束后联系内容进行扩大化讨论，并采取适当的时机和方式进行重点讲解。

（3）角色扮演式

角色扮演式案例教学通常以岗位角色作为模拟身份，参与者需要明确岗位需要承担的工作、应履行的应急预案、岗位可调动的资源、权责范围、行动规范等。[①]除岗位角色之外，角色扮演式案例通常还需设置外部观察视角，即教学方式中的"观察员模型"，这种模型是安排参与者从组织外部考察突发事件的全过程，评价岗位角色参与者的表现。突发事件可能引发其他次生或衍生事件，需要更多部门参与，分析和化解风险。角色扮演式案例在事件选择上，通常选择需要多部门分工配合的复杂突发事件。此类案例教学需要教师转变身份，成为具有编导功能的事态发展调控者，对案例的发展具有控制能力。条件允许的情况下，根据学习者做出的反应，设计引发不同的事态发展情况。在案例研讨结束后，教师进行概括和总结，通过学习者的角色功能实现归纳突发事件处置的逻辑和方向。

（4）综合分析式

综合分析式案例教学突出知识的体系化，需要对案例中的概念进行明确的界定，针对关键要素进行说明，使不同的学员在讨论中形成相对集中的关注点。在案例分析中强调以理论框架为基础进行分析，将混乱无序的社会事

---

① 高小平、张强：《再综合化：常态与应急态协同治理制度体系研究》，《行政论坛》2021年第1期。

件以理性的认知理论框架进行总结。案例分析的基础模型是从能力、价值、支持三个方面对处置突发事件的核心工作进行讨论，目标在于启发学员的反思，促进学员之间的借鉴，实现应急管理思维系统的构建。

4.历史思维指导下的应急管理案例式教学过程

（1）导入阶段

案例式教学的开始需要陈述清楚两个方面的内容：第一个方面是案例所处的管理环境，也就是案例所反映的问题属于我国安全体系中的哪一方面，在怎样的讨论范畴之内。教学者和学习者就相关政策和指导方针需要有明确的共识，一些与处理案例相关的原则性问题需要在案例展开之前进行说明。导入部分需要明确的第二个方面是教学中需要运用的理论。理论的教学为案例分析提供了思维框架和路径。应急管理的研究流派和研究方法日益丰富，需要选取适合于案例分析的理论进行教学，选取的理论部分既需要符合我国应急管理实践，也需要符合我国安全体系发展的方向。我国不平衡、不充分的发展现实决定了在我国不同地域发生的问题不能简单使用某一种具体操作来应对，需要在理论支撑下发挥主观能动性，这是在导入部分需要明确的内容。

（2）分析讨论阶段

案例的分析讨论阶段是案例教学的重点，学习者通过将理论与实际相结合，针对具体的突发事件提出决策的方向和应对的方案。根据班次的具体情况，案例的分析和研讨过程可以是分组进行的。研讨需要以结构化的方式进行，而并非是案例决策的问题的堆叠。通常的应急管理案例教学环节是按照事件发生的过程进行阶段划分的。事件发生前，在"关口前移"的指导思想下对于各类风险进行分析，讨论可以提前做出的应急准备。事件发生时，着重探讨预警与应急响应中可能存在的问题和行动方案，这阶段需要学习者对事件的应急预案充分了解，对案例描绘的特殊情况有解决的思路。事件发生后，如何有效降低危害风险，应对案例描述中的两难情况是研讨的重点，这需要学习者在理论的指导下创造性地解决实际问题。这一阶段还涉及跨部门协作的能力提升，探讨如何在非常态的管理情况下减少信息冗余，提升协作效率。

（3）总结阶段

案例讨论结束后，教师需要通过学员的发言对其观点和思路做出总结，将整体案例过程进行简要的回顾，在决策方向上进行明确。这一过程可能会引发一定争论，针对不同意见可以进行记录，但需要明确案例主线的方向。学员研讨的内容是教学总结的重要部分，教师将参与者的思维方式与处理方案与实际中的情况做出对比，将理论与案例中的决策进行参照讲解，对学习者的总体情况做出点评。总结阶段的理论分析需要和导入部分及学员的实际行动相结合，形成内容上的呼应。总结的过程还需要对学员在案例分析中忽略的方面进行补充，并引导学员思考其重要性和解决方案。此外，可以安排部分学员跳出案例参与者的角色评价案例，鼓励学员从更大的尺度上重新审视案例，针对案例教学提出自己的观点和见解。

三、中国应急管理体系的发展历史回顾

（一）中国古代应急管理体系

我国是一个历史悠久的国家，在长期的历史发展过程中，自然灾害和危机始终是重要的挑战。在古代，由于科技手段的限制，人们对于自然灾害和危机的认知和应对能力相对较弱，但我国历史上的应急管理体系建设探索对于现代应急管理体系的建设和发展依然具有重要的启示意义。

1. 中国古代应急管理体系的发展

（1）先秦时期的应急思想及其实践

在先秦时期，由于频繁的自然灾害和战争，人们开始形成一套应急思想，并在实践中加以应用。这一时期的应急思想包括"时令失序论""天人感应论"和"自然规律论"，[①]其中，天人感应观念影响最大，认为天灾是上天对人间的警告，因此需要采取相应的措施来安抚上天，避免更大的灾难。同时，也强调了君主在应急管理中的重要性，认为君主的仁爱、德行和贤能可以直接影响天灾的发生。在这种思想的指导下，先秦时期出现了一些应急管理的实践，在《周礼》中记载了设置"天官"来负责灾害预防和应对的实践，同时也出现了一些用于应对灾害的设施和工具，如堤防、水库等。

（2）汉唐时期的应急管理制度建设

汉唐时期是中国应急管理制度建设的起步阶段。国家的统一和经济的发展使应急管理逐渐成为国家治理的重要组成部分。汉朝时期，国家开始设立专门的应急机构，如"大司农"和"郡县仓"负责应对灾害和战争。唐朝时期，应急管理进一步制度化，设立了专门的应急决策机构"应急使"，并制定了一系列应急管理的法规和制度，《唐律疏议》中规定了各级政府在灾害应对中的职责和权利，明确了灾害应对的程序和措施。汉唐时期也加强了应急基础设施建设，如修建水利、加强城市防御等。

（3）宋明清时期的应急管理体系发展

宋明清时期是中国应急管理体系的发展和完善阶段。随着经济和社会的不断发展，应急管理面临的问题也日益复杂。宋朝时期，应急管理开始强调预防为主的思想，加强了灾害预警和监测系统的建设，设立了"居安思危"的应急管理原则，强调了在日常管理中注重灾害预防的必要性。明朝时期，应急管理体系进一步完善，设立了中央到地方的应急管理机构，如"兵部"和"郡县兵马司"负责指挥和协调各级政府的应急管理工作。清朝时期，应急管理体系逐渐成熟，制定了一系列详细的应急管理法规和预案，

---

① 刘川、孙莹：《自然灾害应对理念与应对机制演变研究》，辽宁人民出版社，2022，第1页。

加强了应急物资储备和救援队伍建设，也注重了民间自救和互救力量的培养和管理。

2.中国古代应急管理体系的特点

（1）以君主为中心的应急管理体系

在中国古代，应急管理体系的核心是君主。君主的地位和权力至高无上，各种自然灾害和突发事件的应对都是以君主为中心展开的。这种以君主为中心的应急管理体系决定了国家对于灾害的应对策略、资源和行动。君主的决策和命令往往决定了应急管理的方向和效果，这种决策往往基于其对灾情的判断和国家的整体利益。

（2）重视灾后恢复与重建

中国古代应急管理体系的另一个显著的特点是对于灾后恢复与重建的重视。在灾害发生后，朝廷往往会派遣官员前往灾区，负责组织救援和恢复工作。同时，朝廷还会制定一系列的措施，如减免税负、发放赈济等，帮助灾民尽快恢复正常生活。此外，朝廷还会组织重建工作，帮助灾区恢复生产和生活秩序。这种对于灾后恢复与重建的重视，体现了中国古代对于民生的关注和责任。

（3）具有强烈的实用主义色彩

中国古代的应急管理体系还具有强烈的实用主义色彩。在应对灾害的过程中，古人更加注重实践和实效，而非理论。例如，在应对水灾时，古人会采取各种实际的措施，如修建堤防、疏通河道等，以达到抗洪救灾的目的。这种实用主义的思维方式和行动方式使中国古代的应急管理体系更加注重实效，更侧重于应对各种实际的问题。

3.中国古代应急管理体系的问题与挑战

（1）制度执行的困难和问题

尽管中国古代应急管理体系在长期的历史过程中形成了一套相对完善的

制度，但在实际执行过程中依然会面临各种困难和问题。一方面，由于信息传递的局限性，地方政府往往难以全面、准确地了解灾情，导致应急响应的及时性和有效性受到影响。另一方面，由于缺乏有效的监督机制，一些官员在应对灾害时存在欺上瞒下、挪用救灾款项等腐败行为，严重影响了应急管理的效果。

（2）灾害应对的不力与失误

中国古代应急管理体系在灾害应对方面的不力与失误主要有两个方面：一是缺乏科学的风险评估和预测机制，导致灾害应对的策略过于被动和滞后。二是救援力量的组织和调度不够高效，尤其是在大规模灾害发生时，救援力量难以快速集结并有效展开救援行动。这些问题的存在不仅影响了应急管理的效果，也加剧了灾害对社会经济的破坏。

（3）社会阶层差异对应急管理的影响

中国古代社会阶层差异巨大，不同阶层在应急管理中的地位和待遇也存在着显著的差异。一方面，上层阶级在应急管理中往往能够获得更多的资源和关注，而下层民众则常常被忽视或救助不足。社会阶层差异对应急管理的影响不仅加剧了社会不公，也削弱了整个社会的抗灾能力。另一方面，不同地区的社会经济发展水平也对应急管理产生影响，一些贫困地区往往因为资源匮乏而难以有效应对灾害。

（二）新中国成立后的应急管理体系探索：1949—2003

1. 应急管理体制的初步建立

在新中国成立初期，灾害种类相对比较单一，地震、洪水等自然灾害是国家防御和救助的重点。公共卫生方面重点对肺结核、鼠疫等传染性疾病进行防治。当时针对各类突发事件的单一管理方式并没有形成应急管理体系概念，也没有建立国家统一领导应对各类突发事件的专门部门，而是以成立单独部门来应对特定类型的灾害为主。1950 年 2 月，中央救灾委员会成立，政务院副总理董必武兼任主任委员，参加的委员单位包括政法委员会、内务部、财经委员会、财政部、农业部、水利部、铁道部、交通部、食品工业部、贸易部、合作事业管理局、卫生部、全国妇联 13 个机构。此后，相继建立了地震、水利和气象等专业性或兼业性部门，负责职能管辖范围内的灾害预防和抢险救灾，整个社会生产服从于中央计划安排。在这样的整体背景下，中央政府是救灾的唯一责任主体，地方发生灾害，直接向中央寻求救援。同时，政府强调人民群众的力量，提倡生产领域中的灾害要自救互救。

改革开放之后，我国应急管理观念和技术得到一定程度的提升，在自然灾害领域，中央层面由国家减灾委员会、国家防汛抗旱总指挥部、国务院抗震救灾指挥部等部门和议事协调机构负责全国灾害管理的协调组织工作，分别对应承担日常具体工作的民政部、水利部和国家地震局的行政职能。工业化和城市化进程加快，工业、交通等领域的事故和社会群体性事件开始大量出现，公路、民航和铁路领域的交通事故数量直线上升，以国有企业改革和土地拆迁为诱因的社会群体性事件成为影响社会安定团结的主要因素，突发事件的破坏力增大。[1] 为了更好地进行经济建设，中央强调加强管理的思想和稳定压倒一切的工作原则。1992 年邓小平"南方谈话"之后，国家经济发展速度进一步加快，面对新兴领域风险加剧的现实，国家成立了中央社会治安综合治理委员会，1998 年成立了中央维护稳定工作领导小组办公室，对口公安部的职责。2003 年，国务院机构进行改革，安全生产监管局从国家经贸委中独立出来，成为国务院直属机构。同时，成立国务院安全生产委员会，对口安全生产监管局。

---

[1] 高小平、刘一弘：《应急管理部成立：背景、特点与导向》，《行政法学研究》2018 年第 5 期。

2. 应急管理体制初建时的特点

新中国成立初期，国家应急管理体系的理念比较简单，认为只要做好预防工作，就可以避免灾害的发生。然而，随着时间的推移，特别是在经历了多次重大自然灾害之后，人们逐渐认识到灾害管理的重要性。这个阶段开始萌发出对应急管理的初步认识和对应急管理的重视。在这个阶段，中国的应急管理体系主要以应对特定类型的灾害为主，应急管理意识初步萌发。虽然应急管理意识有了初步的发展，但当时的应急管理体系仍然存在较大的局限性。

这一阶段的应急管理体系的主要特征是针对单一类型的突发事件成立相应类型的应对机构，这些机构分属不同的管理部门，管理体制呈现"分散化"的特点，在应对突发事件尤其是复合型突发事件时，在多部门协同运作方面显得效率低下；在面对巨灾、重特大突发事件时，则依赖既有行政机构临时成立指挥部或领导小组（或启动议事协调机构），选派得力干部应对危机，待事件过后各自回归原单位，如此反复。这种"临时响应、分散协调"的模式逐渐暴露出协同性较差、综合应对能力不足等问题。

改革开放之前，我国处在国家权威统摄一切的"总体性社会"中，整个国家和社会都比较封闭，经济发展水平不是很高，物质相对比较匮乏。当时，我国发生的突发事件在起因、过程、危害等方面都相对比较单一，事件的影响和后果也主要局限于当地。基于当时的情况，建立以单灾种分类管理为主的管理体制，不同的专职部门来应对不同类型的突发事件，各个灾害应对部门自上而下具有很强的组织动员能力。当时突发事件应对的重点在于事中应急处置与救援阶段，通过密集式的资源投入来取得抢险救援的胜利。在此阶段，突发事件应对强调依托社会主义制度优势，突出组织纪律性，主要依托人海战术。

改革开放过程中，我国逐步从政治主导向经济主导转型，从计划经济向市场经济转型，从封闭型国家向开放型国家转型，从农业社会向工业社会转型。随着生活水平不断提高和全社会物质财富大大增加，生命价值、生命安全日益受到政府和全社会的重视。为有效应对日趋多样的突发事件，政府开始打破中央集中救援的传统模式，逐步对社会有限地放权，发挥社会力量和市场力量在应急管理中的作用。中央向地方进行放权，地方在应急管理中的责任和作用不断强化。部门间不断强化以非常设的议事协调机构为主的统筹协调机制，以协同应对各类跨界复合型突发事件。[①] 随着经济社会发展和国家物质财富的增加，各类应急资源保障逐步增强，但在处理急难险重任务时仍存在较大缺口。

（三）多层面加强应急管理体系建设：2003—2012

1. 从单项应对到综合协调的应急管理体系

2003 年，非典型肺炎（SARS）事件使我国意识到需要进一步加强和完善现代意义上的应急管理体系。在这一背景下，中国的应急管理工作开始从单项应对发展为综合协调。早期以特定类型灾害为主的应对措施逐渐被涵盖更广泛、更全面的综合应急管理模式所取代。这一转变不仅体现在应对单一灾害的层面，更体现在对各种灾害和紧急情况的全面、系统的管理上。政策层面首次提出了"应急管理体系"的概念，并以"一案三制"为主要内容，以自然灾害、事故灾难、公共卫生事件、社会安全事件四大类突发事件为对象。

2003 年 10 月召开的党的十六届三中全会首次提出"坚持以人为本，树立全面、协调、可持续的发展观"，强调要以实现人的全面发展为目标，从人民群众的根本利益出发谋发展、促发展。2005 年修订出台的《安全生产法》首次提出了"安全发展"的理念，规定"安全生产工作应当以人为本，

---

① 钟开斌：《国家应急管理体系：框架构建、演进历程与完善策略》，《改革》2020年第6期。

坚持安全发展"。面对各类突发公共事件数量持续上升、范围逐步扩大、表现形式多样化的特点，我国应急管理体系建设，一年一个重点，从各个层面推进。

2006年，在国务院办公厅内部以总值班室为基础设立国务院应急办公室，全面履行政府应急管理职能。国务院各部门和各级地方政府作为突发事件应急管理工作的行政主体，按照行业管理职责和区域管理职责开展工作，国务院应急办统一负责协调和信息汇总。遇到重大突发事件，启动非常设指挥机构，或者成立临时性指挥机构，由国务院分管领导任总指挥，国务院有关部门参加，应急办服务于国务院，领导应急响应和决策。国务院应急管理办公室不取代各有关部门的应急管理职责，民政、公安、国土、环境、水利、安监等各有关部门都负有应急管理职责，相应地，都在各自部门内部设立应急管理机构，负责相关部门突发事件的应急管理。国家防汛抗旱、安全生产、海上搜救、森林防火、核应急、减灾委、抗震、反恐怖、反劫机等专项指挥机构及其办公室，在相关领域突发事件应急管理中发挥指挥协调作用。地方各级政府是本行政区域突发事件应急管理的行政领导机构，负责本行政区域各类突发事件的应对工作；地方各级政府办公厅（室）和相关部门相应履行应急管理办事机构、工作机构的职责。在管理理念上，开始突出预防为主、标本兼治，强调做好基础性日常工作，夯实应急管理基础。

2007年施行的我国《突发事件应对法》规定："突发事件应对工作实行预防为主、预防与应急相结合的原则。"在管理体制上，我国开始推动建立以政府应急管理办公室作为权威枢纽机构抓总、部际联席会议为跨部门协调机制的综合应急管理体制，以实现"全灾种"和"全过程"的有机统一。①

---

① 刘一弘、高小平：《新中国70周年应急管理制度创新》，《甘肃行政学院学报》2019年第4期。

2.应急管理体系建设的特征

这一阶段应急管理体系的主要特征是由单一突发事件应对向综合应急治理转变，建设核心是"一案三制"，即制定修订应急预案，建立健全应急体制、机制和法制。在认真总结 2003 年抗击"非典"经验教训的基础上，基本建立了"统一领导、综合协调、分类管理、分级负责、属地管理为主"的应急管理体制。政府应急管理办事机构（应急办）的综合协调职能得以明确，以政府办公厅（应急办）为运转枢纽、协调若干议事协调机构和联席会议，覆盖各类突发事件的应急管理体制逐渐形成。

在早期的应急管理中，中国主要采取被动应对的方式，即主要在灾害或紧急情况发生后进行救援和恢复工作。然而，随着对灾害和紧急情况认识的加深，我国的应急管理理念发生了转变，开始从被动应对转变为主动应对。主动应对强调预防为主、预警在先的原则，通过制定预案、开展演练、进行培训等方式，提高公众的应急意识和能力，以及对应急事件进行早期预警和快速响应。这一阶段，我国积极推动应急管理的常态化建设，通过加强应急管理培训和演练，提高各级政府和相关机构的应急响应能力。在管理制度上，建立了以宪法为依据，以《中华人民共和国突发事件应对法》为核心，以相关单项法律法规为配套的应急管理法律体系以及"纵向到底、横向到边"的全国应急预案体系。

此外，我国还加强了对应急管理工作的监督和评估，通过定期开展检查和评估工作，及时发现问题并加以改进。在管理方法上，在继续发挥传统举国动员制度优势的同时，开始探索建立一套以科学管理、专业处置、技术支撑为特点的现代应急管理模式，更加注重运用科技手段来提升突发事件应对效能。

（四）应急管理体系的完善：2012 年之后

1. 总体国家安全观指导下的应急管理体系

2012 年，党的十八大召开，明确了深化应急管理体制改革的方向。2013 年，中央国家安全委员会成立，我国开始从国家战略的高度来决策部署应急管理工作。2013 年 11 月，党的十八届三中全会提出了"完善和发展中国特色社会主义制度、推进国家治理体系和治理能力现代化"的全面深化改革总目标，应急管理被明确为国家治理体系和治理能力的重要组成部分，"推进应急管理体系和能力现代化"成为我国应急管理工作的总目标。总体国家安全观强调全力防范化解重大公共安全风险，有效应对各类灾害事故，以及最大程度减少人民群众生命财产损失，为社会稳定发展提供安全稳定环境。

2018 年，应急管理部成立，我国围绕全面应对四大类突发事件建立由一个或多个强有力的核心部门进行总牵头、各方协调配合的全面整合应急资源的应急管理体系。2019 年 10 月，党的十九届四中全会审议通过的《中共中央关于坚持和完善中国特色社会主义制度推进国家治理体系和治理能力现代化若干重大问题的决定》就"健全公共安全体制机制"做出部署，强调"构建统一指挥、专常兼备、反应灵敏、上下联动的应急管理体制，优化国家应急管理能力体系建设"。[①]2019 年 11 月 29 日，中共中央政治局就我国应急管理体系和能力建设进行第十九次集体学习，习近平总书记在主持学习时强调，要发挥我国应急管理体系的特色和优势，积极推进我国应急管理体系和能力现代化。[②]2020 年 1 月 6—7 日召开的全国应急管理工作会议提出："奋力推进应急管理体系和能力现代化，全面建设党和人民信得过的队伍，

---

① 《中共中央关于坚持和完善中国特色社会主义制度 推进国家治理体系和治理能力现代化若干重大问题的决定》，《人民日报》2019年11月1日第1版。
② 《充分发挥我国应急管理体系特色和优势 积极推进我国应急管理体系和能力现代化》，《人民日报》2019年12月1日第1版。

为保护人民群众生命财产安全和维护社会稳定，实现'两个一百年'奋斗目标和中华民族伟大复兴的中国梦不懈奋斗。"①

2.总体国家安全观指导下的应急管理体系特征

当今我国应急管理体系的主要特征是以总体国家安全观为统领，统筹应对国内外全灾种、全领域的突发事件，编织全方位、立体化的公共安全网，加强、优化、统筹国家应急能力建设。

（1）从无序到有序：应急管理组织的完善

在过去的几十年里，我国的应急管理体系经历了从无序到有序的演进。在早期，对应急事件的管理主要由地方政府和相关部门负责，缺乏统一的指挥和协调。随着国家对应急管理的重视和对应急管理组织的建设，中国的应急管理体系逐渐变得有序和高效。具体来说，我国建立了国家、省、市、县四级应急管理机构，形成了较为完善的应急管理组织体系。这些机构在应对各种突发事件时能够迅速响应，协调有序，发挥了重要的作用。国家还出台了一系列法规和政策，对应急管理组织的职责、权利和义务进行了明确的规定，进一步推动了应急管理体系的规范化、专业化和科学化。

（2）从局部到全局：应急管理机制的整合

随着我国应急管理体系的发展，应急管理机制也经历了从局部到全局的拓展与整合。在早期，应急管理机制主要集中在灾害救援方面，对应急管理的认识也相对有限。随着社会经济的发展和全球化的趋势，应急管理逐渐涉及公共安全、卫生、环保等多个领域。为了更好地应对这些领域的突发事件，政府积极推动应急管理机制的拓展与整合，完善了跨部门、跨地区的协调机制，这些机制能够有效地协调各相关部门和地区之间的资源、信息和力量，确保应对突发事件的高效性和协同性。随着信息化技术的发展，我国政

---

① 《黄明在全国应急管理工作会议上强调深入学习贯彻习近平总书记关于应急管理重要论述全力防控重大安全风险奋力推进应急管理体系和能力现代化》，《中国应急管理》2020年第1期。

府积极推动信息化技术在应急管理中的应用，建立了应急管理信息系统和预警平台，实现了对应急事件的信息收集、分析、传递和处理的一体化管理。

（3）从国内到国际：应急管理范围的拓展

从社会环境来看，世界处于百年未有之大变局，我国的发展正处于一个以"新的历史特点论"为主要特点的新的历史时期。[①]在国际形势复杂多变、国内改革稳定发展任务艰巨繁重的大环境下，我国面临的突发事件类型更加复杂多样，相互之间连锁联动，形成了错综复杂的事件链，产生了各种次生、衍生事件。同时，各种区域性、全球性突发事件不断出现，并跨地区、跨国界传播扩散，带来了跨越边界的各种复合型后果。对形势的判断是开展管理的前提。在全球化进程不断加快、我国日益走近世界舞台中央的过程中，积极参与全球治理、推动全球治理体系变革是我国作为负责任大国的必然选择，应急管理由此也成为构建普遍安全的人类命运共同体的重要组成部分。

---

① 童星：《中国应急管理的演化历程与当前趋势》，《公共管理与政策评论》2018年第6期。

第四章

辩证思维能力：体系构建的方法

一、辩证思维的特点与作用

（一）何谓辩证思维

辩证思维，通常是指通过辩证的方法，观察、分析、理解和解决客观问题的思维方式。《中国大百科全书》（哲学卷Ⅰ）中辩证思维的词条内容是："辩证思维（dialectical thinking）：辩证逻辑的研究对象。指人们通过概念、判断、推理等思维形式对客观事物辩证发展的反映。"马克思主义被引入中国后，辩证思维特指将辩证法特别是唯物辩证法应用于思维过程和思维方式的一种总体性的思维方式。《马克思主义哲学全书》对辩证思维的界定是："辩证思维指同形而上学思维方式相对应，又不同于知性思维方式的一种反映和运用客观辩证法的思维方式。"① 当今我国语境中的辩证思维强调辩证思维与辩证逻辑的辩证互动关系，即辩证思维既包含了辩证逻辑，但又不限于辩证逻辑。也就是说，辩证逻辑又是辩证思维的重要体现和组成部分，但两

---

① 李淮春：《马克思主义哲学全书》，中国人民大学出版社，1996，第37页。

者不能在等价的意义上运用。①辩证思维不仅应用逻辑思维、形象思维、社会思维，而且还涵盖了灵感、想象、联想、直觉、经验等思维方式和现代科学的基本思维方式以及种种精神因素理性因素和非理性因素在思维过程中的复杂交互作用。恩格斯指出："辩证法在考察事物及其在观念上的反映时，本质上是从它们的联系、它们的联结、它们的运动、它们的产生和消逝方面考察的。"②"要精确地描绘宇宙、宇宙的发展和人类的发展，以及这种发展在人的大脑中的反映，就只有用辩证的方法，只有不断地注视生成和消逝之间、前进的变化和后退的变化之间的普遍的相互作用才能做到。"③辩证思维方式强调全面性、发展性和矛盾性，是理解复杂世界的独特视角。在当代社会，辩证思维的重要性越来越凸显。面对复杂多变的现实问题，我们需要运用辩证思维来全面、动态地思考问题，把握事物的本质和发展趋势。同时，辩证思维也能够帮助我们理解人类社会的发展规律，推动社会的进步和发展。因此，培养和提高辩证思维能力，对于每个人和社会的发展都具有重要的意义。

（二）辩证思维的起源和发展

中国古代的辩证思维被广泛应用在如道家和道教的《老子》、儒家的《周易》、兵家的《孙子兵法》、法家的《韩非子》、医家的《黄帝内经》以及佛教的经典文献，如《中论》《十二门论》《大智度论》《百论》等历代典籍中。④这种思维方式强调事物的相互依存、相互作用、相对性、变化性和整体性。

---

① 冯国瑞：《辩证思维及其当代意义》，《北京行政学院学报》2010年第5期。
② 《马克思恩格斯选集》第3卷，人民出版社，1995，第361页。
③ 《马克思恩格斯选集》第3卷，人民出版社，1995，第362页。
④ 彭华：《阴阳五行研究（先秦篇）》，华东师范大学博士学位论文，2004。

老子所说的"祸兮福之所倚，福兮祸之所伏""反者道之动，弱者道之用"讲的都是矛盾双方既相互依赖而存在、相互对立而统一，又可互相转化。道家的中心问题本来是全生避害，躲开人世的危险。老子对于这个问题的回答和解决，就是如此。谨慎地活着的人，必须柔弱、谦虚、知足，柔弱是保存力量因而成为刚强的方法。

《易经》中所蕴含的辩证思维从不同角度揭示了事物的对立面，并强调了事物的对立统一，也肯定了矛盾的普遍性，阴阳、刚柔、大小、远近，等等，都是事物发展变化过程中的矛盾对立统一体。儒家所推崇的"中庸之道"，也是典型的辩证思维。《礼记·中庸》说："君子中庸，小人反中庸。君子之中庸也，君子而时中。"[1] 孔子所说的"中"，以我国远古时候周代的礼仪为标准，孔子认为对于周礼，要做到既不过分也没有不足。"庸"就是"平常"的意思，强调看待和处理问题避免极端。中国的辩证思维以追求和谐、协调、统一为目的，讲求"不偏不倚"的中庸哲学，崇尚矛盾的调和统一，不太注重矛盾对立面之间的差异、排斥、斗争，尤其不提倡矛盾对立面之间的水火不容、你死我活。[2]

西方的辩证思维起源于古希腊哲学家，如赫拉克利特、恩培多克勒等人的思想。他们通过对话和提问的方式，揭示出矛盾和同一性的辩证关系。中世纪哲学家如托马斯·阿奎那等也对辩证思维的发展做出了贡献。他们通过对神学和哲学的综合思考，提出了对宇宙、自然和人类的整体性理解，进一步丰富了辩证法的思想。到了近代，随着科学技术的快速发展，人们开始用更加科学和理性的方式来探究事物的本质和规律。在这个过程中，辩证思维也得到了进一步的发展和完善。例如，康德在哲学中提出了辩证法的思想，

---

① 朱熹：《四书章句集注》，中华书局，1983，第82页。
② 彭华：《中国传统思维的三个特征：整体思维、辩证思维、直觉思维》，《社会科学研究》2017年第3期。

黑格尔在哲学中则系统地阐述了辩证法的理论和方法。

恩格斯论证了辩证思维的普遍性："所谓的客观辩证法是在整个自然界中起支配作用的，而所谓的主观辩证法，即辩证的思维，不过是在自然界中到处发生作用的、对立中的运动的反映。"[①]"对于现今的自然科学来说，辩证法恰好是最重要的思维形式，因为只有辩证法才为自然界中出现的发展过程，为各种普遍的联系，为从一个研究领域向另一个研究领域的过渡提供了模式，从而提供了说明方法。"[②]

（三）辩证思维的基本规律

马克思主义哲学体系下，辩证思维是唯物辩证法在思维中的运用，唯物辩证法的范畴、观点、规律完全适用于辩证思维。辩证思维是客观辩证法在思维中的反映，联系、发展的观点也是辩证思维的基本观点。对立统一规律、质量互变规律和否定之否定规律是唯物辩证法的基本规律，也是辩证思维的基本规律。

1. 对立统一规律

对立统一的观点是一种复杂的思维模式，既反映着对立现象又在同一现象中渗透，具有独特的优势和灵活性。它有助于整合复杂的观点和信息，更加深入地了解和分析复杂的问题。例如，效率和公平二者之间存在矛盾，在一定范围内二者相互排斥。单纯强调效率，不注重社会公平，不仅会引发社会矛盾，而且在经济上难以持续。单纯强调公平，会挫伤生产者的积极性，降低效率，然而公平竞争能够提高效率。这是二者的内在统一关系。对立面指的是从事物的不同方面出发，着重分析其不同的特征，深入考察其正反面的差异，挖掘其细节的可能性，从而更加清晰地把握问题的特征。统一面则

---

① 《马克思恩格斯选集》第4卷，人民出版社，1995，第317页。
② 《马克思恩格斯选集》第4卷，人民出版社，1995，第284页。

是要把握整体性，把某件事情的正反面看成一个整体，把它们看成一个有机的整体，从而更好地理解和把握问题，这样才能全面准确地把握问题的特征。对立统一思维方式要求我们在认识事物时，要从整体上把握事物的矛盾性，既看到事物的对立面，又看到事物的统一面；既看到事物的普遍性，又看到事物的特殊性；既看到事物的主要方面，又看到事物的非主要方面。

2. 质量互变规律

质量互变规律揭示了事物因矛盾引起的发展过程和状态、发展变化形式上具有的特点。这一规律表明，事物的发展变化存在两种基本形式，即量变和质变，前者表现为事物及其特性在数量上的增加或减少，是一种连续的、不显著的变化，后者是事物根本性质的变化，是渐进过程的中断，是由一种质的形态向另一种质的形态的突变。例如，在物理学中，当水受到冷却并逐渐冻结时，会经历一个从液态到固态的质变过程。这个过程中的温度下降是一个连续的、逐渐的变化（量变），但当温度下降到一定程度，水会突然结冰，这是一个明显的质变。量变和质变的辩证关系是：第一，量变是质变的重要准备。任何事物的变化都有一个量变的积累过程，没有量变的积累，质变就不会发生。第二，质变是量变的必然结果。单纯的量变不会永远持续下去，量变达到一定程度必然引起质变。第三，量变和质变是相互渗透的。一方面，在总的量变过程中有阶段性和局部性的部分质变；另一方面，在质变过程中也有旧质在量上的收缩和新质在量上的扩张。量变和质变是相互依存、相互贯通的，量变引起质变，在新质的基础上，事物又开始新的量变，如此交替循环，构成了事物的发展过程。量变质变规律体现了事物发展的渐进性和飞跃性的统一。

3. 否定之否定规律

任何事物内部都包含着肯定的方面和否定的方面，由于矛盾双方的相互作用，当否定的方面上升至支配地位时，事物就会由肯定走向对自身的否定，再由否定进一步走向更高阶段的否定，即否定之否定。事物自己发展自己的完整过程构成了否定之否定规律。辩证否定观的主要内容是：第一，否定是事物的自我否定，是事物内部矛盾运动的结果。第二，否定是事物发展的环节，是旧事物向新事物的转变，是从旧质到新质的飞跃。只有经过否定，旧事物才能向新事物转变。第三，否定是新旧事物联系的环节，新事物孕育产生于旧事物，新旧事物是通过否定环节联系起来的。第四，辩证否定的实质是"扬弃"，即新事物对旧事物既批判又继承，既克服其消极因素又保留其消极因素。事物的辩证发展过程经过"肯定—否定—否定之否定"三个阶段。例如，科学家们在进行研究时，会提出一个假设或理论来解释某种现象。当这个假设或理论被实验证实后，它就成为公认的真理。但随着研究的深入和新的证据的出现，这个真理可能会被推翻或者修正，这是第一个否定阶段。接着科学家们会根据新的实验结果提出新的假设或理论，这是否定之否定阶段。第一次否定使矛盾得到初步解决，而处于否定阶段的事物仍具有片面性，还要经过再次否定，即否定之否定，实现对立面的统一，使矛盾得到根本解决。否定之否定规律揭示了事物发展的前进性与曲折性的统一。

（四）辩证思维在社会实践中的体现

1.国家发展与个人发展的辩证统一

国家发展与个人发展是一个辩证统一的关系，它们之间相互影响、相互促进。在一个国家的发展过程中，政府需要为人民创造良好的生活环境和发展条件，而个人也需要为国家的繁荣做出贡献。国家发展是个人发展的基础，一个国家的政治稳定、经济发展和社会进步为个人提供了更多的发展机会和更好的生活条件。只有在国家发展的大背景下，个人才能充分展示自己的才华和能力，实现自身价值。个人发展是国家发展的动力，一个国家的发展离不开广大人民群众的智慧和力量，每个人的努力和拼搏都是推动国家发展的源泉。同时，个人的发展也会为国家带来新的创新成果和技术突破，提高国家的综合实力。国家发展与个人发展相互制约。在某些情况下，国家发展的需要可能会对个人的某些权益造成限制。例如，为了国家的长远利益，政府可能需要对某些行业实行严格的管制，这可能会影响从事这些行业的个人的发展空间。然而，在这种情况下，个人需要理解和支持国家的决策，为实现国家的整体发展目标做出牺牲和贡献。国家发展与个人发展相互促进。在国家发展的进程中，政府需要不断调整和完善相关政策，以适应不断变化的国内外环境。同时，个人也需要不断提高自己的素质和能力，以适应国家发展的需要。这样，国家和个人之间就能形成一个良性的互动机制，共同推动彼此的发展。

在国家计划制定过程中，辩证思维能够提供一种全面的、发展的、矛盾的视角，帮助设计者分析内部和外部环境，识别机会和挑战，从而制定出更加科学合理的战略。国家在进行政策分析时，需要全面考虑方案的优势、劣势、机会和威胁，同时也要看到这些因素之间的相互影响和转化。在制定国家战略时，需要综合考虑长期和短期目标、收益和风险等因素，运用辩证思维来权衡利弊，制定出更加科学合理的战略。个人成长中也需要运用辩证思维来看待自己的优点和缺点、成功和失败。在个人成长中，我们需要认识到自己的优点和不足之处，同时也要看到这些因素之间的相互影响和转化。我们需要从多个角度出发来分析自己的成功和失败，找出其中的原因和规律，从而制定出更加科学合理的发展计划。同时，我们也需要运用辩证思维来看待自己的目标和价值观，不断调整自己的心态和行动方案，实现自我提升和成长。

2. 社会治理主体与客体的辩证统一

在中国特色社会主义社会治理活动中，人民群众既是被治理者，又是治理者。社会治理的主体是人民群众，社会治理的客体也是人民群众。中国特色社会主义社会治理注重构建一套系统化的结构体系，正确处理社会治理的主体是谁的问题、各主体的地位和职能问题以及各治理主体之间的关系问题。此结构体系是由党委、政府、社会、公众构成的合作共治结构，体现了党委领导下多方参与、共同治理的目标和理念。在创新社会治理中，始终强调人民群众的主体地位，支持并引导社会组织参与治理，充分发挥居民自治组织和工会、共青团、妇联等人民团体在社会治理中的重要作用，实现多元共治。作为治理客体的人民群众与治理主体，无论在性质、职能或作用方面是不同的，两者在一定范围内，有着确定的界限，不能混淆。作为治理客体与治理主体的人民群众之间不是互不相干的，而是不可分割的一体两面，是辩证地联系在一起的。

中国特色社会主义社会治理的时代内涵融入党的群众路线，从另一个侧面集中体现了社会治理的主体与客体的辩证统一。第一，从"为了谁"的角度看，推进社会治理是以是否符合人民群众的根本利益作为最高衡量标准，"让老百姓过上好日子是我们一切工作的出发点和落脚点"[1]。第二，从"依靠谁"的角度看，推进社会治理必须发挥人民群众的积极性、主动性和创造性，调动全社会力量一起来做好维护社会稳定工作。第三，从"成果由谁享受"的角度看，推进社会治理，使发展成果由人民群众共享，使改革发展成果更多、更公平地惠及全体人民。

3. 社会问题内部矛盾的辩证统一

社会问题本身是一个矛盾统一体，它内部是由既对立又统一的矛盾双方所构成的，因此，在进行社会治理中首先要注意矛盾双方的平衡。在探索解决社会矛盾实践过程中，社会治理所包含的各个环节和层面都存在对立统一

---

[1] 习近平：《全面贯彻落实党的十八大精神要突出抓好六个方面工作》，《求是》2013年第1期。

的问题。因此，需要着力去寻找矛盾对立方面的平衡点，在矛盾双方平衡与不平衡相交错的波浪式发展进程中，促进矛盾的良性转化，通过矛盾的化解进而推动社会治理的发展。在处理社会治理中存在的矛盾关系时，要通过正确处理政府与社会、德治与法治、治标与治本、维稳与维权、活力与秩序、整体推进与重点突破等之间的关系，才能避免全社会的激烈冲撞，使社会治理工作得以逐步推进。①

　　社会问题的解决需要运用辩证思维来看待问题的复杂性和矛盾性。社会问题内部矛盾的内在联系和发展规律是辩证统一原理在社会问题分析中的应用核心。揭示这些内在联系和发展规律对于解决社会问题具有重要意义。具体来说，我们需要从以下几个方面入手：首先，需要深入研究社会问题内部矛盾的历史演变和现实状况。通过对历史和现实的深入分析，我们可以了解社会问题内部矛盾的形成和发展过程，认识其内在联系和规律性。例如，通过对贫富差距问题的历史演变和现实状况的研究，我们可以发现贫富差距的形成和发展与经济发展、政策制度、文化观念等多个因素密切相关，其内在联系和发展规律具有一定的稳定性和规律性。其次，需要运用多种研究方法揭示社会问题内部矛盾的内在联系和发展规律。具体的研究方法包括文献研究、实证研究、案例分析等。通过这些方法，我们可以深入了解社会问题内部矛盾的本质和发展规律，揭示其内在联系和相互作用。例如，通过实证研究方法对环境污染问题的调查和分析，我们可以了解环境污染的主要来源和影响因素，进而揭示经济发展与环境保护之间的内在联系和规律性。最后，需要将揭示的内在联系和发展规律转化为具体的解决策略和措施。通过对社会问题内部矛盾的深入剖析，我们可以找到解决这些问题的有效途径和对策建议。例如，针对贫富差距问题，我们可以提出加强政策调节、推进教育公

---

① 刘爱莲、李树文：《论习近平社会治理思想中的辩证思维》，《河海大学学报》（哲学社会科学版）2015年第10期。

平、优化税收制度等具体的解决策略和措施，以期实现经济社会的持续健康
发展。

4.效率和公平的辩证统一

马克思主义经济学理论认为，效率与公平是一对矛盾的统一体。在资本
主义经济中，效率往往来自对剩余价值的追求，而这种追求往往导致贫富差
距的扩大，从而违背公平原则。然而，马克思主义经济学也指出，只有在生
产力高度发展的基础上，才能真正实现效率与公平的辩证统一。

贫富差距问题是效率与公平矛盾的突出表现之一。随着市场经济的发
展，一部分人因为各种原因获得了较高的收入，而另一部分人则因为种种原
因陷入了贫困。这种贫富差距不仅表现在收入上，还表现在教育、医疗、社
会保障等方面。过大的贫富差距可能导致社会的不稳定和不满情绪，影响经
济发展和社会和谐。资源的有限性和需求的多变性导致了资源分配的难题。
在市场经济中，资源通常会流向效率更高的领域和企业，这无疑可以提高经
济效率。然而，这也可能导致资源的过度集中和浪费，造成部分地区资源的
匮乏，影响公平和可持续发展。

在实现公平的前提下提高经济效率，是当前社会经济发展的重要方向。
这需要我们在社会政策、市场机制和政府宏观干预等多个方面进行深入研究
和探索。一方面，我们需要通过完善社会保障体系、加强教育和培训等措
施，提高社会整体的人力资本水平，为经济效率的提升提供有力支撑。另一
方面，我们也需要充分发挥市场机制的作用，鼓励创新和竞争，提高企业的
生产效率和国际竞争力。此外，政府宏观干预也是实现公平和提高效率的
重要手段。政府可以通过优化税收政策、加强市场监管、推动产业升级等措
施，促进经济的可持续发展和社会公平正义。同时，政府还需要在公共服务
和基础设施建设等方面加大投入，提高社会整体福利水平，进一步促进经济
效率的提升。在经济发展目标和操作层面，习近平总书记多次指出"实现更

高质量、更有效率、更加公平、更可持续、更为安全的发展"[1]，将效率和公平贯穿到统筹推进"五位一体"总体布局、"四个全面"新战略布局和高质量发展的全过程。

5. 文化继承与创新的辩证统一

文化不仅是一个民族的根基，也是其发展的动力源泉。我们应该注重文化的创新和发展，同时也要加强对传统文化的保护和传承。以辩证思维来看，继承与创新之间存在着既对立又统一的关系。一方面，继承和创新是相互对立的，继承强调的是对传统的保留和沿袭，而创新则强调突破和变革。另一方面，继承和创新又是相互依存、相互促进的。只有在对传统有充分认识和继承的基础上，才能够实现真正的创新。在实践中，我们应当始终坚持继承与创新的统一性。一方面，我们要注重对传统、历史和文化的传承，保持我们的民族特色和文化自信。另一方面，我们也要注重创新，敢于尝试新的思想、新的技术和新的方法。只有这样，我们才能够真正实现社会的发展和进步。在政策制定方面，应充分考虑继承与创新的平衡。一方面，政策应鼓励对传统文化的尊重和继承，通过立法保护文化遗产，确保其得到有效的传承。另一方面，政策也需要为创新提供足够的空间，鼓励跨界合作，打破固有思维模式，推动技术的进步和社会的发展。在这个过程中，政策制定者需要运用辩证的视角，既要看到传统文化的价值，也要看到创新的重要性，制定出有利于两者统一的政策。在文化传承的过程中，我们需要注重保持文化的核心价值，同时也要对其进行创新性的解读和发展。这需要我们深入挖掘文化的内涵，从中提取出具有人类共性价值的元素，将其与现代社会的需求相结合，创造出既具有传统特色又具有时代感的新的文化形式。在策略上，我们可以采取多元化的方式，如艺术创作、文化交流、媒体传播等，来

---

[1] 习近平：《在经济社会领域专家座谈会上的讲话》，人民出版社，2020，第4页。

推动文化的传承和创新。

二、辩证思维在应急管理体系建设中的应用

（一）以辩证思维分析和解决体系矛盾

1.应急管理体系建设中的矛盾

在体系建设过程中，矛盾通常指的是存在于系统内部的各种对立和冲突。这些矛盾可能表现为目标之间的冲突，如安全生产相关企业的短期收益与长期发展之间的矛盾；也可能表现为规则和标准的矛盾，如法律、法规与安全生产相关企业文化之间的矛盾；还可能表现为资源分配的矛盾，如不同部门之间的资源争夺。

根据矛盾的性质，可以将其分为以下几类：一是目标型矛盾，指在实现目标的过程中，由于目标之间的对立或目标与现实之间的冲突而产生的矛盾。二是规则型矛盾，指在制定和执行规则的过程中，由于不同规则之间的冲突或规则与现实之间的矛盾而产生的矛盾。三是资源型矛盾，指在资源分配过程中，由于资源有限而产生的矛盾。

在应急管理体系建设的实践中，矛盾主要体现为以下几个方面：一是架构设计与实际应用之间的矛盾，在体系构建过程中，架构设计往往过于理想化，没有充分考虑到实际应用中的复杂性和不确定性，导致架构与实际应用需求不匹配。二是系统稳定性与灵活扩展性之间的矛盾，在体系建设过程中，需要考虑到系统的稳定性和扩展性，然而，这两者之间往往存在矛盾。为了确保稳定性，可能需要进行大量的前期投入和冗余设计，但这些设计可能会在未来面临灵活扩展性的挑战。三是信息安全性与隐私保护之间的矛盾，在信息化时代，信息的安全性和隐私保护至关重要，然而，这两者之间往往存在矛盾。为了确保信息安全性，可能需要采取强大的加密和安全措

施，但这些措施可能会对用户的隐私保护造成一定的影响。四是成本投入与效益产出之间的矛盾，在体系建设过程中，需要投入大量的人力、物力和财力，然而，这些投入往往无法立即转化为经济效益，甚至可能在未来面临收益不确定性的挑战。

2. 以辩证思维进行矛盾分析的方法

矛盾分析在应急管理体系建设中具有重要的作用表现为以下三个步骤：首先，通过对矛盾的全面分析，可以更好地了解体系建设中的问题和挑战，为后续的决策提供依据。其次，通过对矛盾的分类处理，可以更加有针对性地解决不同类型的矛盾，提高解决问题的效率和质量。最后，通过对矛盾的优先处理，可以更好地把握体系建设的关键点，推动体系建设工作的顺利进行。

在应急管理体系建设过程中，以辩证思维进行矛盾分析的方法主要包括以下几个方面：一是对系统中的所有矛盾进行全面的了解和分析，了解每个矛盾的性质、产生原因和影响范围。二是分类处理，根据矛盾的性质和类型，采取不同的处理方法。对于目标型矛盾，需要重新调整目标或者寻找更好的解决方案；对于规则型矛盾，需要重新审视和修订规则；对于资源型矛盾，需要重新分配资源或者寻找更多的资源。三是明确优先处理的矛盾，根据矛盾的重要性和紧急程度，优先处理那些对体系建设影响较大的矛盾。

3. 以辩证思维解决应急管理体系建设中的矛盾

以辩证思维解决体系内部矛盾的通用方法包括以下几个方面：一是冲突协商，当矛盾双方在某个问题上存在不同意见时，可以通过协商达成共识。这种方法强调双方平等、尊重和合作，通过沟通、讨论和妥协达成一致。二是妥协让步，当矛盾双方无法就某个问题达成共识时，可以采取妥协让步的方式。这种方法要求双方各自做出一定的牺牲，以达到相对平衡的结果。三是权威裁决，当矛盾双方无法自行解决矛盾时，可以寻求第三方权威机构的帮助。权威机构可以对矛盾进行评估、调解和裁决，以达成较为公正和合理的解决方案。四是制度规范，通过制定相应的制度和规范，明确各方的权利和义务，避免矛盾的产生和激化。这种方法强调制度的科学性、公正性和可操作性，以确保矛盾能够得到有效解决。

针对应急管理体系建设的主要矛盾，可以采取以下解决方案：一是加强架构设计的实用性，在架构设计过程中，需要充分考虑实际应用场景和需求，确保架构与实际应用需求相匹配。同时，要注重对现有系统和流程的整合与优化，减少不必要的重复和浪费。二是平衡系统稳定性与灵活扩展性，在系统设计过程中，需要充分考虑未来可能面临的变化和扩展需求，制定合理的扩展策略和接口规范。同时，要注重对现有系统的优化和升级，确保系统的稳定性和性能。三是强化信息安全性与隐私保护，在信息安全方面，需要建立健全的信息安全管理体系和加密技术措施，确保信息的安全性和保密性。同时，要注重对用户隐私的保护和尊重，避免过度收集和使用用户信息。四是合理投入与效益评估，在体系建设过程中，需要制定合理的投入计划和预算，避免过度投入和浪费。同时，要进行全面的效益评估和风险分析，确保项目的经济效益和社会效益的可持续发展。

（二）以辩证思维统筹发展和安全

1. 发展和安全的辩证关系

统筹发展和安全强调坚持发展和安全并重，既办好保证国家安全这个"头等大事"，又抓好发展这个"第一要务"；既通过发展提升国家安全实力，又在发展中更多考虑安全因素，实现发展和安全动态平衡、同频共振、同向而行。统筹发展和安全是对发展和安全辩证统一关系的深刻认识和把握。[①]

[①] 龚维斌：《统筹发展和安全 以新安全格局保障新发展格局》，《中国应急管理科学》2022年第5期。

一方面，发展仍是解决我国所有问题的关键，是我们党执政兴国的第一要务。当前，我国已转向高质量发展阶段，继续发展具有多方面优势和条件，同时发展不平衡不充分问题仍然突出。为此，我们必须坚持稳中求进工作总基调，完整准确全面贯彻新发展理念，为实现更高水平、更高层次的安全提供更为牢固的基础和条件。另一方面，国家安全是国家发展的重要基石和人民福祉的根本保障。在新发展格局与世界大变局相互交织的复杂局面中，安全已成为影响经济社会发展的重要变量，极端情况下甚至可能成为决定性变量。国家发展更加离不开安全稳定的环境，更加需要构建大安全格局，通过积极推进国家安全体系和能力现代化来创造有利于经济社会发展的良好安全环境。

统筹发展和安全理论系统辩证地看待发展和安全之间的关系，强调两者相辅相成、辩证统一，打破了"就发展谈发展""为安全而安全"的片面思维。习近平总书记指出："安全是发展的前提，发展是安全的保障，安全和发展要同步推进。"①统筹发展和安全坚持发展和安全并重，强调既善于运用发展成果夯实国家安全的实力基础，又善于塑造有利于经济社会发展的安全环境，以发展促安全、以安全保发展，实现高质量发展和高水平安全良性互动。

2.发展和安全关系的嬗变

从新中国成立直至十一届三中全会实行改革开放政策以前，我国判断国际形势为"战争与革命"是时代的主题，对外争取国家生存和政治承认、对内巩固政权稳定和革命成果成为主要的目标任务，在处理发展和安全关系上呈现出更加注重安全的特点，侧重以军事手段维护政治安全、国土安全。②

中共十一届三中全会后，国际局势趋于缓和，我国对时代主题作出了

---

① 习近平：《在网络安全和信息化工作座谈会上的讲话》，人民出版社，2016，第3页。
② 黄大慧、胡庆：《统筹发展和安全：演进逻辑与时代价值》，《国家安全研究》2022年第3期。

"和平与发展"的判断，国家工作重心从"以阶级斗争为纲"转移到"以经济建设为中心"上来，对外争取和平国际环境、对内实施改革发展经济，实现"富起来"成为主要目标任务，在处理发展和安全关系上表现出更加注重发展的特点，强调维护国内社会安全、以对话合作维护共同安全。

党的十八大以来，中国特色社会主义进入了新时代，"和平与发展"仍然是时代主题，但又发生着深刻调整。在中华民族伟大复兴战略全局与世界百年未有之大变局相互交织、相互激荡、相互影响这一背景下，我国日益走近世界舞台中央。同时，发展及安全环境愈渐复杂严峻，建设社会主义现代化强国成为主要任务，而在处理发展和安全关系上呈现"发展和安全并重"的特点，强调以发展促安全、以安全保发展。

3. 发展和安全面临的风险表现

党的二十大报告把统筹发展和安全提升为新时代党和国家事业发展的重要战略部署之一主要是基于我国当前面临的一系列国内外风险挑战。这些给社会发展带来巨大的风险隐患，突出表现在以下几个方面。

一是粮食安全问题。我国的高速发展给安全带来了新的挑战。人口增长和城市化进程加快以及对粮食质量消费的升级，导致粮食需求刚性增长，而耕地面积不断减少，粮食播种面积也呈下降趋势，这使得粮食产需矛盾日益突出。气候变化导致自然灾害频发，对农业生产造成很大影响，也使得粮食生产的不稳定性增加。农业生产的过度开发和使用化肥、农药等化学品，导致土壤退化、水资源短缺等问题，这对粮食生产的可持续性构成了威胁。国际贸易环境的变化也是我国粮食安全面临的挑战之一。国际市场的价格波动、贸易壁垒和技术性贸易措施等都可能对我国粮食出口造成影响。因此需要在粮食生产和消费方面统筹发展与安全。

二是自然资源与环境问题。在经济发展初期，我国依赖自然资源建立了一批资源型产业，为国民经济和社会发展做出巨大贡献。但是，由于资源的不可再生性、污染性等特征，加之长期形成的结构性矛盾和粗放型增长方式尚未根本改变，资源粗放利用大量存在，经济增长的资源环境代价过大，也加剧了资源供求紧张状况。① 经济发展环境污染问题依旧不容小觑。在《第二次全国污染源普查公报》的普查对象中，工业污染源数量约占全国各类污染源总量的 69.14%。② 因此需要在自然资源和环境方面统筹发展和安全。

三是金融安全问题。系统性金融风险和资本无序扩张威胁经济社会健康发展。马克思在《资本论》中站在世界历史的高度深刻地指出："资本一出现，就标志着社会生产过程的一个新时代。"③ 改革开放以来，我国破除所有制问题上的传统观念束缚，将资本视为重要的生产要素、市场配置资源的工具、发展经济的方式和手段，使资本同其他生产要素一道，为社会主义市场经济繁荣发展做出重大贡献。但是，资本的无序扩张威胁经济健康和国家安全的风险尚存。资本野蛮生长集中体现为资本垄断。因此需要在资本运作方面统筹发展和安全。

四是科技发展问题。我国坚持以科技作为第一生产力，科技发展受到我国的高度重视。然而由于我国科技发展起步较晚，一些关键核心技术受制于西方发达国家。例如，芯片作为现代工业的重要部件，是中美科技竞争的关键领域。2022 年 10 月，美国商务部严控对中国的芯片出口管制，并限制中国获得其半导体技术。④ 相关高科技企业面临芯片供应渠道断裂、短期无法恢复的困局，被动压缩产能或停工。另外，科技成果转化能力不强，聚焦产业发展需求不够。以我国高校科技成果专利转化为例，2021 年我国高校研究与发展拨入经费为 1592 亿元，高校专利转化金额仅为 88.9 亿元。⑤ 还有

① 张新宁：《统筹发展和安全：原则、逻辑与路径》，《上海经济研究》2023 年第 6 期。
② 寇江泽：《生态环境家底全面摸清》，《人民日报》2020 年 6 月 11 日第 2 版。
③ 《马克思恩格斯文集》第 5 卷，人民出版社，2009，第 198 页。
④ 邢晓始、金惠真：《美国政府又出芯片限制措施》，《环球时报》2022 年 10 月 8 日第 3 版。
⑤ 张欣：《十年，高校科技创新能力大幅提升》，《中国教育报》2022 年 07 月 20 日第 1 版。

科技人才流失带来的问题，部分我国培养出的顶尖科学家滞留国外，存在我国科技信息流失的风险。

4. 如何统筹发展和安全

（1）通过机构改革加强党的全面领导

党的十八大以来，我国统筹发展和安全首要措施是加强党对各领域各方面工作的领导。坚持和加强党的全面领导、发挥党的机构组织的领导核心作用主要方式包括以下两个方面。

一方面是通过机构改革搭建加强党的全面领导的基础性制度框架，并在多个重点领域进行了机构调整。加强党中央集中统一领导为统领是贯穿其中的"一条红线"，加强党的全面领导覆盖党和国家机构组建和职责履行的各领域、各环节。[①] 在机构改革思路和框架的基础上聚焦金融、科技、社会工作、港澳事务等重点领域，通过组建党中央决策议事协调机构、职能部门、办事机构以及统筹设置党政机构等方式，进一步加强党的全面领导，维护党中央权威和集中统一领导，确保党发挥总揽全局、协调各方的领导核心作用。

另一方面是组建或调整决策议事协调机构以及职能部门、办事机构、派出机关等党的工作机关。2023年，党和国家机构改革后，党中央决策议事协调机构主要有：中央国家安全委员会、中央全面依法治国委员会、中央审计委员会、中央全面深化改革委员会、中央网络安全和信息化委员会、中央财经委员会、中央外事工作委员会、中央机构编制委员会、中央军民融合发展委员会、中央金融委员会、中央科技委员会、中央教育工作领导小组等。中央科技委员会主要负责研究审议国家科技发展的重大议题，统筹解决科技领域的重大问题，研究确定国家战略科技任务和重大科研项目，统筹协调国

---

① 钟开斌：《统筹发展和安全：理论框架与核心思想》，《行政管理改革》2021年第7期。

家战略科技力量布局和军民科技融合发展等；中央金融委员会主要围绕维护金融稳定、促进金融发展进行战略谋划和顶层设计，研究审议金融领域相关的重大政策、重大问题。

（2）通过加强协作机制完善综合安全监管

在高度复杂性和高度不确定性条件下，合作制组织被认为是比传统官僚制更适合开展集体行动的组织形式。随着经济社会的不断发展，跨域社会事务和复杂社会问题日益增多，被称为管理"巧匠"的跨部门协同成为理论界和实务部门共同关注的重要课题。[①] 面对错综复杂的国际环境和艰巨繁重的国内改革发展稳定任务，国家治理必须坚持整体性、战略性、前瞻性思维，系统协同推进各领域、各部门合作，形成整体合力。现代社会面临的各种风险具有耦合演化、交织叠加的"跨界"特征，问题结构与组织结构之间呈现潜在的不匹配状态，要求在多部门和多层次的系统中建立各种形式的统筹协调机制，并使之不仅成为一项技术任务，更成为一项重要的政治行为。

我国围绕科学技术、金融监管、数据管理等重点领域进行合作机制的调整，解决了部门职责分散交叉、工作重复或缺位、统筹协调和协同联动不足等长期存在的问题。例如，金融监管方面，由中央金融委员会集中统一领导（中央金融工作委员会统一领导金融系统党的工作），中国人民银行、国家金融监督管理总局、中国证监会、国家外汇管理局等部门共同组成的"一委一行一局一会"的全新监管架构，在提高金融促发展动力的同时持续强化金融风险防控能力，实现对各类金融活动的全面监管，有效防范化解系统性金融风险。

---

① 何艳玲、汪广龙：《统筹的逻辑：中国兼顾发展和安全的实践分析》，《治理研究》2022年第2期。

（三）以辩证思维应对风险的社会放大

1. 风险的社会放大理论研究

风险的社会放大框架（SARF）源于克拉克大学和决策研究所 1988 年开始的一系列研究。这一概念是为了克服风险认知和风险传播研究碎片化的一项尝试。这些研究领域包括媒介研究、风险认知研究的心理测量学派和文化学派，以及有关组织对风险反映的研究。[①] 风险的社会放大研究过程是从风险认知到动态社会过程的变化研究。风险认知基于社会中存在的风险信号，当这些信号通过各种各样的社会和个人的放大站（包括个人、社会团体、公共机构等）传播扩散的时候，有可能发生可以预见的转换。这种转换能够增大或者减小某一事件的信息分量，使得一个信息的某些方面特征更加突出，或者重新解读和阐释现有的符号和形象，从而引起社会体系中其他参与者做出特定的再解读与反应。对个体的放大站研究主要基于心理测量学派的研究方式，其主要受到风险的启发法、风险的质的方面、过往态度、责难与信任之类考虑的影响。[②] 社会放大站主要受到组织的结构功能和文化之类的因素的影响。公共机构内的个体，不会简单地追求他们自己的价值观和对社会的解读，他们倾向于根据其自身所在的组织或群体的价值观去认知风险。

在风险的强化过程研究中，风险的社会放大过程被解释为：有一些事件将会制造有可能扩散到远超出事件最初影响，甚至可能最终影响到过去毫不相干的技术和机构的次级和再次级后果的"涟漪"[③]。风险的放大过程可能从受到直接影响的利益相关者扩散到公司与当地社区，进而扩散到行业与相关专业群体，并可能继续扩散到其他技术的利益相关群体乃至整个社会。

---

① 皮金、卡斯帕森、斯洛维奇：《风险的社会放大》，谭宏凯译，中国劳动社会保障出版社，
2010，第29—33页。

② Palmer C G S, Carlstrom L K, Woodward J A. Risk perception and ethnicity, Risk decision and policy. 2001（6）：187—206.

③ Slovic P. Terrorism as hazard: a new species of trouble, Risk Analysis. 2002（22）：425—426.

　　国内对于风险的社会放大研究发源于风险感知研究。在风险感知的多维因素方面，风险感知的结构分为风险的可控性、可见性、可怕性、可能性和严重性五个因子。[①] 风险感知是个体对存在于外界的各种客观风险的感受和认识，强调个体由主观感受和直接判断获得的经验对认知的影响。[②] 当风险的社会放大形成突发事件，其中影响公众风险感知的各种因素，可以归纳为情绪、个体特征、媒体报道及风险信息四个方面，其中网络媒介是影响公众风险感知变化的重要推力。[③] 由于中外国情、发展阶段和文化心理均存在显著差异，西方的风险的社会放大评价体系和评估框架难以解释中国的国情。风险的社会放大效应受心理、社会、制度、文化因素影响，基于我国社会主要矛盾的变化，心理需求是风向社会放大动因，也是政府提升人民群众幸福感的主要工作方向，因此本节研究选择从心理需求的角度分析符合当今我国国情风险的社会放大效应（见图1）。

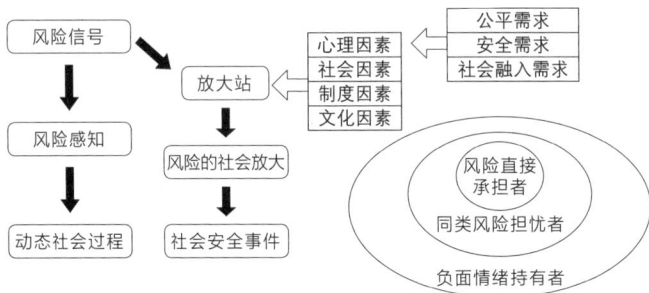

图1　基于我国风险治理实践风险的社会放大模型
资料来源：作者自制

---

① 刘金平、周广亚、黄宏强：《风险认知的结构、因素及其研究方法》，《心理科学》2006年第2期。

② 孟博、刘茂、李清水：《风险感知理论模型及影响因子分析》，《中国安全科学学报》2010年第10期。

③ 王治莹、梁敬、刘小弟：《突发事件情境中公众的风险感知研究综述》，《情报杂志》2018年第10期。

2. 社会心理需求下风险的社会放大

（1）公平需求下风险的社会放大

随着经济转型和社会变革的加速，中国社会的利益群体逐渐呈现出分化的趋势，不同群体之间的利益冲突也日益显现。社会利益的重新分配，导致了不同群体之间的贫富差距扩大，利益群体的分化不可避免。社会多元化的驱使下，个体对公正需求更为强烈，其中城乡差距问题尤其显著。近年来，我国政策层面对缩小城乡差距问题给予了很大的关注。然而，从实践维度看，缩小城乡差距仍是一个复杂且长期的过程。这种差距不仅体现在收入水平上，更深入到了教育、医疗、社会保障等各个方面。同样的职业在城乡的收入与福利差距较大，这造成乡村某些特定职业群体不满情绪的积累，并将这种分化视为制度性歧视。例如，L 省 F 市乡镇教师因福利待遇与市区同等教师收入差异较大而集体上访，在问题进行解决的过程中，F 市下属乡镇其他事业单位也出现类似的利益诉求表达。在乡镇教师待遇得到提升之后，城市及城市郊区的离退休教师群体形成了更大规模的上访活动。其原因是乡镇教师高级职称的聘任资格是中专及以上，而城市辖区的同等聘任资格标准为大专及以上。高级职称教师的退休年龄为 60 周岁，未取得高级职称的教师退休年龄为 55 周岁。2019—2022 年，以 55 周岁离退休的教师群体认为，城乡教师的待遇平等化政策同样应该考虑职称聘任方面，他们是在政策变化影响下的利益受损者，应当获得相应的利益分配。在具体城乡差异信息被广泛关注之后，这种针对制度性歧视的不满被扩散到社会阶层固化等议题之中，引发公众对政府的不满情绪。城乡差异造成的社会的风险放大表现为由单一事件引发拥有共同身份的个体形成共同利益诉求的集中表达，在诉求表达不能得到即时反馈的过程中，不满情绪扩散，使形成群体性事件的风险加大。

（2）安全需求下风险的社会放大

在现代社会中，随着各种新技术和新模式的出现，风险因素也在不断演变和升级。人们对于社会安全的需求和期望不断提高，更加注重自身的防护和生存环境的改善。在信息传播过程中，某些与安全相关的信息元素可能会被突出强调，如化学毒性、环境污染等，而其他的信息元素则可能被忽略或遮蔽。这种现象会导致人们对安全的关注度提高，对风险的恐惧感增强。当一个社会群体对安全问题表现出高度的关注和担忧时，这种情绪会通过社交媒体、口耳相传等方式迅速传播，从而在社会中形成一种集体的恐慌和不安。自媒体的快速发展与流量导向也会使部分风险信息在未经考证的情况下，突出渲染其风险的严重程度，从而加深了人们对安全的关注度和担忧。例如，2018 年 L 省 C 市计划建设氧化铝项目。担忧项目建成开工后有可能会对当地空气、土壤、饮用水源造成潜在威胁，市民万余人参与游行反对。C 市政府最终被迫取消氧化铝项目。在这一事件发生之后，其影响迅速在 L 省内扩散，其他城市市民对氧化铝项目反对的舆情高涨，此后的 5 天之内，L 省其余 4 个城市密集取消了计划中的氧化铝项目。市民对安全的需求使其对涉及自身的风险信息更为敏感，同时将自身感知的风险信息进行转述，形成更大规模的影响。由氧化铝项目放大到所有涉及安全的建设项目中，如手机基站、垃圾焚烧厂等。群体性事件信息的快速传播强化了同类项目在不同地域的反对意愿。因此，在人们共同的安全需求下，某类区域事件的风险会放大到其他区域，进而影响其他涉及安全需求的其他事件的风险感知。

（3）社会融入需求下风险的社会放大

社会融入是个体在特定社会文化背景下，通过与他人互动和融入社会生活，获得社会认同和接受的过程。从社会融入内生需要来看，个体希望通过社会融入获得归属感、认同感和安全感，以及满足自我实现和发展的需求。从社会融入外生需要来看，外部环境对个体社会融入具有要求和压力。当个体对特定风险产生感知时，其社会融入程度会直接影响这种感知的强度和方向。对处于较高社会融入状态的个体，他们可能更倾向于将风险视为一种客观存在，而非一种威胁。这种态度使得他们能够更冷静地分析风险，减少恐慌和不确定性。对于社会融入程度较低的个体，他们更容易将风险视为一种潜在的威胁，产生过度的担忧和恐惧，进而导致风险的社会放大。难以实现社会融入的群体通常为各类弱势群体。他们在社会中处于相对不利的地位，面临着各种困难和挑战，如孤寡老人、刑满释放人员等。弱势群体面临的诸多风险不仅是一个经济问题或政策问题，而与社会网络中的连锁反应密切相关。弱势群体在社会网络中的地位和作用使得他们更容易受到各种风险的冲击。他们对于风险的感知与传播更容易形成风险的社会放大，同时，社会放大效应可能强化或放大弱势群体的某些负面特征，使得他们更容易遭受风险的影响。

3. 以辩证思维应对风险的社会放大的路径选择

在面对风险社会放大现象时，辩证思维提供了宝贵的启示和方法。辩证思维强调协调矛盾的对立方面，这为风险的源头预防和处置风险的社会放大现象提供了实践参考，也提供了如何在面对风险时保持社会稳定、防止事态扩大的有效方法。辩证思维的体系化不断完善，使其能够更好地应对我国目前面临的日益复杂化的风险挑战。借鉴辩证思维社会心理需求层面的工作，有助于探索应对风险的社会放大的思路创新。

（1）提高风险沟通水平，提升公众公平感

风险沟通对于提高人们对风险的认识和理解，以及降低风险对人们的影响具有重要意义。有效的风险沟通可以促进公共参与，提高风险管理效果，减少不必要的恐慌和损失。辩证思维指导下的风险沟通表现为以下特点：一是准确性，风险沟通的信息必须准确、真实、完整，避免误导或歪曲事实。二是及时性，在风险事件发生后，应尽快公布相关信息，以缓解人们的焦虑和不安。三是清晰性，风险沟通的信息应简明易懂，避免使用过于专业或模糊的术语。四是反复沟通，在风险事件处理过程中，应反复与受影响的人群进行沟通，确保信息的传递和理解。通过以上措施，可以提高风险沟通水平，减少人们的心理压力，降低风险的社会扩大的可能性。在风险沟通的过程中，信息的传递不仅有助于人们更好地了解风险的性质和可能带来的影响，还能够促进公众对决策制定过程的了解和参与，进而提高公众对决策的接受度和公平感。

（2）推进体系与能力建设，提升公众安全感

影响公共安全的风险因素较多，难以通过单一的管理行为满足人民群众的安全需求。保障人民生命财产安全需要推进治理体系与能力现代化建设。辩证思维在社会治安防控体系和矛盾纠纷化解体系建设方面具有指导作用，有利于提高基层社会治理的能力，包括规划、治理结构生成与运行、治理过程监管、治理效果评价等方面的能力。借鉴辩证思维提升人民群众安全感的体系与能力建设主要包括以下几个方面：一是威胁检测与响应，安全体系应能有效检测来自内部和外部的威胁，并快速响应这些威胁，以及在发生威胁时能够迅速采取行动。二是预防与控制，安全体系应能在威胁发生之前采取预防措施，以及在威胁发生时采取有效的控制措施。这需要体系具备强大的预防能力和应对能力。三是恢复与适应，在面对不可避免的威胁时，安全体系应能尽快恢复正常运营，并适应新的安全环境。这需要体系具备强大的恢复能力和适应能力。四是合规性与审计，安全体系应符合国家和行业的规定和标准，同时还需要能够进行自我审计和审查，以确保体系的正常运行和有效。人民群众安全感的提升需要得到时间和空间上的双重保证，安全体系需要在时代发展中不断调整和升级，区域的安全协同需要进一步增强。辩证思维在发展中提升公众安全感的启示切实符合应对风险的社会放大的内在要求。

（3）完善社会服务，促进弱势群体社会融入

弱势群体面临的风险严峻而复杂，社会服务资源分配不均，社会服务机

构缺乏专业性和针对性，社会服务的宣传和推广力度不够，都会造成弱势群体难以融入社会，使其陷入风险的社会放大的困境之中。发挥辩证思维，通过政府、社区、非营利组织等多元主体的合作，为弱势群体提供必要的帮助和支持。社会服务包括但不限于教育、就业、医疗、文化等各个方面，旨在帮助弱势群体更好地融入社会，其方式可以包括以下几种：一是补救性社会服务，以救助和改善弱势群体生活为目标，如针对不同群体的社会救济、灾害救援等。二是发展性社会服务，以提升弱势群体自身发展能力为目标，如针对残疾人员的职业培训、刑满释放人员的教育援助等。三是倡导性社会服务，以改变社会政策、改善弱势群体生活环境为目标，如政策倡导、维权服务等。辩证思维强调关注弱势群体的需求和痛点，从心理需求的角度设计服务，提升服务质量，确保服务效果能够满足弱势群体的期望，这有利于提升弱势群体的社会融入感，为降低风险的社会放大效应提供了参考路径。

三、辩证思维视角下的案例分析："枫桥经验"的发展与完善

辩证思维作为一种哲学思想，强调事物间的相互联系和相互作用，注重从整体上把握事物的本质和规律。"枫桥经验"则是在实践中形成的，强调矛盾的化解和社会关系的和谐。从理论层面探讨"枫桥经验"与辩证思维的内在联系，可以发现二者之间存在着密切的关系。首先，辩证思维为"枫桥经验"提供了理论指导。在"枫桥经验"的形成和发展过程中，辩证思维起到了重要的引导作用，使"枫桥经验"能够更好地适应时代发展的需要。其次，"枫桥经验"为辩证思维提供了实践基础。"枫桥经验"在实践中不断发展和完善，为辩证思维提供了丰富的实践素材和经验，推动了辩证思维的发展。

从实践层面探讨"枫桥经验"与辩证思维的内在联系，可以发现二者在实践中相互促进、共同发展。首先，辩证思维指导"枫桥经验"的实践。在实践中，辩证思维强调矛盾的转化和解决，这与"枫桥经验"在化解矛盾、促进和谐方面的实践不谋而合。其次，"枫桥经验"的实践丰富了辩证思维。"枫桥经验"在实践中不断发展和完善，为辩证思维提供了新的思考角度和实践经验，推动了辩证思维的发展和完善。最后，"枫桥经验"的实践成果证明了辩证思维的价值。"枫桥经验"在实践中取得了显著成效，这证明了辩证思维在解决实际问题中的重要价值，也为辩证思维的发展提供了有力支持。

（一）产生：源于基层治理的经验

1. 时代背景

"枫桥经验"形成于社会主义建设时期。从当时背景来看，我国于1956年完成"三大改造"，正式进入高度组织化的"整体性"社会，但是农村传统社会结构以及以亲情和传统乡情为纽带的熟人社会依然得以延续。由于具有利益上的一致性，人民公社和村集体对农民具有"一言九鼎"的话语权。这正是"枫桥经验"诞生的社会组织化条件。1962年9月，在中共中央召开的八届十中全会上，按照毛泽东的意见，党中央决定在城乡发动一次普遍的以社会主义教育为主要形式的阶级斗争运动。1963年2月，中共中央决定在全国农村开展社会主义教育运动，中共浙江省委选择诸暨、萧山、上虞等县作为"社教"试点。

2. 以"文斗"代替"武斗"

诸暨枫桥镇干部群众经集体讨论，决定采取发动群众、依靠群众的方式对"四类分子"进行改造，取得了良好效果。浙江省委社教工作组进驻枫桥区进行试点的7个公社6.5万人口，有四类分子911人。其中，有严重破坏活动的613名，群众要求逮捕的45名。通过摆事实、讲道理、以理服人的

"文斗"做法，对于基层干部群众，他们依赖由"熟人圈子"构成的村集体生活，有积极参与村庄建设共同体的激励动因；而"四类分子"，在人口流动禁锢、处处有干部群众监督改造的氛围下，只能接受"文斗"或"武斗"方式，没有第三种可能性，而通过说理的方式"文斗"，从情感上和心理上都更易接受。枫桥在社教运动中既没有打人，也没有逮捕人，创造出了捕人少、矛盾不上交、依靠群众、以说理斗争的形式把绝大多数"四类分子"就地改造成新人的经验。

3. 中央批示推广

1963 年 10 月，公安部领导到浙江视察，发现了枫桥区没有捕人的经验，就立即向正在杭州视察的毛泽东主席作了汇报。毛主席肯定地说，"这叫矛盾不上交，就地解决"，并指示要好好进行总结。根据毛泽东主席的指示，公安部调查组赶赴枫桥，在调查核实后，主持起草了《诸暨县枫桥区社会主义教育运动中开展对敌斗争的经验》，即"枫桥经验"。11 月 20 日，毛泽东在公安部递呈的全国人大二届四次会议书面发言稿上批示："要各地仿效，经过试点，推广去做。" 22 日，毛泽东在与有关负责同志口头谈话时指出，"枫桥经验"回答了两个问题：一是群众为什么懂得要这样做；二是证明依靠群众办事是个好办法。"从诸暨的经验看，群众起来之后，做得并不比你们差，并不比你们弱，你们不要忘记动员群众，群众工作做好了，还可以减少反革命案件，减少刑事案件。" 1964 年 1 月，中共中央下发《关于依靠群众力量，加强人民民主专政，把绝大多数四类分子改造成新人的指示》，"枫桥经验"开始在全国推广。

（二）延伸：随着时代变化而拓展

1. "文化大革命"时期的治安经验

"文化大革命"时期，在全国的很多地方，伴随着公检法被砸烂，"枫桥经验"也消失殆尽。然而在枫桥，这里的人们依然顶着压力，在不断探索和发展"枫桥经验"。他们明确政策界限，首创并提出了"三个区别"：把确实失去劳动能力同"抗拒劳动改造"严格区别开来；把对集体生产提合理化建议或对损害集体利益的行为提意见，同"乱说乱动，不服管教"严格区别开来；把"家里有人违法犯罪"同"怂恿、包庇"严格区别开来，决不搞豆腐萝卜一锅煮。1973年、1975年，公安部先后两次到枫桥蹲点、指导调查总结工作，把"枫桥经验"总结为"依靠群众，对阶级敌人进行有效改造；依靠群众，教育改造有犯罪行为的人；依靠群众，查破一般性案件；依靠群众，搞好防范，维护社会治安"，认为"枫桥经验"经过几年的实践证明是成功的，要求推广落实"枫桥经验"。据枫桥的两个公社和六个大队的不完全统计，1973—1976年，治保会查破一般案件249起；全区发生群众纠纷6000多起，枫桥法庭受案处理的仅149起，占2.5%，其余都是由社、队党组织依靠群众调处解决。同时，枫桥还大力做好安全防范工作，做好违法青少年的教育工作，把许多治安问题及时解决在萌芽之中，大大减小了案件的发生率。既比较成功地防止了违法犯罪现象的发生，也有利于团结群众。

2.改革开放时期的转变

1978年，党的十一届三中全会后，中国改革开放的历程正式开始，枫桥镇依靠群众率先开展对"四类分子"评审摘帽。他们总结出给"四类分子"摘帽子的经验，提出了"两个没有"的标准：凡在十年动乱时期，没有跳出来捣乱，没有违法犯罪活动，就可以认定他们已经改造好，给摘掉帽子，摘帽不受比例限制，实事求是，能摘多少就摘多少。《人民日报》为此还专门发表了长篇通讯，对推动全国开展"四类分子"的"评审摘帽"工作发挥了重要的作用。

枫桥镇推行家庭联产承包责任制非常充分，以户为单位开展自由灵活的生产经营，这种经营方式大大解放了生产力。再加上相对放任型流动人口政策的催化，枫桥的农村剩余劳动力开始大量流动到城镇，人口对原来村集体组织的依附逐渐被打破，基层干部对农民的控制和动员能力也相应减弱。20世纪80年代有人提出时代不同了，群众忙着经商挣钱，而且现在讲依法办事，靠群众教育人的做法已经过时，"枫桥经验"没用了。那么实际情况到底如何呢？

1990年2月，时任绍兴市公安局局长的傅缨亲自带队前往枫桥，重新调研"枫桥经验"。傅缨说："老早就考虑了，怎么把'枫桥经验'这面旗帜，重新把它举起来，使广大人民群众，都知道有这面旗帜，都知道在新形势下'枫桥经验'还起作用，能够解决方方面面的问题。"

诸暨市枫桥镇率先发展社会主义市场经济，当时个私企业暴增至6000多家，本地农民外出经商，大量外来流动人口涌入枫桥镇，由此塑造了枫桥镇"半熟人"和"半陌生人"的社会结构特征，社会治安管控难度急剧增加。由于经济环境的改善和纺织作坊的迅速增多，枫桥的矛盾集中在翻建新房和用电分配两个方面，如果处理不当，吵嘴、打架、伤了人的情况都会出现。这些纠纷也要就地解决，解决在萌芽状态，而且要建立一些制度，来预防这些纠纷。为了矛盾不上交，就地解决，枫桥群众创造了"四前工作法"：组织建设走在工作前，预测工作走在预防前，预防工作走在调节前，调解工作走在激化前。

诸暨供电公司电工师傅陈仲立是枫桥本地人，毛泽东批示"枫桥经验"那年他刚出生，成长过程感受到用电量激增带来的突出矛盾。两个村曾经因为用电额度分配问题双双开出了拖拉机，拉着一帮人险些大打出手。这些问题调处不好会直接影响社会稳定和发展。电力纠纷要化解在镇一级，就地解决，关键还是运用"四前工作法"。枫桥的调解组织及时发动，吸纳了陈仲立这样的电力内行人，每当更换变压器、改造电网、新设电线杆时，陈仲立都要作为专业人士提前介入，全面了解情况，预先解决可能出现的纠纷。

陈仲立专业的服务，高超的调解技巧，让"阿立师傅"的名号在枫桥家喻户晓。

3. 向全国推广综合治理经验

1990 年 3 月，党的十三届六中全会审议通过了《中共中央关于加强党同人民群众联系的决定》。决定中指出："党在长期斗争中创造和发展起来的一切为了群众，一切依靠群众，从群众中来到群众中去的群众路线，是实现党的思想路线、政治路线、组织路线的根本工作路线，是中国共产党的优良传统和政治优势。"这与"枫桥经验"一以贯之坚持的特征特别符合。"枫桥经验"不仅是教育改造的经验，也不仅是化解矛盾的经验。它更重要的意义在于几十年来坚定不移地坚持为了群众，依靠群众，发动群众，以人民为中心。

1990 年 5 月，浙江省公安厅和绍兴市公安局对经验进行了总结，把"枫桥经验"称为"具有浙江特色综合治理的典范"。1990 年 9 月，中央政法委转发了调查报告，并向全国推广。1991 年 2 月和 3 月，中共中央、国务院和全国人大常委会分别作出《关于加强社会治安综合治理的决定》，提出"社会治安综合治理的方针，是解决中国社会治安问题的根本出路"。1991年 3 月 21 日，中共中央成立了中央社会治安综合治理委员会，下设办公室。1991 年 5 月，新华社、人民日报等新闻单位组成记者团，到诸暨枫桥区实地采访。随后，大量媒体均对枫桥经验作了宣传报道，再度掀起了学习、推广"枫桥经验"的热潮。

4. 经济高速发展中的治安经验

1995 年之后，枫桥镇上规模的衬衫企业已经有 34 家，拥有全国同类制品 3% 的市场份额。被全国服装专业委员会命名为全国唯一的衬衫之乡。外地的客户、经销商到枫桥投资，外国的投资商也到枫桥投资，认为枫桥的治安好。枫桥公安系统口号："要戴致富帽，先戴安全帽。"先戴安全帽的核心仍然是依靠群众，坚持矛盾不上交，就地解决。经济繁荣也让枫桥出现了打工者和私营企业主这对新的社会关系，需要避免新的矛盾产生。枫桥政府要求企业努力为工人提供亲人般的关怀和公寓式的宿舍。消弭矛盾产生的根源，从而预防矛盾的产生，这是那个时代枫桥镇基层社会治理的重要指导思想。20 世纪 90 年代末，已经拉起一张覆盖各个村、各家企业的治安调节网络。有治安调解组织 197 个，治保人员 294 名，联防队 1 支，护村巡防队 37 支，24 个暂住人口登记站和 68 个帮教小组，276 名治安信息员，及时反馈各类治安和纠纷隐患。

"枫桥经验" 35 周年大会，这套专群结合、联防联治的基层社会治理模式被总结为："小事不出村，大事不出镇，矛盾不上交。"1999 年，国际犯罪学学会委员会主席、德国图宾根大学教授汉斯·卡尔纳来到枫桥进行有关预防犯罪的调查研究。调研中他提到德国一个与枫桥镇同等规模的社区，警察数占区域人口的万分之二十三，刑事案件总量大概是万分之十一。枫桥 10 万多人口，15 个民警，警察数占区域人口的万分之一点五，刑事案件万分之二点四。这还要考虑到当时中国的富裕程度、信息化水平，"你们靠的是什么？这么几个民警，忙得过来吗？"派出所回答："我们靠的是群众。"

5. 统筹发展与安全的新机制

2002 年，党的十六大以后，枫桥又根据社会经济发展的新形势，根据大调解与和谐社会建设理念，总结并形成了"党政动手、依靠群众、源头预防、依法治理、减少矛盾、促进和谐"的新格局，取得了"小事不出村，大事不出镇，矛盾不上交，就地化解"的良好社会效果。2003 年，在纪念毛泽东同志批示"枫桥经验"40 周年暨创新"枫桥经验"大会上，"枫桥经验"再次得到肯定："'枫桥经验'充分发挥党的政治优势，根据不同时期的社会特点，就地解决社会矛盾，最大限度地把问题解决在基层，解决在当地，解决在萌芽状态，维护了社会治安和社会稳定。"时任浙江省委书记的习近平在会议上指出，枫桥适应社会主义市场经济加快发展的新形势和新要求，坚持统筹兼顾，协调发展，突出以人为本，服务群众，注重德法并治，创新方法，走出了一条经济繁荣、社会稳定、人民安居乐业的新路子。

平安考核从 2004 年，习近平总书记时任浙江省委书记期间，主导平安浙江建设。全市 27 个街道亮牌考核排名，这是将平安工作各项指标量化打分后，以蓝、黄、红三色牌子亮出。蓝牌是表扬，黄牌是警告，红牌是批评，中规中矩的不亮牌。从 2004 年起，一张蓝图，一年接一年，从未间断，经济、平安两张报表同样重要。2004 年 5 月，浙江省委促进社会和谐稳定的决策部署。浙江各级党委建立社会稳定形势分析制度，像分析经济形势一样，定期分析社会稳定形势，及时解决工作中遇到的重大问题。每个党政领导手中每个月都必备两张报表，一张是经济报表，一张是平安报表。

（三）升华：社会治理体系的完善之路

党的十八大之后，"枫桥经验"在社会治理体系的作用更为重大，也被赋予了新时代前缀。理解新时代"枫桥经验"概念，必须对其所蕴含的内容进行厘定和诠释。新时代"枫桥经验"概念的基本逻辑体现在四个层次上：其一，"枫桥经验"是一套基层社会治理的方法；其二，"枫桥经验"是在党的领导下，由枫桥等地人民创造和发展起来的；其三，"枫桥经验"的功能是化解矛盾、促进和谐、引领风尚、保障发展；其四，"枫桥经验"行之有效，具有典型意义和示范作用。上述四个层次环环相扣，是新时代"枫桥经验"概念不可或缺的组成部分，构成了其成为"枫桥经验理论"的完整逻辑。[①]

1. 调节发展带来的人民内部矛盾

城区内的公共资源矛盾更为普遍，老旧小区明显不足的公共空间如何合

---

① 刘树枝：《新时代"枫桥经验"基本内涵探究》，《社会治理》2018年第4期。

理利用，居民不文明行为引发的公共空间矛盾是当时影响社区和谐的最大隐患。经济的快速发展使居民汽车的保有量增长速度加快，一些小区的停车问题往往引发矛盾。诸暨市江新社区是一个开放小区，小区内的停车问题经常引起邻里纠纷。处理的宗旨依然是以人民为中心，手段依然是发挥辩证思维分析和化解人民内部矛盾。社区书记最好的抓手是群众中的党员，社区采取物业小区自治，有居民在车管所工作，也是社会组织成员，对车位划分提出了专业合理的方案。针对宠物问题，发动宠物主人中的党员，党员带头文明遛狗，再动员其他人，事半功倍。让基层党组织成为团结带领群众做好基层社会治理工作的坚强堡垒。

2. 成熟方法与技术平台进行结合

"枫桥经验"在矛盾化解方面积累了丰富的方法。首先，它注重沟通协调，通过双方或多方的沟通交流，增进理解，达成共识。其次，"枫桥经验"提倡心理疏导，通过心理干预和辅导，化解情绪，消除隔阂。最后，"枫桥经验"强调综合治理，通过改善社会环境、完善政策法规等手段，从根本上解决矛盾问题。"枫桥经验"在矛盾化解方面的模式具有特色。

新技术的发展使矛盾调节的效率得到提升，全方位的调解网络的建立，将调解工作覆盖到各个领域和层面。"枫桥经验"强调多元化的调解方式，通过综合运用法律、政策、经济等多种手段，解决实际问题。本来需要来回跑几趟才能解决的案子，在"在线调解"平台上用半个小时就解决了问题。枫桥镇人民调解委员娟子工作室打破了传统的纠纷调解模式，利用手机和电脑，通过在线调解平台，大大提高了纠纷解决工作的效率，减少了双方当事人的时间成本和精力成本，体现了人民调解为民、使民、惠民的宗旨。

3. 提升政务服务效率

2016 年 12 月，浙江省委提出的一项重要改革举措，目的是让群众和企业到政府办一件事最多跑一次就能办成，说起来简单，但对政府来说，这是一场深刻的自我革命，是牵一发动全身的引领性改革。诸暨市主动承担了试点任务，把这项对人民来说整体受益的普惠式改革当作践行以人民为中心的发展思想，坚持和发展枫桥经验的重要机会。

2017年5月，"最多跑一次"政府服务系统研发成功正式上线，诸暨市副市长宣方乐亲自体验了一下，办理了二手房交易手续。他发现在文件带齐的情况下，的确只需跑一次，花一个多小时能办好，但是，他还是需要提供多份身份证复印件，并且每份复印件都要签字，承诺证件是真的，仍然十分烦琐。宣方乐说："这次改革真正要使企业、老百姓有一种获得感、满意感、幸福感，那实际上是远远不够的，怎样能使他们办事方面有真切的获得感。我们有没有一种可能，我们拿个身份证去，就可以办事了。有同事说，这个想法倒是好的，但这个事情我估计实现是很难的，可能性是不大的。我想就算很难，只要方向对，符合人民意愿，就应该齐心协力，努力办成。"在"最多跑一次"改革的基础上，诸暨市率先提出，要实现"一证通办一生事"，就是老百姓只需拿一个身份证，在一个窗口，只跑一次，就能办完一生绝大部分政务事项。在市委的直接部署下，诸暨市各职能部门与电子政务系统研发部门共同进行技术攻关，既保证信息安全，又实现信息共享。

到2018年7月，诸暨市已实现53%的政务服务事项只需身份证一证可办理。群众办事顺利，社会也就从根本上消除了积怨和不平，这是平安社会基层稳定的根本。与此同时，针对企业投资项目的"一次受理，一并办理"改革举措，诸暨市的投资创业环境也得到巨大改善。2018年8月1日，"最多跑一次"改革工作调度会召开。每周一次，每次都要至少解决一个问题。这一周有人在意见簿上反映，叫号太慢，来了公共服务中心，没能一次把事办完，质问到，承诺的只跑一次呢？部门反映，不动产这次情况比较特殊，因为开发区刚刚三个新的安置小区可以发证了，所以近期办证的群众非常多，特别是一手房，每天办事会有十几个人压到第二天。分管这项工作的副市长安排与发改委对接，到这几个小区上门办理，安排窗口，现场办公，赢得地方百姓的赞扬。

（四）发扬：新时代"枫桥经验"的辩证思维体现

基于"枫桥经验"的应急管理体系创新是一种具有广泛应用价值的解决方案。在当前的背景下，许多社区和城市面临着日益复杂的应急管理挑战，如自然灾害、公共卫生事件、社会安全事件等。因此，推广基于"枫桥经验"的创新模式，对于提高应急管理水平和降低灾害损失具有重要的现实意义。

"枫桥经验"的意义不仅仅在于其具体的实践形式，更在于其所蕴含的辩证思维。这种辩证思维为现代社会治理提供了新的视角和思路，有助于解决当前面临的社会问题。例如，在面对复杂的社区矛盾时，可以借鉴"枫桥经验"，通过民主协商、依法治理等手段实现矛盾的化解。同时，"枫桥经验"也强调群众路线的实践，要求政府在决策时充分考虑群众的利益和需求，实现科学决策和民主决策。这为建设服务型政府提供了有益的借鉴。在现代化建设中，利用辩证思维处理好发展与安全的关系至关重要。我国能够创造世所罕见的经济快速发展奇迹和社会长期稳定奇迹，很大程度上得益于我们党正确处理了改革、发展、稳定的关系。新征程上，要运用好我们党的宝贵经验和智慧，坚持和发展好新时代的"枫桥经验"，正确处理新形势下人民内部矛盾，完善社会治理体系，推动中国式现代化稳步前行。

第五章

系统思维能力：体系建设的要求

一、系统思维的特点与作用

（一）如何理解"系统"

在分析系统思维之前，需要理清"系统"的概念。就其基础的内涵看，可以把系统定义为诸多事物相互联系而形成的统一体，那些包含在系统中的事物则称为系统的组分（组成部分）。[①]组分通过某种结构组成系统。结构作为构成系统的要素，凡系统都有结构，无结构的对象必定是非系统，也就不存在"无结构系统"的概念，"系统从无结构到有结构的发生过程"之类的命题也并不成立。[②]系统变现为无序并不等于无结构，平衡结构是宏观无序的结构，耗散结构是宏观有序的结构，系统从热平衡态到耗散态的演变是系统从无序到有序的演变，不是从无结构到有结构的演变。[③]

系统的基本属性包括差异组成性、互动关联性和整体统一性。其他一些

---

① 苗东升：《论系统思维（一）：把对象作为系统来识物想事》，《系统辩证学学报》2004年第7期。

② 乔瑞金：《非线性科学思维的后现代诊解》，山西科学技术出版社，2003，第15页。

③ 苗东升：《论系统思维（四）：深入内部精细地考察系统》，《系统辩证学学报》2005年第4期。

描述的系统属性都是以这三种属性为基础派生而来，如有序性、动态性等。

1. 差异组成性

一个事物能被称为系统，至少要有两个不同的部分组成。各组成部分是彼此具有差异的，每个组成部分内部还可以有更细的分类。组成系统的各个部分内部的构成要素和变量，表现出的功能和状态都会具有差异。对于一个复杂的系统来说，其内部可能由多个子系统构成，子系统之间的差异性表现也更为丰富。

2. 互动关联性

任何系统都不存在绝对意义上的孤立，其组成部分必然是存在联系。一些不同事物机械地堆积在一起不能被称为系统。复杂系统下的子系统在各类目标下形成不同性质的联系和冲突，各个要素、各个变量直接或隐秘地存在相互关联。

3. 整体统一性

系统的所有内部复杂关联最终会形成统一的外在表现，形成系统的整体个性。如果一些复杂相关的事物混杂在一起，缺乏一个明显的整体统一性边际，那这些复杂联系也不能被称为系统，只是一种混沌、无序的状态。系统中存在着一种影响其作为整体运动和发展的规律，这种规律将系统凝结为一个整体。

（二）系统思维与还原论的关系

从哲学角度探讨系统思维，绕不开从形式上与之相对的还原论思维。还原论（Reductionism，又译为还原主义、简化论、专简论与化约论）是一种哲学思想，认为复杂的系统、事务、现象可以通过将其化解为各部分之组合的方法，加以理解和描述。还原论的主要奠基者是笛卡尔，他在科学的思维方式和方法论上进行探索，倡导通过演绎推理从基本的不可还原的思想中追求真理。①笛卡尔提出了适用于指导人们思维的原则，完整地规定了还原论和分析思维的基本内涵，其中核心思想是把正在考察的难题分成尽可能多和必要的部分，以便把它更好地加以解决。也就是处理一个实际的复杂问题时，可以把总问题分解为若干子问题，即把整体分解为部分。解决了各个部分的子问题之后，总问题也就得到了解决，如果这些子问题或部分仍然复杂难解，就对子问题再行分解，去研究那些更小问题。笛卡尔强调了对复杂事务进行分解分析的必要性，但没有讨论被分解的各部分之间的相互联系，如果忽略这些内在联系，各部分问题即使都被解决也无法保证分解的部分能够整合成为一体，而系统思维强调对事物分解后的重新整合，因此也可以看作是一种对还原论的完善。

系统的自身特点决定了系统思维需要以还原论为基础进行完善。还原论的应用途径中包括在复杂的事物中寻找被屏蔽的功能。例如，水分子由氢原子和氧原子组成。氢原子具有可燃性，氧原子具有助燃性，而两者构成水分子的这一系统过程中，其可燃性和助燃性都被屏蔽起来，只有解构水分子的系统才能分别释放氢原子和氧原子的特性。从系统思维的角度去考虑系统内部所隐藏的属性，不仅需要解构原本的系统，同样需要探索离子系统原有功能被屏蔽的原因。

（三）系统思维的特点

传统的思维方式是先分析后综合，先考察各部分的性质和规律，然后综合描述整体性质。这适用于观察那些内部联系不紧密、相互作用较弱、局部行为与整体行为相差不大的事物。系统思维立足于综合，适用于对多因素、复杂性突出的事物进行观察，在综合的指导下进行分析，并使分析的结果反

---

① 赵松年：《非线性科学——它的内容方法和意义》，科学出版社，1994，第4页。

馈到综合之中，分析和综合彼此渗透，从系统各要素的相互作用、反馈机制和自我调节功能上考察事物的相互联系，从而把握事物的整体功能。

系统思维方式与形而上学的思维方式对立。形而上学思维把分析与综合分为截然不同的两个阶段，而系统思维把综合与分析通过反馈耦合。系统思维考察事物的侧重点不是部分而是整体。

系统思维与整体论思维的不同在于后者是在对事物内部组成模式充满未知，凭借想象、思辨、猜测去探求复杂现象的奥妙，来对整体作模糊的、混沌的描述；而前者是通过对部分和整体作谨严精细的考察，从整体上把握事物。系统思维也可以看作是一种谨严精细的整体论思维。

因此，系统思维的特点可以概括为以下几个方面。

1. 整体性：系统思维把事物看作一个有机整体，强调整体与部分之间的相互联系和相互作用。

2. 关联性：系统思维关注事物之间的相互联系和相互作用，认为这些联系和作用是影响事物发展的关键因素。

3. 动态性：系统思维认为事物是不断变化的，强调对事物发展过程的动态把握和理解。

4. 平衡性：系统思维注重在动态中寻求平衡，通过反馈和调整来保持系统的稳定性和可持续性。

5. 反馈性：系统思维重视反馈机制，认为反馈是调整系统行为和实现系统自组织的重要手段。

（四）系统思维的基本思路

首先，把对象看作是各要素以一定的联系组成的结构与功能统一的整体系统。这一过程需要真实客观地看待对象的组成要素，避免以偏概全。系统思维的观察重点在于各组成元素之间的联系、关系和相互作用，避免割裂地看待事物。同样的成分、要素可以具有不同的联系，处于不同的关系之中，相应地就会有不同的结构和不同的功能，系统思维并非忽略事物的组成部分，而是始终把部分放在整体中加以考察。在单独考察部分时，需要把该部分作为更高一级的大系统中的一个子系统来加以仔细研究。例如，以系统思维观察一棵树，要把树根、树干、树枝、树叶等部分作为树木生命系统的部分进行观察，即使是观察树叶，也需要从叶片、叶柄、托叶等部分构成的结构系统进行观察。

其次，系统思维认为由各要素组成的整体具有不同于各要素功能简单相加的新功能，也就是强调系统性在事物构成中的作用。这有利于理解和处理组织性、复杂性、不确定性问题，系统思维在认识方面的重点就在于找出系统的性质，构造一个新系统的目的在于利用系统内部组成方式的变化来实现新的功能。例如，石头、木头、钉子等材料进行组合可以构造成房屋也可以构造成武器，原材料构建的系统不同，其实现的功能也不同。

再次，系统思维把所考察的系统都看作开放系统，认为任何系统都处于一定环境中，它与外界环境有着千丝万缕的联系。任何系统如果要得到自身的发展，保持自己的稳定性，必定要与环境不断进行物质、能量和信息的交换。[①]一个系统要得到发展必须要有与其相适应的环境，以便从中得到所需要的物质、能量和信息。例如，在生物演化过程中，不适应当时环境的基因携带者不易生存和繁衍，相应基因也就变少或消失，而适应环境的突变基因得以保留，形成了更庞大的物种。

最后，系统思维方式是借助模型来认识和模拟对象，揭示对象的运动规律。它不是把整体分解成任意部分，而是在对真实对象研究的基础上，形成关于该对象的概念，尽可能用符号、图表等形式化手段，以模型的方式来模

---

① 魏宏森：《复杂性研究与系统思维方式》，《系统辩证学学报》2003年第1期。

拟对象的行为。它只强调对整体的足够认识，而不是太精确的认识。因为对一个复杂系统指望得到太精确的认识是可望而不可即的。例如，我们目前对宇宙这一系统的认识基于现代物理学的公式与模型，对宇宙系统中的运动模拟也是基于当今的力学研究水平。

（五）如何以系统思维认知事物

当看待简单的事物客体时，事物的边界是明确的。例如，桌子上放着一个杯子。桌子和杯子是独立的两个客体，很容易区分边界。但在看待复杂的客体时，边界就不那么直观，需要通过思维来界定。在认知风险时，风险包含的要素边界就不那么明确。这需要确定在多大范围内来考虑问题。事物是普遍联系的，要确定某一个系统的边界，就需要对联系进行取舍，保留某些联系，隔断另一些联系。过多地保留关联性会导致围绕一项具体任务的要素过多，某些外在联系被当成系统内在联系保留下来，甚至把整个客观世界作为对象系统，这对解决问题毫无帮助，是一种大而无当的思维方式。把对象系统划小了，有些必不可少的组分和内在联系被排除在外，那么对象系统就会残缺不全，难以把握其内在规律，形成了一种盲人摸象的结果。

以系统思维认知事物需要把握系统内各要素之间的关系。两个要素之间的二元关系，多个要素之间的多元关系，要素集合之间的群体关系，不同要素的搭配方式和行为上的因果关系、互动互应关系，功能上的分工、配合、互补关系（角色关系），空间中的位置关系，资源需求的矛盾关系，关联程度上的短程关联或长程关联，以及通常说的各种分布、布局、格局、框架、程序、运行机制、不同关系之间的关系等。要素之间关系的多样性和差异性造成系统思维分析的复杂性和困难性。因此，系统思维并没有绝对统一的范式，需要具体问题具体分析。关系总是内在于系统的，关系的某些浅在的表现容易被直观感受到，而复杂的要素相关性通常隐藏于现象背后，特别是当被研究的系统内部结构复杂时，就需要对其可能存在的互动结构和深层结构进行分析，运用思维的抽象力和理论的洞察力，发现运行的规律。

合理的系统思维应当是以问题为中心，将关注点集中在那些关系最密切而又最有意义的因素上。例如，要制定一个针对学校火灾的应急预案，就必须了解那一所学校的基本状况，包括学生的人数和年龄、教师人数、学校建筑物的楼层高度、建筑材料等，还需要了解灭火设施的配备、安全通道的宽度、与最近消防站的距离等，此外还需要了解学校周围街区的情况。但如果过度扩张考虑的范围，考虑到学校火灾对整个所在市的影响，市里发生火灾对省里甚至全国的影响就是不恰当的。

系统思维的基本要求包括两个方面：一是要求我们把直接研究内容作为系统来对待。二是把这个系统放在更大系统中思考，从更大系统的总体要求出发来看待研究对象系统。仅仅做到一个方面是不完整的系统思维，完整的系统思维需要结合两个方面的思考。在国家建立大工业、大农业、大文化、大应急等提法的背景下，尤其需要重视系统思维的完整性。

（六）系统思维下的要素与结构分析

从系统思维分析事物，要素分析与结构分析互为前提。要素分析通过把整体切分为部分来研究对象，只有了解结构才能更准确地进行切分。相对地，对要素不了解，也无法分辨要素间的关系。所以，不论是考察结构还是表示结构，或用模型描述结构，都不能离开要素分析单独进行。

1. 要素分析

系统内不可能或不需要再分解的部分被称为系统的要素。把整体还原到要素进行精细的研究，是系统思维的重要环节。要素分析中需要考察要素的特性、种类、数量等。较为复杂的系统可以按照不同标准划分要素，实践中常见的问题是要素划分的标准混乱，依据不同标准划分得出的要素被并列起来。例如，生产力作为系统，是由劳动对象、劳动资料和劳动者三个要素构成。而如果将科技作为生产力的一个要素，与前面三者并列，就是一种逻辑混淆。因为科技只能通过劳动对象、劳动资料和劳动者在生产中发生作用，不能作为一个在三者之外独立起作用的因素进入生产过程。如果从另一个角度分析生产力，科技力量也可以作为一个要素出现，而与之并列的应当是智力、体力、精神力、社会力等。

2.结构分析

结构分析广泛应用于自然科学和工程技术之中，后经结构主义从哲学和方法论上总结概括，成为语言学、经济学、管理学、社会学等人文社会科学的研究方法。在各学科的具体应用中，同样会出现与要素分析混淆的问题。例如，分析一种语言表达结构仅限于指出构成词语的词性，不说明各词语的搭配规律，就不是结构分析。

把结构定义为要素及要素之间关系的观点并不准确，缺点仍在于把结构和系统等同，结构便成为多余的概念。按照科学方法论的奥卡姆剃刀原理，那就应该用关系直接取代结构，把系统定义为要素加关系。实际上，结构不等同于关系，而是系统的所有要素之间、要素集合之间所有可能关系的总和。结构相较于关系更突出了系统的整体性特征。因此应从系统结构而非关系去理解和描绘系统，避免出现仅以局部结构或结构的片断评价系统的非系统思维。

3.要素分析与结构分析的综合

对于宏大而复杂的研究对象，利用系统思维将要素分析与结构分析综合是一种必然的选择。例如，马克思在分析社会发展这一主题时，摒弃了19世纪之前以王侯将相的个人活动或是超自然力量解释社会运动与时代变革的要素分析方式，将要素分析与结构分析综合运用。他把社会系统划分为经济基础和上层建筑两大层次，又把经济基础划分为生产力和生产关系两个二级子系统，指出上层建筑归根结底由经济基础决定，而上层建筑又能动地反作用于经济基础，生产关系归根结底由生产力决定，而生产关系又能动地反作用于生产力，由此阐释支配社会历史运动的根本规律。

二、系统思维在应急管理体系建设中的应用

（一）以系统思维促进应急管理部门合作

1. 发现部门合作的潜能

系统思维需要以结果产出这一客观现实为基础，担当枢纽角色的应急管理部门的跨部门合作能力就成为这一系统中的因变量。在现实的跨部门合作活动中，不同方式和类型的合作活动所产生的社会价值有所差异，因此必须对这些活动的相对重要性进行权衡。在一些情况下，准备性工作比合作活动本身更具有社会价值。反映在应急管理中表现为预防与应急准备不如应急救援更受社会关注，但前者产生的社会价值并不比后者小。以森林火灾为例，有效的预防和应急准备比没有发生火灾的每一天都具有价值。而应急救援行为只有在火情发生时才能直接体现出其价值。将这一观点扩大到跨部门协作上来看，与发现和惩罚引发森林火灾的违法人员相比，跨部门有效协作进而震慑潜在违规者不敢以身试法更有价值。因此，管理"巧匠"理论认为跨部门合作的关注点是跨部门合作活动的潜力，而非这些活动本身。这种潜在的跨部门合作能力具有客观和主观两类构成要素。客观要素主要表现为部门间的运作体系和跨部门合作中的资源分配。在不同的国体、政体和行政模式下，完成同样目标所需的部门以及部门间的合作规则差异明显，这个需要结合具体国家和地方的行政模式和管理方式进行分析。主观要素主要表现为政治影响因素和文化影响因素，政治影响主要源于合作参与者的价值观、意识形态、政治倾向、权利以及个人因素等。文化影响因素同样具有增强或削弱

组织能力的作用，这涉及行政文化的务实性，协商过程中的结构和动力以及部门间的信任程度。

跨部门合作能力和传统组织能力的区别在于其构成要素之间存在更清晰更难以逾越的边界，外界环境因素对运作的影响更大。将潜在的合作能力作为"巧匠"理论的核心概念具有诸多优势。第一，能力的发展是一个动态的过程，提升能力的过程同时也是改善合作活动的过程。第二，能力具有普遍适用性，可以适用于多样化案例。第三，能力概念具有灵活性，潜在的合作者可以从调整相互之间的分工合作开始增强合作程度。第四，能力概念有利于理论分析，借助它可以更好地理解组织系统中的权力分配结构。第五，能力包括了"质"与"量"两个方面的概念，既可以描述合作的存在与规模，又可以更好地描述合作的效率。以合作能力作为核心概念进行分析的缺点在于，跨部门合作能力的经验估算非常困难，由于能力构成中主观要素的重要性，人们完全可以说能力主要是一种心态或思想状态，对外部观察者来说认知思想状态是相当困难的。

2. 有效利用人力与机会

任何管理活动都涉及对管理材料的使用和分配。从系统思维出发，人力和机会可以看作是重要的原材料。人力资源是能力的载体，应急管理活动需要通过人力资源的合理分配和合作来实现能力最大化。在认同系统思维的组织内，任何部门都可以被视为可以利用的原材料的一部分，任何在组织结构中的群体或个体都可视为具有成为原材料的潜力，同时具有将组织内其他部门或个人作为原材料进行合作的能力。以火灾为例，尽管森林消防队与城市消防队的业务专长与装备差距较大，但二者可以将对方作为自己管理活动的原材料，使对方在能力范围内为自己提供相应的支援。基于这种可能性，二者在发生火灾前就可以进行合作演练。在管理系统中的组织或个人都倾向于一种双赢的增益状态。对灾害防治部门而言，增大对可能造成损失的控制力也属于一种增益状态。因此人力资源的优化配置与合作，可以为不同部门提供更多的管理原材料，并通过更多的信息沟通可以更好地发挥人力资源在灾害防治中的作用。

对于跨部门合作的管理过程而言，机会是指在特定社会环境下能够从政策层面推进合作的可能性，具有用低成本创造价值的潜在特质。突发公共事件发生后的六个月被视为推动相关领域改革的最佳时期。这也主要源于在发生突发公共事件之后，原有的系统的问题被凸显出来，需要进行改进。在改进的过程中，原有的模式的路径依赖往往会从政策层面上进行否定，这对管理改革来说，就是一个难得的原材料。现代社会的剧烈变化使管理活动更强调动态发展中的调整。一个重要但曾被忽略的现象往往会导致管理重心的转移，而机会正蕴藏在其中。

3.重视实践与补偿机制

管理原材料是一种客观存在，但在实际的管理中，如何最大化地发挥原材料的作用就需要一种优化的方式。在不同类型的风险防治领域，不同的风险信息监控机构可以利用信息的互补性和多元性扩大风险感知的范围。而在实践的过程中，能够降低成本，而并非简单的成本累加，就可以被视为一种"聪明实践"。此外，来自不同机构的中层管理者进行水平沟通，探讨其各自的信息与资源如何有效地利用，这也会显著提升部门合作的效率，并赋予这些管理者更为全面的视野与更为合理的决策可能。如果在沟通过程中，设置一个推促者，在不同机构间理顺沟通渠道，提升沟通频率，同时推促者个人的技能也会不断改进，形成良性的促进作用，这也可以看作实践的典范。应急管理实践还需要建立一个跨部门的数据库，从信息和技术上进行互补。这不但有助于提升信任文化建设，而且更便于应对敏感的政治挑战。管理活动的进程中充满了不确定性，这在灾害防治方面更为突出。基于之前灾害设定的应对计划，在充满偶然性的灾害发展中，往往呈现僵化的弱点。因此，管理"巧匠"的策略更倾向于建立在实验的基础上，进行机制灵活性的探索。在我国经济改革和灾害应对方面，摸索前行策略已经有很多成功的案例。实践中的变化往往是出人意料的，这就需要继续坚持摸索前行的改革策略。其中补偿机制就是摸索前行的重要手段之一。

补偿机制是指在无法直接完成某种功能的情况下，使用其他的机制作为替代品来实现同样的治理效果。突发事件可能造成的后果和影响具有危害性和不确定性，无法做到彻底切断其发生根源。在突发事件应急管理应对中，也无法预估所有可能的不利条件予以准备。因此，寻求对于危害和不确定性的补偿机制是应急管体系发展的必然选择。

（二）应急管理体系内的合作问题

1. 系统思维观察下的应急管理体系内部问题

（1）预防部门与处置部门的匹配问题

一些突发事件的预防领域仍然存在责任边界不清和权限交叉的问题。如在洪涝灾害和森林火灾的预防阶段，多个部门都负有责任。各部门之间，缺少明确的制度规定，其职责与能力不相匹配。负有灾害预防职责部门在灾害发生初期，向上级部门上报信息并依靠自身能力进行先期处置，而缺乏与处置部门快速联系的协作机制，由于自然灾害的不确定性和缺乏不同预防部门的协作机制，基层灾害预防部门很难准确预测灾害发生后可能造成的危害和影响，一旦出现问题，也并非由单一部门承担责任，因此部分地区曾出现自然灾害责任悬空的问题。在发生规模较大、涉及多个行政区域的自然灾害的情况下，某一单一地区的灾害预防和处置部门的能力无法应对，不同地区间缺乏水平沟通，无法进行有效的应急协调合作，通常是依靠预防部门与处置部门的共同上级部门在自然灾害发生之后，临时对各类灾害的应急处置和次生衍生灾害预防进行能力上的调配。如果某一地区灾害恶化，属地地方政府和相关的灾害应对部门仍然需要承担其能力难以支撑的责任。

（2）协作部门间的沟通问题

应急管理体系涉及部门众多，需要大量的沟通工作。应急处置过程中所需的处置能力专业性强，即使是同属火灾类别，森林火灾与城市火灾在扑灭方式和处置办法存在较大差距。跨类别的自然灾害应急管理协作依然存在一定的随机性情况。不同部门的专业能力差距造成对随机性情况的理解存在较大偏差，以至于出现沟通不畅的问题。这主要源于各自然灾害应对部门间缺乏高效稳定的沟通机制。协作部门之间的沟通不畅来源于联动队伍资源的整合不够。应急救援队伍是按照专业进行划分，不同专业的队伍隶属于不同的部门。在处置重大突发事件的过程中，需要多部门协调配合，预防次生衍生灾害。不同专业的队伍，临时整合在一起，缺乏日常的合成演练，容易产生沟通不畅的情况。从物资储备上来看，目前采用自然灾害资源储备管理模式是分灾种分部门进行的，应急处置时集中调用，由于缺乏资源共享机制，同样存在沟通不畅的问题。地方政府与垂直管理的中央部门、驻地军队以及中央企业等单位缺乏协作机制还有待完善，如果缺少统一的应急演练，在重大或特别重大突发事件突然发生的情况下，容易造成沟通不畅。

（3）基层应急管理部门信息传递问题

应急管理体系中的信息流可分为纵向和横向两种。纵向上，自然突发事件信息是由基层部门向相应的上级部门报告。在以往经常发生过突发事件的地方上报情况中存在迟报、漏报，甚至瞒报的情况。这造成了其他部门上报信息与之难以匹配，形成了纵向信息的碎片化。横向信息流方面，地方政府与中央垂管机构、军队企业等的信息交流机制并不完善，条块间分割倾向明显，地方政府获取信息也呈现碎片化状态。

从信息的动态变化角度来看，突发事件发生过程中，信息无时无刻不在更新，不同部门获取信息的侧重点并不相同。不同功能的政府部门在某一特定处置时期拥有的信息，往往是不完整，甚至相互矛盾的。这在基层应急管理部门上体现得最为明显，在发生大规模突发事件的情况下，不同地区受到的损失并不相同。由于缺少直接的危害测量和量化能力，街道一级政府通常只能给出感性认识上的突发事件危害描述。突发事件发生后，各种功能的部门都会向基层部门寻求灾害信息。在不同的功能体系中，突发事件信息以不同的测量形式上报，最终在决策层形成汇总。然而在信息传递的过程中，应急管理中间环节形成信息传递的碎片化。各部门间仍然存在只重视辖区类或业务类的危机信息，对其他部门共同拥有的预防责任和处置权限的信息重视不足，在上报中难以与其他相关信息整合而往往以碎片化的形式存在于突发事件应对的信息流之中。

（4）灾后恢复重建力量问题

自然灾害的灾后恢复重建主要依靠市一级政府规划，区、县一级地方政府落实，省政府委派民政厅进行援助，社会组织参与十分有限。灾后的重建和恢复过程可以看作纠正地区自然灾害脆弱性的机会。以仙台框架为代表的国际自然灾害防治也强调BBB（Build Back Better）框架，更强调提升社区的韧性、安全性和可持续性。2013年芦山地震之后，国务院提出"中央统筹指导、地方作为主体、灾区群众广泛参与"的灾后恢复重建新机制。2017年1月13日，《国家综合防灾减灾规划（2016—2020年）》将"政府主导，社会参与"作为基本原则。坚持各级政府在防灾减灾救灾工作中的主导地位，充分发挥市场机制和社会力量的重要作用，加强政府与社会力量、市场机制的协同配合，形成工作合力。自然灾害恢复重建更需要地方政府积极落实主体责任，与各相关部门、社会组织、私人部门进行协作。灾害过后，部分农村地区仍然存在因灾返贫、因灾致贫的风险。地方政府在灾后恢复与重建中的社区韧性提升、心理救助等方面仍然存在协作上的问题。

在"从减少灾害损失向减轻灾害风险转变"的要求下，仍然存在灾害地区灾后恢复重建工作并未达到降低地区风险的目标。恢复灾民生活和提升地区防灾减灾建筑质量，在时间上存在一定的矛盾。不同部门对恢复重建的侧重点并不相同，也表现为部门工作的单一化。灾难过后受影响的民众会广泛地寻找灾害发生的逻辑闭环，为自己遭遇的不幸寻找原因，仍然存在针对灾害赔偿问题和灾害责任问题进行上访的群众。民政局主要负责从物质层面进行灾区重建，很难兼顾受灾群众的心理干预问题，而目前我国的社会结构需要对不同社会阶层和团体进行更有针对性的心理救助。

2. 系统思维下的问题原因分析

（1）应急预案缺乏精准性

应急预案作为应急管理实践操作的指导直接影响到部门组织合作关系。造成突发事件应对中部门职责与能力不匹配的主要原因之一是预案中对部门协作的设计并不完善。应急管理涉及的部门广泛，各级人民政府等都针对特定的自然灾害编制了应急预案。以县级人民政府防汛相关预案为例，预案包括《防御洪水预案》《山洪灾害防御预案》《水库工程防汛抢修应急预案》《尾矿库防洪应急预案》《供水安全应急预案》等。而在预案中涉及的管理部门职责重叠，多个部门对应同一职责，其本意在于综合各部门的优势以应对较为复杂的情况，然而在重大突发事件应对过程中，同一部门可能需要根据不同预案，同时与多个部门进行合作，造成了部门力量的分散。这正是自然灾害应急管理部门间职责与能力不匹配的重要原因之一。

在预案编写方面，基层预案中存在大量对于部门合作的原则性表述，而缺少对合作方式和方法的指导。在平日的灾害预案演练过程中，部门合作也往往通过简单的信息沟通进行表现，而缺乏对可能发生的意外状况进行部门间的模拟操练。在复杂环境下的自然灾害需要部门深度合作进而解决灾害次生、衍生问题。应急预案的重要功能也在于自然灾害发生前对灾害应对组织结构进行充分规划。基层政府的自然灾害应对预案的编制更应将参与协作的各部门的合作方式和方法进行细化，并通过演练预案进行调整，以期最大化地发挥部门间合作的潜能。

（2）行政隶属关系阻碍合作沟通

从系统的组织层面来看，部门组织关系主要受各部门的行政隶属关系影响。应急管理部成立以来，推进自上而下进行行政隶属关系的整合，力求增大各相关部门合作的潜能。而在实际的突发事件应对中，部门合作的潜能并未显著提升部门协作的效率，这主要源于各突发事件的应对部门的行政隶属关系仍然遵循常态化的模式——仅对上级单位负责。这在跨区域的部门合作中责任问题更为明显。在较为重大突发事件发生过程中，致灾因子更为复杂，受灾区域的突发性状况更多，对跨行政区域的合作要求更高。在常态的行政隶属关系中，中层、基层部门之间交流方式较少，只能根据上级的指示进行合作。

通过隶属结构实现部门协调的体制，往往使内部沟通受到阻隔，协作创新的设计思路不易达成。同级应急管理部门间的竞争使政府部门自我中心主义更为显著，形成了不同应急管理职能部门的机构裂化。而自然灾害应急管理需要处理复杂的问题，这需要相关部门的战略一致性。突发事件应急管理既包括部门的纵向隶属关系也包括属地管理网络，机构裂化使部门协作效率降低。应急管理部门的管辖范围在不断扩大，这也造成了管理权限的分散化，应急管理是一种非常规的管理，追求效率优先，需要超越常态行政隶属关系，形成一种更为扁平化的管理结构，使各部门合作潜能得到发挥。

（3）人力资源配置不足影响协作能力发挥

不同类型的突发事件需要相应的专业人员进行预防、监控、预警与应对。目前我国基层农村地区普遍存在突发事件应对专业技术人员不足的情况。城镇化大背景下，农村青壮年人口减少增大了农村在突发事件的人力资源配置上的压力。极端气候变化造成的复杂的致灾因子和脆弱的孕灾环境都对农村应急管理人员提出了更高的要求。基层的人力资源配置直接影响其与同级和上级自然灾害应对人员的协作能力。自然灾害相关部门的中层管理人员同样面临人力资源配置上的压力。一些富有经验的突发事件应对部门的中层管理人员在政府机构改革和职位调动过程中，离开应急管理相关的管理岗位。新到任的中层管理人员需要时间对所主管的业务进行专业化学习，造成其与其他部门的协作能力削弱。因此，自然灾害相关部门中层管理人员的流动频繁，也影响不同部门协作能力的发挥。

在应急管理体制改革之后，自然灾害领域强调全灾种的综合应急，这需要一些应急队伍适用多灾种的综合应急。例如，汛期发生强降雨的情况下，消防部门要参与协助防汛工作。自然灾害具有影响范围大、连续性强、易造成次生衍生灾害的特点，这需要大量的综合应急人员进行协作。综合应急人员的配置方式直接影响灾害应对中不同职能组别的合作方式，从而影响协作能力的发挥。自然灾害与其他突发事件在应急管理过程中存在大量共性问题。综合协调、物资调配、安全保障等方面需要多部门综合应急人员进行合作。自然灾害的受灾面积和影响范围较之其他突发事件更大，需要的综合应急人员也更多。某一城市发生自然灾害，通常都需要所在省内其他城市派出综合应急人员进行人员支持和物资调配。跨区域的人员对接直接影响着协作能力的发挥，如不同城市的消防队员资源配置情况直接影响其合作的消防部队的能力发挥。

应急协调人员主要指自然灾害发生后，负责传达指挥部指令，对不同职能组别的应急管理队伍进行协调的人员。应急协调人员主要负责信息传达。合理的人力资源配置可以使应急管理体系内的各组成员及时获取其协作对象的信息，从而影响各职能组别协作能力的发挥。在突发事件应对初期，各职能组的力量分布需要应急协调人员进行安排。在各职能组形成合力的过程中，应急协调人员通过人力资源的调整，将工作重心转移至尽量减少信息冗余和部门间摩擦。突发事件应对过程中现场情况瞬息万变，这需要应急协调人员通过人力资源的调整保持高效运作，促进不同组别的应急管理队伍进行协作。因此，在突发事件应对全过程中，协调人员的人力资源配置也是动态的。

（4）协作沟通平台效率不高

突发事件应急管理协作实践效果很大程度上取决于信息共享的效率。基层应急管理部门信息传递碎片化的根本原因在于缺乏完善的信息共享平台。以降低时间成本和提升效率为目标的实践，需要一个更为扁平化的信息共享平台。而保证信息共享平台在部门协作中发挥作用的基础是其稳定性。当重大或特别重大洪水或地震发生时，与通信相关的基础设施很容易受到影响，也就无法保障稳定的信息流。在有效信息缺失的情况下，部门间的协作效率大打折扣。我国森林火灾的事故多次源于地方居民焚烧秸秆，居民清楚焚烧秸秆的风险，焚烧秸秆造成火灾的村民甚至曾担任森林火灾农村宣传员。然而出于短视和自身利益最大化，有居民选择铤而走险。这从另一个角度上反映了自然灾害防治问题缺乏解决秸秆回收问题的利益协商渠道。不同突发事件应急管理部门中的利益梗阻也是影响部门协作效率提升的一个因素。突发事件预防工作中有些问题涉及不同部门的长期规划，很难在短期达成双赢。因此，自然灾害应急协作需要建立长期有效的利益协商渠道。这既包括在自然灾害处置过程中的非常态状态下进行及时快速决策的协商渠道，也包括在突发事件预防阶段常态管理中的利益协商渠道。

随着信息技术的快速发展，应急管理相关部门的技术提升显著。各部门信息收集和分析能力的提升在形成合力的发展方向上仍有很大空间。2013年，国家地震局与三大电信运营商进行平台合作的过程中发现，电信运营商可以在地震等自然灾害发生后，第一时间生产手机断网地图和基站失效地图。这对地震黑箱期的受灾人数统计有巨大提升。因此，协作平台的建设直接影响自然灾害应急和信息管理部门科技协作能力的发挥。

（5）协作过程缺乏灵活性

全国各地的灾后重建规划中都强调，灾区重建要全面恢复并超过灾前水平。从系统思维来看，灾后恢复与重建为自然灾害管理能力提升提供了重要原材料，也就是以最小的代价提升地区防灾减灾能力的时机。因此在灾后恢复重建过程中，扩大参与部门协作范围是必然的选择。在我国应急管理协作实践中不乏政府与商业资本协作的案例。商业资本参与自然灾害应急管理主要方式为提供保险。自然灾害相关保险主要针对农村地区，村民作为主体购买保险，地方政府给予补贴。以政府作为主体的城市巨灾保险内容依旧缺乏。这一方面是源于地方财政与城市巨灾保险业务之间存在观念层面上的分歧，另一方面，也源于地方巨灾保险责任的监督职能还有待完善。这两个方面都需要部门从协作方面入手不断摸索前行。改革开放几十年来，中国经济建设的进步为协作范围的扩大提供了良好基础。将中国特色社会主义的政治优势与市场经济的灵活性相结合，有利于更好地发挥社会资本在提升公共安全上的作用。参与协作的主体的范围扩大是将管理"巧匠"理论应用于自然灾害应急管理上的一种尝试，是提升应急管理体制机制灵活性为目的的摸索前行，可以为更多部门形成协作潜力提供条件。

影响应急管理跨部门协作创新发展的另一个重要因素在于如何设定创新性的边界。这主要涉及应急协作模式多样化问题和技术合作的安全性问题。应急管理对接部门的协作效率受彼此业务运行熟悉程度的影响。一个部门由于其自身的不同要求和发生突发事件的不同程度可以与另一部门形成多种形式的协作，针对突然发生但影响程度不大的突发事件，可以采取快速简练的应急协作。过程中强调精简流程，并以预防次生衍生灾害为主要目的。针对影响范围大、原因复杂的自然灾害，采取深度协作，强调综合应急，强调人员与信息的有效共享。而政府部门与社会组织进行合作时，在技术上会有更多的选择。在应用新技术进行协作方式创新的过程中，最大的限制因素来源于技术的安全性。在当前网络技术飞速发展的背景下，任何技术的安全性都处于一种相对状态。在测试阶段安全性很高的技术可能在应用阶段就处于不安全状态。在应急合作过程中，非技术部门在协作方式不完善的情况下，无法及时获取更为安全的技术。这不仅影响到单一部门的信息安全，同时将整个与之协作的社会网络暴露于危险之中。因此协作方式的创新，同样需要将部门协作过程中的新技术应用和不同部门的权限范围考虑其中，避免由于创新而带来更严重的威胁。

（三）以系统思维提升应急管理体系合作的策略

1. 完善应急管理预案管理

（1）细化部门责任

各地区的自然条件和社会状况存在较大差异，地方应急预案需要因地制宜，结合该地区突发事件的历史经验进行完善。我国历来重视突发事件的资料整理，在具体案例中可以找到大量在行动层面上应急管理协作的经验。在预案制定方面，需要完善的是部门责任的细化。部门协作并不意味着将部门功能混合，而是在预案的框架下，更好地发挥部门各自的功能优势。细化部门责任，并不是将协作中的各部门责任进行分离，而是强调细化某一自然灾害应急管理部门需要承担哪些与其他部门协作的责任，这在突发事件预防阶段尤为重要。某种特定的监测指标未达到预警水平，并不意味着安全，而需要多个部门进行数据整合后综合判断。这也就要求应急管理预案对于部门协作的责任更为细化。应急管理体系中的预案建设更应强调应急管理部门在与其他部门协作中应承担哪些责任。责任的细化和明确有效地减少部门间沟通的冗余信息，进而提升应急管理相关部门的协作效率。

（2）加强情景构建

在全球极端天气风险增大的大背景下，地理环境决定了我国一些地区更容易遭受气候的"黑天鹅"事件。各地区不平衡不充分的发展现状也增大了对突发事件及其次生衍生事件态势变化的预测难度，因此需要加强情景构建，以完善应急管理预案。在常规灾害应对中，应急管理部门之间的协作模式和沟通方式基于法律法规和预案形成了常态化机制，而在应对具有"黑天鹅"性质的突发事件时，原本不具备协作机制和协作经验的部门，需要在特定的情景下迅速完成协作，以达成特定的应急管理目标。因此加强情景构建的目的在于构建出可能造成困境的灾害情景，必要时突破原有的协作机制模式，提升新的部门协作组合在应急管理中的效率。加强情景构建需要通过收集具有"黑天鹅"性质的国内外自然灾害案例。构建地方在同样环境下可能发生的灾害情景，并根据构建的情景分析地方突发事件应急管理法规中的不足，探索和完善非常规协作部门之间的沟通方式和协作模式，提升预案应对极端气候风险及其次生衍生事件的针对性。

（3）保证预案的灵活性

情景构建无法涵盖所有极端情况，未来的应急管理实践中仍然可能存在一些应急管理部门进行临时性协作的情况。为了更好地应对这种情况，需要加强预案的灵活性。应急管理过程是一个动态的过程，预案也需要应对动态化的要求进行灵活性上的调整。传统的预案编制更多强调上级对下级的有效控制，而目前新技术使应急管理能力在搜索信息、指导行动等方面都得到了极大提升，更有利于同级部门进行意识上的共享。这使应急管理的扁平化模式和部门间的水平沟通机制得以更好实现。在此基础上，提升预案的灵活性主要表现为在纪律约束下的赋能。对于一定规模以下的次生衍生灾害，预案的灵活性直接影响基层部门的协作效率。对于业已形成水平沟通机制的基层部门，可以更快地做出决策，预防和化解可能扩大的风险。即使在常规的灾害风险处理过程中，其结果仍然存在着不确定性。因此需要预案的灵活性来应对处置结果的不确定性，因此，提升预案的灵活运用其本质上是提升应急管理相关部门的合作潜能。

2. 培养一专多能的应急管理人才

（1）优化应急管理人员编制

应急管理人员作为应急管理能力的载体需要在适当的体系之中发挥作用。从国家治理的角度来看，应急体系和能力现代化需要首先完善人员编制。突发事件应对实践中的能力问题也突出表现为人力资源配置问题，这需要从政府编制设置方面解决。第一，根据部门协作模式进行编制整合，补全各市、县、区综合应急部门的专业人员编制。目前，全国部分市、县、区应急管理局内设机构拥有一定数量的专业人员编制，但仍然处于空缺状态，这需要加大力度引进应急管理专业人才。第二，基层综合应急人员编制缺乏，需要予以重视，根据各地区的实际情况和易发生灾害的风险类型在易发生自然灾害的地区增加突发事件综合应急人员的编制，消除"上面千根线，下面一根针"的情况。第三，对于地方各级别的应急协调人员编制需要进一步进行完善，发挥相关编制的兼职和补位作用。

（2）加强应急管理技能培训

应急管理人才培养是一个持续的过程。对于各级别在职人员的应急管理专业技能和能力的培训是专业人才培养的重要内容。部门协作离不开具有专业技能的在职人员。自然灾害应急管理的技能培训可以分为以下几个方面：第一，根据风险变化情况和技术水平设置知识类课程，以提升各级政府在职应急管理人员的专业能力，如防汛抗旱知识、气象知识、森林火灾防治、地震的疏导和紧急避险等内容。第二，提升应急管理人员的综合应急能力。根据我国应急管理体系安排部门协作的培训课程全面涵盖：应急预案、应急管理体制机制转变、应急管理法制建设等内容。应急管理部门协作贯穿于应急管理的全过程，因此在预防与应急准备、监控与预警、应急处置与救援、灾后恢复与重建等内容课程中，丰富和完善各部门协作的技能培训。第三，根据我国应急管理实践中的问题进行专题类部门协作技能培训，如突发事件的网络舆情引导、召开新闻发布会、规范社会参与突发事件救助等内容。

（3）全面提升综合演练

应急管理的综合演练是对部门协作能力的直接检验。对各地方可能出现的不同突发事件进行综合演练，是提升部门间协作能力的重要手段。演练可以分为功能演练、桌面推演和实战演练。

功能演练主要提升各部门间的系统协作功能。在信息共享方面，考察某单一信息或大量冗余信息在应急管理系统中的流通过程，或是对某一单一部门提供重要信息，以考察信息在上下级和同级传递中的效率分析部门在信息协作方面存在的问题，并从结构和信息传递方式上进行改善。此外，功能演练在协作决策方面也有很大的发挥空间。分处于突发事件现场与指挥部的决策人员可以通过决策系统进行协作，对可能发生的灾情变化进行决策系统功能演练。

桌面推演演练方式更有利于指挥部内部各分组的协作能力提升。在应急管理指挥系统中，应急管理指挥部统一领导，各应急管理部门构成了各职能组，部门的协作实际表现为各职能组之间的协作。桌面推演通过模拟各种可能发生的次生或衍生灾害对管理系统进行考验。这是对各部门协作能力的动态检验，也更有利于提升应对特殊情况下部门的协作能力。

实战演练对部门协作能力提升更为直接。在以往的应急演练中，各部门按照指定脚本进行演练，对于其他部门形成协作合力的演练内容较少。因此，实战演练需要从脚本上进行灵活性的改变，增加部门协作的专项任务，以提升各部门在实战演练中的协作能力。

3. 建立高效统一的应急协作平台

（1）完善信息共享平台

统一的信息平台可以有效减少部门协作过程中的信息碎片化。统一的信息平台建设需要各相关职能部门及时提供与突发事件有关的专业信息。信息内容包括文字信息、图表信息、图片信息、视频信息以及专业建议。不同的信息来源所需要占用的网络带宽并不相同，因此从技术手段上提升应急协作平台的信息传播能力十分重要。用信息平台的环节来看，系统维护、通信调度、灾区现场信息收集、数据中心维护、横向与纵向体系数据资源交换共享都需要进行系统化完善以应对极端气候条件和恶劣地理环境下信息平台系统的稳定运行。本着"从注重灾后救助向注重灾前预防转变"的原则，在灾害预防阶段应大力推动不同政府部门系统间的信息互通，规范不同部门间的信息资源格式。各地区统一推行标准的灾情信息表述和数据类型，提高突发事件信息在不同部门间信息存储系统中的兼容性以降低信息冗余和碎片化的情况，将不同类型的自然灾害进行分类管理，与行政区地图信息相匹配，并整合相邻行政区域的灾情信息相关内容，对于灾害防治资源方面重点进行不同部门的信息库整合建设，包括自然灾害法规信息库、救援队伍信息库、专家信息库、灾害案例信息库和救援物资信息库。多套通信手段，互为备用，确保在恶劣气候条件下通信畅通。

（2）完善应急指挥平台

各部门间的信息共享目的在于提升应急指挥效率。建设和完善有利于跨部门跨区域协作的应急指挥平台是应急管理体系和能力现代化的重要组成部分。应急指挥平台应用于从各部门的事态感知到形成集体决策的过程，在不同类型的突发事件发生时，调用的相关应急部门和参与指挥决策的人员并不相同。应急指挥平台旨在构建一个灵活的指挥框架，将与特定自然灾害相关的现场指挥人员、政府部门主导人员和专家学者集中在统一的决策平台上，以便更广泛和高效地完成应急指挥决策。为了更有利于指挥部的综合协调，应急指挥平台的管理模式建设应趋于扁平化，为不同部门间的水平沟通提供更多的可能性。此外，科技水平可以使应急指挥平台的辅助决策系统更为完善。通过对突发事件相关数据进行地图模拟，可以更好地预估灾害对未来可能影响的范围和可能造成的人员伤亡情况，这为多部门协作进行应急指挥决策提供了更多参考。

3. 完善利益协商平台

从根本上解决突发事件预防过程中的某些风险隐患，需要完善利益协商平台建设。利益协商平台搭建中需要强调相关多元主体的参与，将涉及风险防治中特定顽疾问题的相关部门和组织全部囊括其中，坚持以人为本的理念，充分重视与之利益相关的人民群众的意见和建议。利益协商过程中，强调政府主导的统一协调方式，从治理的角度上根本解决问题，避免推延转移问题。利益协商过程是一个动态过程，在形成方案讨论方案过程中，必然存在一定的利益冲突和诉求变化。各相关政府部门在把人民利益放在首位的前提下，进行协商和分工，形成解决问题的时间表，尽快解决风险防治过程中的利益协调问题。利益协商平台建设作为长效机制，更需要在发展中不断完善。通过对部门之间的协作方式的完善，提升各相关部门间的协作潜力和能力。

4. 创新灾害应对协作方式

（1）有效引入市场机制

灾害应对的协作方式创新需要与国情相结合。随着具有中国特色的社会主义市场经济发展迅速，市场机制与灾害应对相结合的空间依然很大。地方可以借鉴国内先发优势地区的灾害应对模式，加强政府部门与民间资本的结合，扩大政府部门与国有企业和私人部门的协作方式。例如通过考察国家试点巨灾保险地区的部门协作实践经验，结合自身城市特点，尝试推进城市巨灾保险建设。

针对因灾致贫、因灾返贫的情况也应创新解决农村地区在自然灾害防治中的部门协作问题，完善自然灾害保险制度，提升农村地区自然灾害保险的范围和力度，需要最大化政府部门协作范围，将自然灾害防治与农村振兴、产业升级、营商环境建设相结合，创新灾害应对的结构方式。

（2）有效利用事业单位资源

在灾后恢复重建阶段，政府可以引入事业单位资源进行自然灾害部门协作方式创新。在政府主导下，充分利用科研院所、高校等事业单位资源在灾后建筑设计、产业转型设计等方面完善部门协作。积极参考汶川地震以来全国自然灾害恢复重建创新经验，发挥事业单位在救灾工作中的灵活性，如针对房屋受损的受灾地区重建问题，围绕提升防灾工程能力，发挥地方优势提升经济等主题举办社区和建筑设计大赛，鼓励大学学生参与。在降低灾后恢复重建成本的同时，也为地区学生社会实践提供了经验。

（3）加大民间组织参与

通过对以往突发事件应急管理实践案例的分析，可以看到各地区民间组织对灾害防治具有较高的积极性。为了更好地应对致灾因子复杂性较高的自然灾害，政府可以在保障信息安全性的前提下加大地方企业和非营利机构的合作。在应急物资储备方面，扩大协议代理储备的组织数量，为应对特别重大自然灾害的风险做出准备，落实从注重灾后救助向注重灾前预防转变。在自然灾害紧急避险知识传播与文化建设方面，民间组织具有更为多元化的传播手段，更有利于提升企业和民众的风险识别和紧急避险能力。

三、系统思维视角下的案例分析：河南郑州"7·20"特大暴雨灾害

（一）事件概况

2021年7月17日至23日，河南省遭遇历史罕见特大暴雨，发生严重洪涝灾害，特别是7月20日郑州市遭受重大人员伤亡和财产损失。灾害共

造成河南省 150 个县（市、区）1478.6 万人受灾，因灾死亡失踪 398 人，其中郑州市 380 人，占全省 95.5%；直接经济损失 1200.6 亿元，其中郑州市 409 亿元，占全省 34.1%。

（二）应急处置过程

1. 监测与预警

河南省气象局 7 月 13 日关注到气候异常，14 日开展了省地联合会商，起草重要天气报告，15 日报送省委省政府，第一份预警是 7 月 16 日 9 时 50 分发布的暴雨橙色预警信号。7 月 18 日 17 时 10 分，河南省气象局发布暴雨黄色预警信号。受 2021 年 7 月 19 日大范围强降雨影响，郑州地铁第一时间启动防汛应急预案、恶劣气象应急预案，组织客运车辆、应急抢险队伍驻守车站和相关安全关键点，安排专业技术人员加大对车站内外的巡视力度。线网各车站配备充足的沙袋、防水膨胀袋、防淹挡板、移动排水泵等专用防汛物资和器具。7 月 19 日 21 时 59 分，当地气象台第一次发布暴雨红色预警，提示当时郑州市区局部降水量已达 50 毫米以上，预计未来 3 小时内累计降水量将达 100 毫米以上。7 月 20 日，郑州地铁 5 号线五龙口停车场及其周边区域发生严重积水现象，致 12 人死亡，相关人员回应媒体是洪水倒灌入车站进入运行区导致地铁在隧道内停运。2021 年 7 月 20 日，郑州市防汛抗旱指挥部发布紧急通知，提升防汛应急响应至 I 级。郑州市政府紧急提醒市民，此次郑州遭遇的是多年不遇的强降水，形势严峻。请市民尽量待在家中或者安全的地方，注意观察周边环境，提高防水、防电、防灾、避险、自救能力。2021 年 7 月 20 日，河南郑州中牟县防汛抗旱指挥部发布《关于提升贾鲁河防汛应急响应至 I 级的紧急通告》。2021 年 7 月 20 日，郑州市气象台"郑州气象"微博分别在 6 时 2 分、9 时 8 分、11 时 50 分、13 时 25 分、16 时 1 分、21 时 32 分，7 月 21 日 0 时 25 分，连续发布

7 个暴雨红色预警信号，提示需关注城市内涝，注意防范。2021 年 7 月 20
日 9 时 8 分，郑州市气象局发布第 117 号《气象灾害预警信号》，继续发布
暴雨红色预警信号。2021 年 7 月 21 日 0 时 10 分，河南省气象台继续发布
雷电黄色预警。2021 年 7 月 21 日 0 时 25 分，郑州市气象台继续发布暴雨
红色预警。2021 年 7 月 21 日 0 时 40 分，河南省气象台继续发布暴雨红色
预警。2021 年 7 月 21 日，郑州市防汛指挥部发布重要通知，郭家咀水库存
在重大安全隐患，郑州市防汛指挥部决定以下范围人员立即转移。2021 年 7
月 21 日 19 时 27 分，郑州市气象台发布暴雨红色预警信号：预计未来 3 小
时内，郑州市区、巩义、荥阳、新密、新郑降水持续，累计降水量将达 100
毫米以上。

2. 各单位应急响应

（1）河南省委省政府

面对严峻复杂的汛情、雨情、灾情，河南省委省政府主要领导作出明
确指示、实地指挥督导。郑州市委市政府于 19 日 16 时、20 日 8 时 30 分接
连召开全市防汛救灾紧急调度会议，20 日 11 时应急响应由 IV 级提升至 II
级，16 时由 II 级提升至 I 级。2021 年 7 月 20 日 22 时，召开县区（市）抢
险救灾紧急视频调度会议。其间，市领导奔赴中州大道南水北调干渠、贾鲁
河、常庄水库、郭家咀水库等重点区域、关键部位，现场指挥调度抢险救灾
工作。

（2）河南省水利厅

2021 年 7 月 20 日 16 时起，按照《河南省水利厅水旱灾害防御应急预
案》有关规定，经研究，河南省水利厅决定将水旱灾害防御 IV 级应急响应提
升为 III 级应急响应。

（3）应急管理部

接报后，应急管理部主要负责同志和分管领导立即赶到指挥中心，视频

连线河南省政府主要负责同志，调度了解有关情况，要求及时转移危险区群众，确保群众生命安全。应急管理部派出由国家防总秘书长、应急管理部副部长兼水利部副部长周学文带队的工作组赶赴现场，指导当地开展防汛抢险救灾工作。

（4）其他省份救援力量

7月21日，国家防总将防汛Ⅲ级应急响应提升为Ⅱ级应急响应。应急管理部消防救援局前方工作组及首批7个增援总队赶赴河南，并成立"一部六组"指挥机构。经研判雨情，应急管理部先后启动三轮跨区域增援行动，调派北京、河北、山西、上海、江苏、安徽、江西、山东、湖北、湖南10个消防救援总队4000余名指战员、466艘舟艇、106套大功率排涝设备支援河南。

3. 救援工作

河南暴雨灾情发生后，7月20日经请示中部战区批准，已调派解放军指战员730人、武警官兵1159人、车辆60余辆，消防救援队伍指战员6760人次、1383车次，民兵690人，冲锋舟35艘，其他各类抢险装备25784套参与抢险救援。按照习近平总书记重要指示，在中央军委部署安排下，截至21日15时，中部战区已相继派出驻豫解放军和武警部队、民兵应急力量5700余人，舟车装备148台（艘），在郑州、洛阳、新乡等30余个险情地段投入救援，全力保障人民群众生命财产安全。

郑州市下辖的县级市巩义市米河镇镇区因强降雨被淹没，共计2万余人受灾，亟待救援。2021年7月20日14时左右，郑州市消防救援支队特勤大队紧急赶赴现场，历经6个小时救援，转移村民50余人至安全地带。河南省消防救援总队共处置抗洪抢险救援408起，郑州市消防救援支队出动消防车548辆次、舟艇25艘次、指战员2710人次，营救被困人员849人，疏散转移群众1500余人，消防救援队伍已做好跨区域增援准备。2021年7月

21 日，应急管理部启动消防救援队伍跨区域增援预案，连夜调派河北、山西、江苏、安徽、江西、山东、湖北 7 省消防救援水上救援专业队伍 1800 名指战员、250 艘舟艇、7 套"龙吸水"大功率排涝车、11 套远程供水系统、1.85 万余件（套）抗洪抢险救援装备紧急驰援河南防汛抢险救灾。

4. 水库处置

2021 年 7 月 21 日，由国家防总秘书长、应急管理部副部长兼水利部副部长周学文带队的工作组抵达河南郑州，现场指导郭家咀水库和常庄水库险情处置。在郭家咀水库抢险现场，工作组指出，要抓紧实施水库应急除险，充分发挥中国安能专业抢险人员作用，尽快开挖泄流槽降低库水位，保障郑州市城区和南水北调中线工程安全。同时，要设置观察哨，在确保抢险人员安全的前提下科学排险，避免发生人员伤亡。要加强全省水库风险隐患排查，特别是没有溢洪道的水库要立即采取整改措施。针对常庄水库主坝背水坡疑似"管涌"险情，工作组要求，要组织权威专家科学会诊，查明出险原因，不留隐患，当前要加强巡查防守，发现险情立即处置。抓紧在水库上游增设水文站，加强监测预报预警。2021 年 7 月 22 日消息，经过多方抢险，郭家咀水库水位逐渐平稳，形成回落态势。经省市水利专家组研判认定，郭家咀水库险情基本解除。

5. 交通调整

（1）郑州地铁

郑州地铁 1 号线行车调整为：西流湖站—河南大学新区站小交路运行，河南工业大学站—市民中心站暂停运营服务；郑州地铁 2 号线行车调整为：关虎屯站—新郑机场站小交路运行，贾河站—东风路站暂停运营服务。

（2）郑州公交

因强降雨导致水位过高，为防止纯电公交车出现高压电伤及乘客，郑州纯电公交已于 7 月 20 日 14 时 30 分停止运营。

（3）转移群众

2021 年 7 月 20 日 21 时报道，巩义共转移受灾群众 1102 户 3620 人。截至 2021 年 7 月 21 日 7 时，郑州已转移避险约 10 万人。2021 年 7 月 21 日消息，郭家咀水库存在重大安全隐患，郑州市防汛指挥部决定以下范围人员立即转移，转移范围为：1. 南水北调以南区域：大学路以西，南四环以北，西四环以东，南水北调以南，以上范围人员全部转移。2. 南水北调以北区域：东到嵩山路，北到航海路，西南到南水北调干渠，底层二层及以下住户全部转移。2021 年 7 月 20 日深夜到 22 日晚，郑州大学第一附属医院、郑州阜外华中心血管病医院完成万人规模的转移。

6. 重要指示

2021 年 7 月 21 日，中共中央总书记、国家主席、中央军委主席习近平对防汛救灾工作作出重要指示。习近平强调，当前已进入防汛关键期，各级领导干部要始终把保障人民群众生命财产安全放在第一位，身先士卒、靠前指挥，迅速组织力量防汛救灾，妥善安置受灾群众，严防次生灾害，最大限度减少人员伤亡和财产损失。解放军和武警部队要积极协助地方开展抢险救灾工作。国家防总、应急管理部、水利部、交通运输部要加强统筹协调，强化灾害隐患巡查排险，加强重要基础设施安全防护，提高降雨、台风、山洪、泥石流等预警预报水平，加大交通疏导力度，抓细抓实各项防汛救灾措施。习近平要求，各地区各有关部门要在做好防汛救灾工作的同时，尽快恢复生产生活秩序，扎实做好受灾群众帮扶救助和卫生防疫工作，防止因灾返贫和"大灾之后有大疫"。2021 年 7 月 21 日，河南省纪委监委印发《关于强化防汛救灾监督执纪工作的紧急通知》，提出要严守政治纪律。坚持把纪律挺在防汛抢险、抗洪救灾第一线。要督促各级党组织和广大党员干部坚决落实上级部署，严格执行统一指挥调度，认真履职尽责，严禁有令不行、有禁不止、推诿扯皮、各行其是；严格执行防汛救灾工作制度，严禁擅离职守、脱岗空岗；严格执行防汛救灾报告制度，严禁迟报、瞒报、漏报重要汛情灾情信息；严格执行网络宣传纪律要求，不造谣、不信谣、不传谣，以严明纪律和过硬作风推动防汛救灾工作落实落细。

7.官方通报

（1）防汛应急新闻发布会

2021年7月21日17时许，河南省防汛应急新闻发布会召开，介绍河南防汛救援最新情况。通报7月16日以来，此轮强降雨造成河南全省89个县（市、区）560个乡镇120多万人受灾，郑州市因极值暴雨致25人死亡、7人失联。全省已紧急避险转移16325人，紧急转移安置164710人；农作物受灾面积75千公顷，成灾面积25.2千公顷，绝收面积4.7千公顷。

（2）郑州地铁通报

2021年7月22日，郑州地铁发布通报：7月20日，郑州市突降罕见特大暴雨，造成郑州地铁5号线五龙口停车场及其周边区域发生严重积水，18时许，积水冲垮出入场线挡水墙进入正线区间，造成郑州地铁5号线一列车在沙口路站—海滩寺站区间内迫停，500余名乘客被困。在地铁员工、应急救援队、公安干警、解放军指战员、义务救援队及热心乘客的共同努力下，共解救乘客500余名，12名乘客经抢救无效不幸罹难，5名乘客送院观察，生命体征稳定。地铁集团正开展抢险除险和运营恢复工作。

（3）问责追责

2021年8月2日，根据有关法律法规规定，国务院决定成立调查组，由应急管理部牵头，相关方面参加，对河南郑州"7·20"特大暴雨灾害进行调查。调查组聘请专家为调查工作提供技术支撑。调查组将依法依规、实事求是、科学严谨、全面客观地对灾害应对过程进行调查评估，总结灾害应对经验教训，提出防灾减灾改进措施，对存在失职渎职的行为依法依规予以问责追责。

（三）系统视角的灾害应对问题分析

1.灾害应对部署问题

在这轮强降雨到来之前，气象部门已经作出了预报，7 月 15 日、16 日，国务院领导同志专门到河南郑州等地检查指导防汛工作，对防范强降雨、防控重大风险、全力确保安全度汛提出明确要求。河南省委省政府于 7 月 13 日、16 日专门作出部署。在党中央、国务院高度重视和省委省政府提出明确要求的情况下，郑州市委市政府对此轮强降雨过程重视不够，主要负责人仍主观上认为北方的雨不会太大，思想麻痹、警惕性不高、责任心不强，防范部署不坚决不到位、缺乏针对性。7 月 13 日、16 日全省防汛工作视频会后郑州市也接着召开会议，但部署一般化，没有采取具体的、有力有效的落实措施；在 17 日、18 日双休日灾害应对准备的最关键最要紧的两天，市委市政府主要负责人对防汛工作没有组织分析研判、动员部署、督促检查等行动，除一名副市长调研道路综合改造及积水点整改情况外，其他市领导均没有检查防汛工作，直到 19 日下午市委主要负责人、20 日上午市政府主要负责人才自 13 日以来第一次检查防汛工作。有关区县（市）党委政府和部门基本上也是这种情况，防汛准备的"关键期"变为"空白期"。没有压紧压实防汛责任，郑州市 5 月 15 日就进入防汛期，市防指 7 月 14 日才印发《2021 年市委市政府领导防汛抗旱责任分工及工作职责的通知》，其中明确市委市政府领导同志包保各区县（市），并要求各区县（市）也要明确包保责任，到 7 月 20 日灾害发生，两级包保责任基本没有落实。

2.应急响应问题

《郑州市防汛应急预案》明确了启动 I 级响应的 7 个条件，其中之一为"常庄水库发生重大险情"，常庄水库 20 日 10 时 30 分开始出现"管涌"险情，郑州市未按规定启动 I 级应急响应。郑州市以气象灾害预报信息为先导的防汛应急响应机制尚未有效建立，应急行动与预报信息发布明显脱节，直到 20 日 16 时 1 分气象部门发布第 5 次红色预警，郑州市才于 16 时 30 分启动Ⅰ级应急响应，但也没有按预案要求宣布进入紧急防汛期。实际上此时灾难已经发生，山丘区 4 个市死亡失踪的 251 人（荥阳 96 人、巩义 84 人、新密 58 人、登封 13 人）中，90% 以上死亡失踪时间集中在Ⅰ级应急响应启动前的 13 时至 15 时。相比之下，登封市是郑州市所有区县（市）中启动应急响应最早的，也是山丘区 4 个市中因灾死亡失踪人数最少的。19 日 20 时登封市启动Ⅳ级应急响应，23 时 30 分根据调度研判情况决定直接提升至Ⅰ级应急响应，比郑州市早了 17 个小时，赢得了灾害应对处置的主动权。荥阳市启动应急响应最晚（21 日 4 时启动Ⅰ级应急响应），因灾死亡失踪人数最多。

3. 应对措施问题

7 月 13 日郑州市委主要负责人在全市防汛工作视频会上提出防汛"五不"目标（重要水利工程不出事、因地质灾害小流域洪水人员伤亡不发生、重要交通不中断、居民家里不进水、局部地区不出现长时间积水），这是防汛工作常态化条件下的要求。19 日郑州市有 12 个区县（市）153 个站点降雨已经超过 50 毫米、18 个站点已经超过 150 毫米，对这一严峻情况，市委市政府没有引起高度警觉，没有认识到问题的严重性，当日下午市委主要负责人在基层检查、晚上市政府负责人召开防汛视频紧急调度会，继续强调"五不"目标，仍以常态化目标要求应对重大雨情、汛情，没有精准施策，措施空泛。20 日 6 时气象部门发布了第 2 次暴雨红色预警，在这个关键时刻，市委市政府主要负责人仍没有足够重视，行动不果断、措施不得力。8 时许，市政府主要负责人虽然签发市防指紧急通知，但没有按红色预警果断采取停止集会、停课、停业措施，只提出"全市在建工程一律暂停室外作业、教育部门暂停校外培训机构"，仅建议"全市不涉及城市运行的机关、企（事）业单位今日采取弹性上班方式或错峰上下班"，且媒体网站发布上述建议要求时，人们早已正常上学上班了，错失了有效避免大量人员伤亡的时机。

4. 关键时刻统一指挥问题

在这场重大灾害应对过程中，郑州市委市政府缺乏全局统筹，对市领导在前后方、点和面上的指挥没有具体的统一安排，关键时刻无市领导在指挥中心坐镇指挥、掌控全局。7月20日10时30分，常庄水库出现重大险情后，市委市政府主要负责人和3位副市级领导都赶赴现场，当日市领导多在点上奔波，有的撞在一起、有的被困在路上。市委市政府主要负责人因灾导致通信不畅、信息不灵，不了解全市整体受灾情况，对地铁5号线、京广快速路隧道、山丘区山洪灾害等重大险情灾情均未及时掌握，失去了领导应对这场全域性灾害的主动权。郑州市所属区县（市）党委政府领导也普遍缺乏应急指挥意识和经验。虽然7月16日郑州市防指印发防汛工作通知，要求"当收到气象部门发布的红色预警信号后，指挥长要亲自坐镇指挥"，但19日晚红色预警发布后，各区县（市）指挥长除登封市外均未坐镇指挥。

5. 组织动员问题

河南省委7月13日就宣布进入"战时状态"，直到20日8时30分郑州市在召开防汛紧急调度视频会时才提出全面动员各方面力量全力做好防大汛、抢大险、救大灾工作，整个过程未实际开展全社会组织动员，没有提前有效组织广播、电视、报纸、新媒体等广泛宣传防汛安全避险知识。19日21时59分至20日16时1分的5次暴雨红色预警，电视台只是常规化在天气预报中播报，通过郑州三大电信运营商全网推送的也只有19日一次；城管、水利部门预警信息只发送给区县（市）防指或相关部门单位，未按预案规定向社会发布。20日8时许市防指发出紧急明电通知建议市民尽量减少外出，郑州市宣传部门18时58分才在微信工作群中部署"所属新媒体不间断滚动播放本地气象预报预警、雨情等信息"，此时全市已经严重受灾。由于组织动员不力，20日当天许多群众正常出行，机关企事业单位常态运转，人员密集场所、城市隧道、地铁、城市地下空间以及山丘区临河临坡村居等，没有提前采取有效的避险防范措施。全市因灾死亡失踪的380人中，大多数是分散性的，遇难时多处于正常活动状态。其中山丘区4个市最为明显，因灾死亡失踪的251人中，在居住地或固定经营场所120人，在外生产或行路途中87人，二者占山丘区4个市死亡失踪总人数的82.5%。同时，还有24人在转移或救援过程中遇难，有20人在转移后又返回导致遇难，二者占17.5%，说明转移和救援组织不力、管理不到位。

6. 迟报瞒报问题

截至7月30日，郑州市因灾死亡失踪380人，其中在不同阶段瞒报139人：郑州市本级瞒报75人、县级瞒报49人、乡镇（街道）瞒报15人。一是未按规定统计上报。按照突发事件应对法和自然灾害救助条例、防汛条例等有关规定，灾情稳定前应当每日逐级上报自然灾害造成的人员伤亡等情况，有关单位和个人不得虚报、瞒报、伪造、篡改。7月25日至28日，郑州市连续4天未通过报灾系统上报因灾死亡失踪人数，截至7月29日仅上报97人。直到中央领导多次要求，省委办公厅、省政府办公厅7月29日、8月1日两次发出紧急通知后才统计上报，7月30日上报322人、8月1日上报339人。二是刻意阻碍上报因灾死亡失踪人员信息。郑州市对因灾死亡失踪人数统计上报态度消极，不仅没有主动部署排查、按要求及时上报，反而违规要求先核实人员身份等情况再上报，以多种借口阻碍信息报送工作。三是对已经掌握的信息隐瞒不报。7月25—29日郑州市县两级共瞒报116人；8月18—19日中央领导同志考察河南期间，郑州市已掌握新增因灾死亡12人，但仍不如实报告；8月20日调查组进驻后，因灾死亡失踪人数比8月2日公布数增加41人，其中23人属于瞒报。

（四）系统思维视角下的对策建议

1. 大力提高领导干部风险意识和应急处突能力

党的十八大以来，习近平总书记围绕防范风险挑战、应对突发事件发表的一系列重要论述，立意高远，内涵丰富，思想深刻，是我们做好防范化解风险挑战各项工作、战胜前进道路上各种艰难险阻的科学引领和根本遵循。建议把《习近平关于防范风险挑战、应对突发事件论述摘编》列为各级党委（党组）理论学习中心组学习专题，中组部、中宣部、应急管理部等相关部门组织专班开展干部轮训，各级党校作为必修课内容，推动各级领导干部树牢人民至上、生命至上理念，统筹好发展和安全两件大事，增强风险意识和底线思维，提高防灾减灾救灾和防范化解风险挑战的能力和水平，有力应对好各类灾害风险挑战，切实把确保人民生命安全放在第一位落到实处，以实际行动和实际效果做到"两个维护"。同时，把郑州"7·20"特大暴雨灾害作为案例纳入干部培训内容，开展实战化教学。对新调整上任的各级领导干部，要及时组织上岗前后专题培训，了解应对各类灾害的自身职责和要求，具备防灾减灾救灾和应急处置基本能力。

2. 健全党政同责的地方防汛工作责任制

落实地方党委政府防汛救灾主体责任，实行防汛救灾党政同责、一岗双责，细化各级党委政府主要负责人、分管负责人和其他班子成员的防汛救灾职责，压紧压实日常防范和事前、事中、事后全过程领导责任。完善防汛抗旱指挥部的响应预案和运行制度，关键时刻必须坚持指挥部的统一领导指挥，明确班子成员之间的具体分工，特别是明确防汛关键时段的具体岗位和具体职责，一旦出现重大险情第一时间进入岗位、高效运转。地方党政主要负责人首先要在指挥部靠前指挥、坐镇指挥、掌控全局，注重发挥各职能部门的作用，充分听取专业团队的意见建议，防止经验主义；赴灾害现场时必须明确其他负责人坐镇指挥，并与指挥部保持信息畅通，始终了解全局、正确决策。推动把履行防汛救灾职责、处置突发事件情况纳入党委政治巡视和干部考核内容，注重实际效果考核。建立重大灾害调查评估制度，对造成重大人员伤亡的都要认真调查，及时总结经验教训、补齐短板，对表现突出的干部予以表彰，对存在失职渎职行为的严肃追责问责。

3. 深入开展应急管理体制改革及运行情况评估

各地应急管理体制改革进展还不平衡，既有地区之间的横向不平衡，也有省市县乡之间的纵向不平衡。建议各地全面组织评估，并把评估工作与深化改革统一起来，系统查找指挥机构设置、部门职责界定、专业人员和机构支撑、运行机制等方面与实现机构职能优化协同高效的差距，以坚持和加强党的全面领导为统领，建立健全统一权威高效的应急指挥机构，发挥好应急部门的综合优势和各相关部门的专业优势，建强指挥班子，完善制度机制，强化专业机构支撑，实现"化学反应"。

4. 强化预警和响应一体化管理

预案评估修订要与健全制度相结合，实化细化指挥长和各有关部门及相关单位的具体责任、应答机制、行动措施，强化演练磨合和日常检查，发布预警信息后依据预案和制度启动响应、落实措施，并及时向指挥部反馈行动进展情况，确保关键时刻管用顶用。建立健全极端天气和重大风险研判机制，量化预警和应急响应启动标准，规范预报预警信息发布，建立健全预警与应急响应联动机制，按规定及时采取"三停"（停止集会、停课、停业）强制措施。加强预案内容审核和预案衔接把关，增强预案体系整体性、协调性、实效性，加快自然灾害防治相关法律法规制修订。

5. 整体提升城市防灾减灾水平

把极端天气应对、自然灾害防治融入城市发展有关重大规划、重大工程、重大战略，完善防洪排涝标准和医院、地铁等公共服务设施的抗灾设防标准，实现城市防灾减灾能力同经济社会发展相适应。各城市特别是超大城市、特大城市要深入开展自然灾害综合风险普查，将重大风险隐患整治列入"十四五"规划，舍得花钱，舍得下功夫，下决心补齐城市特别是北方城市防洪排涝设施欠账，强化重大生命线工程安全保障，对位于地下空间的备用供电、排水泵站、高价值设备等关键设施实施分类改造，并修订相关标准，强化封闭、抗淹、迁移等安全保护措施，确保运行安全。严格管控违法侵占河道行为，提升城市气象和水文监测预报能力，实行洪涝"联排联调"，防范系统性风险。普遍建立城市安全综合风险监测预警中心和基层应急管理站所，建强基层消防站。加强国家综合性消防救援队伍和各专业抢险工程力量建设，优化抗洪抢险、排水排涝、水域搜救等装备配备，特别是在重点区域、重点部位配备海事卫星电话、长航时通信无人机、应急发电车等特殊装备，提高断路、断电、断网等极端情况下的应急保障能力。

6. 广泛增强全社会风险意识和自救互救能力

在全社会广泛开展防灾减灾救灾宣传教育，宣传教育等部门要充分发挥各类媒介作用，深入浅出地解读典型案例和血的教训，切实增强群众防范风险的警觉性。借鉴日本、德国等国经验，把防灾和安全教育从基础教育抓起，在国民教育体系中突出相关内容，推动防灾减灾救灾知识进教材、进校园、进社区、进职业培训。拓展形式丰富的实践演练活动，建设各级防灾减灾救灾教育培训基地、科普体验场馆，激发公众兴趣，增强培训效果。

第六章

创新思维能力：体系建设的途径

一、创新思维的特征和作用

（一）创新思维的内涵

人类的思维图式进化是基于社会的发展演进的，同时，人类的思维活动也在推动社会的发展，形成了新社会的发展成果。这种思维图式的进化过程就是通过不断修正之前的错误，解决之前难以解决的问题来实现的，以此为经验形成了一系列新思维系统可以被归纳为创新思维。汉语中，创新意为创造革新。从人类思维发展的历史形态来看，创新思维是具有哲学内涵和科学内涵的思维图式。创新思维的哲学内涵包含两个层面：从本体论意义上来说，创新思维图式是主体在本体论层面的原创性活动所产生的思维方式；从认识论层面上来说，创新思维是推动人类认识世界，突破性创造性地发现新规律、新技术等的思维方法。[①]创新思维内在的思路逻辑是尝试最小的消耗、驱动最大的能量，在处理复杂问题中寻求最优路径。包括通过对旧有事

---

① 王跃新、李晨语：《创新思维：引领开拓创新的第一动力》，《学术界》2022年第8期。

物的重组和改进，实现新的功能。

当代中国语境下的创新思维具有了深刻的时代内涵、思想内涵，以及文明内涵。其时代内涵表现为：在改革开放的创新实践中，中国成功走出了自己的现代化道路，并积极地启发了全民族、全社会的创新精神，促使全国各领域进行创新实践，最大限度地发挥了创新思维的推动作用。创新思维的思想内涵可以被概括为：中国共产党创新地将马克思主义基本原理与中国具体实践相结合、坚持以马克思主义理论为指导，发展创新。创新思维的文明内涵体现为中国特色社会主义现代化道路的创新实践过程。这一创新实践为人类社会提供了创建新的社会文明形式的可能性。

（二）创新思维的特征

1. 多维化特征

创新思维是基于人类所独有的生物逻辑形成的思维方式。目前，尽管科技的迅速发展使人工智能可以生成一些非输入的信息内容，但目前并不能将这种信息生成能力作为自主创新的思维能力看待。目前的技术逻辑图式或计算机运行规则都无法构建出符合本质化的创新思维模型。人类的创新不仅是逻辑下的内容统合，还具有多维化的特点，是基于社会基础产生的多维因素的综合。创新思维的多维化表现为人除了用自己本能的视角看待问题，还会用其他人的视角，如对立面的视角、特定方式视角重新看待问题、定义问题。

2. 批判性特征

创新思维的核心要素就是破旧立新，打破人们常有的思维定式。按照心理学理论，思维定式是指先前的思维活动对后续思维活动所造成的特殊心理准备或反应倾向。创新思维的应用场景通常是因为过去的方法或途径不能有效地解决问题，人发挥主观能动性来突破原有的思维惯性，以新的方法和途径去探索、解决问题。个人对困境的突破过程也就是创新思维发挥作用的过程。个人的认知方式、知识储备、经验积累以及勇气等因素都影响创新思维的呈现方式。因此，想要发挥出创新思维引领开拓创新的作用，需要培养具有打破陈规的意识和勇气，通过知识积累和思维方式实现突破。

3. 平衡性特征

新思维并不意味着要打破规则和平衡，而是通过对元素的重新规划和增强来形成新的平衡状态。无论是科技发明还是社会制度发展，平衡最终会成为维持新事物稳定状态的必然特征。创新思维发挥作用的过程也是从原有系统转变成一个新的平衡系统的过程。创新思维是在构建一种动力要素的模型。而这一模型的稳定呈现需要具备平衡性，核查对事物未来平衡性掌控的思维只是原有系统的破坏思维，不能称为创新思维。

（三）创新思维如何产生

根据创新思维的内涵和特征，我们可以推导出创新思维的发生机制既包含了一般性思维的发生机制，又有其独有的发生机制。创新思维的产生同时包括生理和心理的发生机制。对其规律的总结，需要在创新的实践活动中发掘。从生理上看，创新思维的发生依托于人脑皮层区域的运动，与一般性思维发生机制的规律相通或相似，它是在一般思维的基础上发展起来的，是人类思维能力高度发展的表现。[①] 从逻辑角度，简单将创新思维归纳为逻辑思维或非逻辑思维都不恰当。创新思维可以划分为新想法的产生和新想法的论证两个基本的思维阶段，产生阶段以非逻辑思维为思维活动的主要形式；论证阶段以逻辑思维为思维活动的主要形式，但并不是创新思维的产生阶段就是非逻辑思维的阶段。创新思维的产生也是利用了逻辑思维中的归纳演绎等

---

① 王跃新：《创新思维学》，吉林人民出版社，2010，第5页。

原理与发散思维、逆向思维、联想思维等非逻辑思维进行结合形成的。逻辑思维与非逻辑思维的结合过程主要基于创新的实践情况。创新思维存在于人类活动的各个方面，它不仅包括科技发明、政治改革、文化创作，普通人的新想法都可以看作是创新思维的想法。爱德华·兰德说："一个人若能达到发明或思考对自己来说是新东西的程度，那么就可以说他完成了一项创造性行为。"[①] 杜威说："一个三岁的儿童发现他能用积木做什么事情；或者一个六岁的儿童发现他能够把五分钱和五分钱加起来成为什么结果，即使世界上人人知道这种事情，他也真是一个发明家。"[②] 历史时期、社会环境以及应用对象都会影响新思维的产生。"每一个时代的理论思维，包括我们这个时代的理论思维，都是一种历史的产物，它在不同的时代具有完全不同的形式，同时具有完全不同的内容。"[③] 当认知活动使人类有关自然规律的认识不断增加时，人类创新思维的发生就会愈加频繁。创新思维活动可以在能动地认识客观物质世界的基础上，根据客观规律和客观实际，创新性地提出新理论，指导和推动人们进行创新实践活动，而在创新实践活动进行或完成的过程中，也积极构建和完善了创新思维图式，增强了人类整体上的创新思维能力，增加了创新思维发生的概率，二者相辅相成、相互促进，互为正向效应。创新思维不仅发生于从无到有的突破，也发生于举一反三的过程中，把一个领域解决困境的内在思路应用于另外一个领域，也是产生创新思维的场景。运用创新思维可以将原有的科学技术或思想成果进行再创造，从而产生新的成果。在创新实践活动中，创新思维通过对各个要素进行系统性、整体性的驱动，使其产生的驱动力达到最大化。

---

① 刘倩如：《创造能力培养》，天津科技翻译出版公司，1993，第173页。

② 路凯、刘仲春：《现代创造教育》，光明日报出版社，1989，第27页。

③ 恩格斯：《自然辩证法》，人民出版社，2015，第44页。

（四）创新思维与时代发展

当社会的物质基础与知识发展积累到一定程度，创新思维会形成当今现代化变革的重要推力。社会进步的过程中，创新思维伴随着现代化的发展而进化。1453 年，欧洲的"文艺复兴"促进了自然哲学发展，以自然哲学为基础的创新思维尝试使当时的科学技术高速发展。1640 年，英国的资产阶级革命促进了科学的发展。以物理学为基础的蒸汽机创新改良开启了第一次工业革命。社会总体物质基础的变化也使创新思维扩展到社会科学领域。17—18 世纪，"启蒙运动"是创新思维在人类哲学、政治学思想方面的实践。19 世纪中期，以电器广泛应用为代表的第二次工业革命使西方社会进入了现代化进程。当时我国正遭遇西方列强侵略的危急时刻，有识之士也在寻求拯救国家民族的方法，虽然西方技术创新的洋务运动与学习政治改良创新的戊戌变法先后失败，但科学创新的思维开始被国人所接受。

1921 年，中国共产党成立后，中国共产党创新地将马克思主义与中国实际相结合，成功完成了新民主主义革命。新中国成立之后，创新思维在政治体制的构建上发挥作用，确立了人民代表大会制度、中国共产党领导的多党合作和政治协商制度、民族区域自治制度，开创了具有中国特色的社会主义道路。同中华民族过去的国家制度和民族政策相比，同苏联的无产阶级专政、一党制和民族政策相比，同西方国家的议会制和多党制相比，新中国的政治制度在人类政治制度发展史上具有独创性，适应中国国情的制度创新为我国之后的发展进步奠定了制度基础。

改革开放后，邓小平强调："领导制度、组织制度问题更带有根本性、全局性、稳定性和长期性。"[①]这是针对"文化大革命"的历史教训提出的创新论述，确立了通过制度改革解决发展问题的新思路。在改革开放实践中，

---

① 邓小平：《邓小平文选》第二卷，人民出版社，1994，第333页。

中国共产党运用创新思维加强制度建设，推进我国经济、政治、文化、社会、军事、外交等各方面制度改革，持续释放制度红利，推动了国家治理方式变革。例如，经济制度方面，我国破除计划和市场具有制度属性的旧有观念，提出建立社会主义市场经济体制的构想，实现了我国经济的巨大发展。在维护祖国统一方面，我国打破思维定势，提出"一国两制"解决台湾问题，并运用在恢复对香港、澳门行使主权的实践中，形成了国家结构新的框架。

党的十八大以来，以习近平同志为核心的党中央提出"中国特色社会主义制度"这一重大命题和一系列基于制度的新观点新论断。"完善和发展中国特色社会主义制度、推进国家治理体系和治理能力现代化"被确立为全面深化改革的总目标。党的十九届四中全会专题研究坚持和完善中国特色社会主义制度、推进国家治理体系和治理能力现代化若干重大问题，创新思维在党和国家各方面事业的制度安排上发挥作用。

当前时代，世界正经历着百年未有之大变局，中国的创新发展成为这一变局中的最大变量。在新中国成立特别是改革开放以来长期探索和实践基础上，经过党的十八大以来在理论和实践上的创新突破，我党成功推进和拓展了中国式现代化，新发展理念更是将创新作为首要要求提出。创新发展注重的是解决发展动力问题。以创新思维引领发展，需要将旧有的模式进行更新，实现从追求数量增长的思维方式向追求高质量发展的思维方式转变，引领驱动新技术改进旧技术，从唯GDP论的思维方式向可持续发展的思维方式转换，实现新材料、新能源的创新应用。在创新思维的广泛应用中，自然科学创新与社会科学创新相互影响。在建设中国特色社会主义现代化的进程中，创新思维将引领驱动一系列新旧动能的转换，究其本质是新时代的创新精神代替了原有的创新精神。立足于我国国情与世界局势，当今中国面临着创新思维在发展中所出现的问题和矛盾，我们需要构建符合时代需求的创新思维模式，实现中国式现代化。只有坚持继承与创新相统一，用民族文化启发创新思维，逐步克服西方思维方式中机械的分科思维方式的局限性，从以西方思维方式解释构建创新思维图式转变为以现代中国思维方式解释构建中国创新思维图式，才能构建社会主义理想和世界意义的思维图式。

（五）创新思维的方法

1. 归纳与演绎

归纳法和演绎法是两种常用的推理方法，它们在逻辑推理和科学研究中起着重要的作用。创新过程首先需要对自然现象与社会现象进行观察，抓住现象、分析现象、剔除假象，保留真相，运用归纳法可以抽象出其中的本质和精髓。在明确了现象规律之后，运用演绎法针对现实问题的特殊性选择出对具体事件的解决办法。将归纳法和演绎法相结合，可以发挥各自的优势，弥补各自的不足，从而更好地解决问题或创造新的知识。例如，归纳法可以用于从大量数据中提取规律或模式，而演绎法可以用于根据已知的规律或模式推导出新的结论或预测。通过将这两种方法结合起来，可以更加全面地了解事物的本质和规律，并创造出更加准确、可靠和实用的产品或服务。

2. 发散与聚合

发散思维是指以一个问题作为思维的出发点或中心，向上下左右多方位的思考方式，以探求解决问题的多种方法。发散思维要求空间上的拓展与时间上的延伸。空间上的拓展是指思考问题要突破点线面的限制，从立体角度对思维对象进行多方位、多层次、多角度、多结构、多关系的思考。聚合思维是要把发散开来的不同部分、不同方面再创造性地组合为一个整体。创造性的组合过程同样要求多方位、多角度、多结构、多线索与多关系。将发散思维和聚合思维结合创新，就是在创新的初期阶段运用发散思维来尽可能多地探索新的可能性，而在决策和实施阶段运用聚合思维来对各种可能性进行筛选和优化，最终实现创新的落地和应用。这种结合创新的方式不仅可以充分发挥个人的创造力，还可以帮助团队成员更好地协同合作。

3. 求同与求异

求同思维是一种寻求共性、相似性和普遍规律的思维方式。在创新过程中，求同思维可以帮助我们从不同的现象、问题和观点中找出共通点，发现它们的内在联系和共同规律。这种思维方式有助于我们建立知识体系，将分散的信息整合成一个完整的系统，从而更好地理解和解决问题。求异思维是一种寻求个性、差异性和特殊性的思维方式。在创新过程中，求异思维鼓励我们挑战传统观念，寻找与众不同的观点和解决方案。这种思维方式有助于我们打破思维定势，跳出常规的框架，发现新的可能性。将求同思维和求异思维结合创新，就是在寻求共性的基础上寻求个性，在发现规律的基础上探索新的可能性。这种结合可以让我们既看到事物的普遍性，又看到事物的特殊性，从而更加全面地理解问题，提出更有创意的解决方案。

4. 具体与抽象

具体思维是一种关注细节与实际问题的思维方式。在创新过程中，具体思维可以帮助我们深入了解问题的实际情况，发现其中的关键因素和瓶颈。这种思维方式要求我们对问题进行分析和拆解，从具体的信息中提取出有用的知识和经验，从而为解决问题提供有力的支持。抽象思维是一种关注本质与普遍规律的思维方式。在创新过程中，抽象思维可以帮助我们从具体的现象中提炼出一般性的规律和原理，为创新提供理论支持和指导。这种思维方式要求我们跳出具体的细节，从更高的层次去理解和思考问题，从而发现新的视角和思路。将具体思维和抽象思维结合创新，就是在深入理解问题的基础上进行总结和归纳，从具体的现象中发现普遍性的规律。这种结合可以让我们既看到问题的复杂性，又看到问题的本质性，从而更加全面地认识问题，提出更具创新性的解决方案。

5. 类移与直觉

类移是一种借鉴、迁移其他领域知识和经验的思维方式。在创新过程中，类移思维可以帮助我们将其他领域的思想、方法或技术应用到当前的问题中，从而为解决问题提供新的思路和方案。这种思维方式鼓励我们拓宽视野，关注不同领域之间的交叉点，从中获取灵感和启示。直觉是一种基于经验和感知的直接思维方式。在创新过程中，直觉思维可以帮助我们快速地识别和判断问题的本质，从而快速地提出解决方案。这种思维方式依赖于我们的感知、经验和直觉，不需要经过逻辑分析和推理，往往能够在短时间内做出准确的判断。将类移和直觉结合创新，就是在借鉴和迁移其他领域知识和经验的基础上，运用直觉思维快速地判断和解决问题。这种结合可以让我们既能够借鉴其他领域的思想和方法，又能够快速地应对和解决当前的问题，从而更加高效地实现创新。

（六）创新思维能力的培养

1. 丰富知识与理论

首先，创新思维能力要以一定的知识为基础。知识是人类思维的原材料，知识是人类进步的阶梯。知识把人类的思想用语言符号等形式固化起来，便于后人和他人在已有的知识基础上继续向上攀登。[1] 要在某一领域产生新思想就必须具有相关领域的知识，要产生较高层次的新思想就必须具有较高层次的知识。康德说："无内容之思维成为空虚，无概念之直观，则成为盲目。"[2] 人类文明的发展是新知识不断在旧有知识体系上完善的过程。没有以文字记录等来表示的知识的出现，就不可能有人类思维的巨大进步和质的飞跃。一般说来，一个人的知识储备越丰富，可供调动的知识越多，能通

---

① 余华东：《创新思维的关键是非逻辑思维》，《山西大学师范学院学报》2002年第1期。
② 康德：《纯粹理性批判》，商务印书馆，1982，第71页。

过不同知识的迁移形成创新办法的可能性就越大。方法类知识的积累可以使创新方式更灵活，没有理论思维就无法把握事物的内在联系和规律性，只有经过思维的认识才有可能是正确的认识，才能发挥对实践的指导作用。人的认识对客观世界的反映和理解是带有人的创造性、能动性的，正是在理性思维的基础上人才实现了创新思维。

2. 敢于违背逻辑规则

人们对既有知识、传统观念已有过大量的论述，基本达成一致的意见，然而，要人们"敢于违背逻辑规则"，很多人就感到难以接受。安全感使人们在原地打转，不能提出新的想法。要提出一个新思想，要创新，就必须突破陈规，也就是说必须运用非逻辑思维去冲破和违背既有的逻辑规则。这就要求我们要有锐意进取的精神，敢于冲破既有知识、传统观念的束缚，大胆创新。居里夫人说："你发现的东西与传统的理论越远，那就与获得诺贝尔奖的距离越近。"① 在掌握旧知识的基础上，以新想法去验证旧知识的逻辑规则，在对旧规则的挑战中培养创新思维能力。

3. 提升心理承受能力

一些人在生活和工作中并不缺乏新的想法，但是在具体的艰难环境中犹豫不决，瞻前顾后，缺乏面对困难的勇气。很多情况下，我们无法直接改变外部环境，但可以改变对外部环境的态度。创新思维的特征决定了思考者需要在前人少有涉及的领域孤独前行，忍受他人的不理解和批评，培养创新思维能力过程同样也是培养个人钝感力、提升心理承受能力的过程。创新本身就存在着风险和考验，挫折失败让我们更清醒地认识到自身存在的问题和局限，为下一步的行动寻找突破口。勇敢地开始每一次创新行动，大胆设想，及时行动，在行动中感受错误，积累经验，对犯下的错误用一颗宽容的心去

---

① 刘倩如：《创造能力培养》，天津科技翻译出版公司，1993，第171页。

理解接受，在挫折和失败中提高素质能力，在一次次克服纠治中增强抗挫折能力。

4. 不断进行反思

反思是一种态度，敢于反思的人是想要改变、不断创新的人。当一个人想要反思时就是愿意自我批评、自我提高的宝贵时刻。反思的态度指引我们形成改正的行为导向，在反思中发现原来不曾体会和领悟到的道理及忽视的方法，这就是一种创新。当我们保持一颗开放的心去理性地看待自己的对与错、得与失、进与退，反思赋予我们的是一种情怀和境界。反思是一种整理、一种表达，在反思中人们对事物的分析与理解趋于客观和理性。反思既要通过成功的经历为自己增添自信，也要通过总结失败的原因来改进方法，保持清醒与警示。反思可以有效地阻止继续犯错和错误的反复发生。

二、创新思维在应急管理体系建设中的应用

（一）创新思维在应急管理体系建设中的要求

1. 坚持守正与创新相统一

坚持守正与创新相统一是运用创新思维的首要要求。创新需要发散思维，但不是异想天开，守正是创新的前提条件。"守正"之"正"是方向、道路、性质、立场之正。守正就不能偏离马克思主义、社会主义、党的领导这些"根本"。[①] 在应急管理体系建设中坚持守正与创新相统一是指应急管理创新需要坚持马克思主义的指导、坚持社会主义的方向、坚持党的领导、坚持人民的价值追求。背离守正原则的"创新"是危险的，苏联的改革导致国家解体，一些国家的颜色革命也是此类教训。创新是守正的时代要求，随着

---

① 徐艳玲：《牢牢把握"坚持守正创新"的思想真谛》，《人民日报》2023年8月3日第9版。

时代、实践、认识的发展，守正会面临诸多新情况新问题，一旦无法适应新情况、新问题，守正就会表现出时代"局限性"。在这种情况下，唯有创新才能适应时代和实践的发展要求。正如习近平总书记指出的："我们全面深化改革，不是因为中国特色社会主义制度不好，而是要使它更好；我们说坚定制度自信，不是要故步自封，而是要不断革除体制机制弊端，让我们的制度成熟而持久。"[①] 我国应急管理的体制机制有过多次的重要调整，提升了保护人民生命财产安全的水平。面对未来复杂的风险挑战，更需要始终坚持人民至上、生命至上的首要原则，坚持守正与创新相统一，不断推动应急管理体系的完善和发展。

2.坚持批判与建设相统一

批判是深入彻底地否定旧事物的性质，是创新思维的本质特征之一。对问题批判得越透彻，就越容易发现已有想法和做法的不足或缺陷，进而找到问题的症结和解决问题的办法。建设是积极促进新事物发展的性质，是创新思维的必然要求。建设要求提出的想法和做法符合实际，在已有的制度、认知、地域等条件下具有可操作性和可行性。批判和建设的统一实际上是破与立的统一。创新始于破而终于立，为立而破、破旧立新，这是运用创新思维所遵循的方向和路径。[②] 正如毛泽东指出的："我们不但善于破坏一个旧世界，我们还将善于建设一个新世界。"[③] 在应急管理体系建设中，批判和建设缺一不可。谨慎看待现行体系已取得的成就，冷静分析体系内存在的问题，批判地吸收借鉴国内外突发事件的经验教训，才能使中国特色应急管理体系更加完善。

---

① 《习近平关于全面深化改革论述摘编》，中央文献出版社，2014，第22页。
② 黄蓉、生方建：《创新思维的理论逻辑与实践运用》，《中国高校社会科学》2020年第2期。
③ 毛泽东：《毛泽东选集》第四卷，人民出版社，1991，第1439页。

3. 坚持问题导向与目标导向相统一

问题意识是创新思维的动力，应急管理工作中的现实问题促使从业人员思考创新之路。以问题为导向的创新过程首先需要认真检视问题，把问题找实，把根源挖深，明确努力方向和改进措施。目标导向是解决问题的理念和原则，是以目标对行动加以引导和激励的工作方法。解决问题的新思路、新办法具有多样性，但是不同思路和办法的实际成效则大不相同，既可能把事物发展方向引向社会主义，也可能引向资本主义。应急管理体系可以借鉴西方国家解决问题的行动机制，同时也要坚持一切为了人民的根本目标。为了防止和避免偏离偏向，运用创新思维时则需要强化目标牵引，按照既定目标来衡量和评估新思路、新办法的价值所在。

4. 坚持实事求是与群众路线相统一

实事求是是发挥创新思维的本质要求。应急管理的决策者需要以我国的具体国情为基础制定方针政策。坚持实事求是的原则，认知不断变化的国内外风险，才能制定出切实有效的创新办法。群众路线是我们党的生命线和根本工作路线。唯物史观认为，人民群众是创造世界历史的动力。人民群众的创造力是无限的，正是人民群众接续奋斗的实践活动创造了丰富的社会物质财富和精神财富，推动着社会不断向前发展。实事求是和群众路线都以群众实践为基础，无论是"从实践到认识再到实践"的认识过程，还是"从群众中来再到群众中去"的工作过程，实事求是和群众路线都是相一致的。群众路线必须以实事求是的思想路线为依据和指导，实事求是必须以群众路线作为应急管理工作依靠和具体途径。在应急管理的体系建设中强调发挥人民群众的力量，在实事求是的指导下正视风险挑战，在风险治理创新中坚持实事求是与群众路线相统一。

（二）运用创新思维提升科技在应急管理领域的应用

1. 深度学习技术在建筑安全监测中的创新应用

（1）建筑安全监测需要新技术提升效率

建筑安全监测是保障建筑物安全运行的重要手段。传统的监测方法主要是人工巡检和简单的仪器测量，但这些方法已经不能满足现代建筑安全监测的需求。党的二十大报告中强调："推动战略性新兴产业融合集群发展，构建新一代信息技术、人工智能、生物技术、新能源、新材料、高端装备、绿色环保等一批新的增长引擎。"[1] 随着技术的发展，如传感器技术、物联网技术、大数据技术等，建筑安全监测的技术水平得到了极大的提升。未来，建筑安全监测将会朝着更加智能化、自动化、网络化的方向发展。深度学习技术的引入，为建筑安全管理行业的现代化进程注入了新的动力。通过对大量数据的自动分析和学习，深度学习可以准确、及时地检测出建筑物的损伤和异常情况，提高了安全监测的效率和准确性，降低了事故发生的概率。同时，深度学习还可以通过数据挖掘和分析，发现建筑物在使用过程中的规律和特点，为建筑物的维护和管理提供了科学依据。[2] 这些都将极大地提升建筑安全管理的现代化水平，提高其安全性和效率。在建筑安全监测领域，深度学习技术还有很大的发展空间，具备成为建筑安全监测技术革新的重要动力。

（2）深度学习技术的特点

深度学习（Deep Learning）是机器学习领域中的一个新的研究方向，它基于人工神经网络（ANN）模型，通过多层次的神经元网络对数据进行学习和预测。其起源可以追溯到 20 世纪 80 年代的神经网络。随着计算能力的提

---

[1] 习近平：《高举中国特色社会主义伟大旗帜为全面建设社会主义现代化国家而团结奋斗——在中国共产党第二十次全国代表大会上的报告》，《人民日报》2022年10月26日第1版。

[2] 鲍跃全、李惠：《人工智能时代的土木工程》，《土木工程学报》2019年第5期。

高和大数据的涌现，深度学习在近十年取得了突破性的进展。尤其是 2006 年，深度学习神经网络的复兴，其通过训练深层神经网络模型，实现了更准确、更高效的分类和识别任务。神经网络由多个神经元相互连接而成。每个神经元接收输入信号，并通过激活函数进行非线性转换，产生输出信号。神经网络的基本结构包括输入层、隐藏层和输出层。输入层负责接收外部输入的数据，隐藏层通过非线性转换将输入信号映射到输出空间，输出层则输出最终的预测结果。在神经网络的工作过程中，每个神经元接收到的输入信号被加权求和，然后通过激活函数进行非线性转换，产生输出信号。这个过程不断重复进行，直到神经网络的输出达到稳定状态，或者达到预设的迭代次数。目前，迁移学习和领域自适应的研究已经取得了很大的进展。通过使用预训练模型，可以将在一个大规模数据集上学到的知识迁移到另一个数据集上，从而加速模型的训练和提高性能。[1] 目前，深度学习的应用范围非常广泛，包括计算机视觉、自然语言处理、语音识别、智能推荐等多个领域。

（3）将深度学习技术引入建筑安全监测的预期效果

为突破传统建筑安全监测方法的局限性，深度学习技术被引入建筑安全监测领域。深度学习可以自动提取图像、视频等数据中的特征，对建筑结构损伤、火灾等异常情况进行实时监测和预警，提高监测效率和精度。[2] 同时，深度学习还可以对大量数据进行挖掘和分析，发现潜在的安全隐患并提出相应的改进建议，为建筑安全管理提供更全面的支持。通过引入深度学习技术，可以预期实现以下效果：一是提高监测效率和精度，深度学习可以自动提取数据中的特征，并做出更准确的预测，从而提高监测效率和精度。二

---

① 曹家乐、李亚利、孙汉卿、谢今、黄凯奇、庞彦伟：《基于深度学习的视觉目标检测技术综述》，《中国图象图形学报》2022年第6期。

② 张涛、刘玉婷、杨亚宁、王鑫、金映谷：《基于机器视觉的表面缺陷检测研究综述》，《科学技术与工程》2020年第20期。

是实时监测和预警，深度学习可以对实时数据进行监测和预警，及时发现异常情况并采取相应措施，减少事故发生的可能性。三是数据挖掘和分析，深度学习可以对大量数据进行挖掘和分析，发现潜在的安全隐患并提出相应的改进建议，为建筑安全管理提供更全面的支持。

（4）深度学习技术原理及其在建筑安全监测中创新尝试

可能适用于建筑安全监测中的深度学习技术包括：卷积神经网络（CNN）、递归神经网络（RNN）、生成对抗网络（GAN）。

卷积神经网络（CNN）是一种专门用于处理具有类似网格结构数据的深度学习模型，如图像、语音信号等。其原理主要是通过模拟人脑视觉皮层的神经元之间的连接方式，实现对输入数据的局部区域进行卷积运算，从而捕捉到数据中的空间层次结构。在 CNN 中，卷积层、池化层和全连接层是其主要组成部分。CNN 的应用非常广泛，如在图像分类、目标检测、人脸识别、语音识别等领域都取得了显著的成果。在建筑安全监测中利用 CNN 技术对建筑物的照片进行训练，可以自动识别出建筑物的损伤部位。

递归神经网络（RNN）是一种用于处理序列数据的深度学习模型，其原理主要是通过共享参数的方式，将一个序列数据转化为一个循环神经网络（RNN）进行处理。在 RNN 中，每个时间步的输出不仅与当前输入有关，还与历史状态有关，这使得 RNN 能够捕捉到序列数据中的时间依赖关系。[1]RNN 在自然语言处理领域的应用尤为广泛，如在文本分类、语音识别、机器翻译等方面都取得了显著的成果。其中最具代表性的模型是 LSTM 和 GRU，它们通过引入记忆单元和更新机制，有效地解决了 RNN 中的梯度消失问题。利用 RNN 技术对建筑物的振动数据进行处理，可以预测建筑物可能发生的灾害，如地震等。

---

① 余萍、曹洁：《深度学习在故障诊断与预测中的应用》，《计算机工程与应用》2020年第3期。

生成对抗网络（GAN）是一种通过博弈论中的对抗思想来实现深度学习模型的学习和生成过程的深度学习模型。其原理主要是通过一个生成器网络和一个判别器网络之间的对抗训练，使得生成器能够生成出能够欺骗判别器的假样本。GAN 在图像生成、图像修复、风格迁移等方面都取得了显著的成果。其中最具代表性的模型是 GAN 的原始模型，其通过引入最小二乘法来优化判别器的损失函数，使得训练过程更加稳定。利用 GAN 技术对建筑物的监测进行矫正，可以避免频繁误报警的情况发生。

深度学习技术在建筑安全监测中具有广泛的应用前景和优势，其主要优势在于可以自动提取建筑物的特征和规律，并能够进行实时监测和预测。然而，深度学习技术也存在一些限制，需要大量的数据进行训练，且训练过程中需要大量的计算资源和时间。此外，深度学习技术的理解和解释性相对较弱，难以被广泛应用于一些需要人类理解和解释的场合。深度强化学习（DRL）目前还难以应用到建筑物安全监测之中，DRL 的原理主要是通过建立一个智能体与环境之间的交互系统，使得智能体能够通过不断试错的方式进行学习和优化。如果将其应用在建筑安全监测中，存在较大的风险。

2. 基于 GIS 的双平台系统在应急管理中的创新应用

（1）GIS 系统在应急产业中的发展创新

GIS 系统，即地理信息系统（Geographic Information System）是在结合了遥感控制、计算机科学、地理学等学科的基础上，通过地图的构建形成的对空间信息分析和处理的系统。GIS 系统主要优势体现为即时视觉化性和大数据化。近年来，这一技术发展迅速在很多领域都取得了突破。国家成立应急管理部后，各省、市都依建制分别设立应急管理厅和应急管理局。地方政府在大量采购应急风险防控措施的过程中，推进了应急产业的发展。我国自然灾害领域坚持以防为主的理念使 GIS 系统的优势得到极大的发挥。GIS 系统以对象的模型技术为核心，根据行政区域图，将 AutoCAD 格式转化为

MapInfo 格式，并进行分层整合。系统设计上运用 Visual C#、MapX 等软件实现系统功能。① 基于 GIS 系统的应急产业创新开发主要集中在数据准确性提升和辅助决策两个方向。对于从事与应急相关技术开发的企业来说，多平台、多终端的设备制造成为新的利润增长点。系统构建的应用主要针对应急管理的实践需求，包括应急管理培训系统开发、区域信息收集和传输、灾害预警升级等方面。

（2）基于 GIS 的应急管理双平台创新

应急管理的实践需要 GIS 系统既能快速完成信息的收集和传输，又在灾害发生时能够充当指挥和决策的管理平台。然而这两种需求在同一平台上的构建，一方面容易造成系统稳定性的风险；另一方面应急指挥人员的调度容易受到限制，缺乏灵活性。因此，基于 GIS 的双平台系统建设就成为更多应急设备开发企业的选择。双平台系统，包括应急指挥平台和移动共享平台。应急指挥平台采用局域网、互联网、无线网桥等连接方式，将其架设区域的自然资源状况、风险隐患、区域巡查等情况传输至指挥中心的系统平台。系统监控人员，可以截取视频数据流，取得灾害的单帧图像。单帧图像可以通过滤波降噪、锐化图像、增强对比度等方式进行预处理。前端工作站将特定算法进行增强处理并回传云台，在指挥监控中心实行解算。指挥中心决策人员通过平台中心对各个终端发布信息和指令，实现多功能、立体化、多维预警、指挥、调度、管理。移动共享平台可以通过工作人员使用手机安装的 App 软件实现对全区域的管控监控录像的实时共享。获得许可的任意手机终端可以实时查看全区域的视频监控，回看历史监控录像，查看固定场所地点音频、视频等。移动共享平台的最终目的是实现全域工作人员的位置共享、图像共享、通信共享、信息共享。

---

① 宋关福、钟耳顺、李绍俊、蔡文文、王少华：《大数据时代的GIS软件技术发展》，《测绘地理信息》2018年第1期。

（三）运用创新思维提升灾后重建效果

1. 灾后恢复与重建的研究现状

灾后恢复重建工作是影响民生的重要工作，历来受到我国政府的高度重视。近年来，我国自然灾害恢复与重建工作取得举世瞩目的成就。灾后恢复与重建的研究以我国近年来发生的特别重大自然灾害为节点，通过对灾害应对的反思进行研究。2008 年汶川地震发生之后，针对灾后恢复重建工作的研究更加丰富，研究内容主要集中在以下四个方面：一是讨论完善灾后恢复与重建的体制机制；二是探索灾后恢复重建的策略实施；三是比较灾后恢复重建的资金制度；四是强调灾后恢复与重建的防灾减灾效果。2013 年芦苇山地震灾后，恢复与重建工作开始实行"中央统筹指导、地方作为主体、群众广泛参与"的工作机制，此后的研究也出现更多围绕这一工作机制的研究内容。党的十九大召开之后，我国进入决胜全面建成小康社会的新时代，对新时代灾后恢复重建的形势变化研究十分重要。新时代灾后恢复重建的变化主要表现在经济建设、生态文明建设、治理机制和国际合作等内容。

2. 新时代灾后恢复与重建的要求

我国自然灾害风险较大的地区往往也是经济欠发达地区，这些地区的防灾减灾预防设置建设也受限于经济状况，造成恶性循环。新发展理念强调实施区域协调发展战略，这为灾后恢复与重建提供了政策支持。受灾地区根据地域整体特点，发挥资源优势，进行特色重建，以改善当地经济状况。区域协调发展战略在灾后恢复与重建工作中主要表现为科学规划。科学规划是灾后恢复与重建的重要工作原则之一，规划前期需要对灾区的自然资源和社会资源重新进行评估，并将周围地区的经济类型和模式考虑在内，借助灾后恢复重建的政策窗口期对地区产业进行整合，以促进地区整体发展。

贫困地区的灾后重建工作需要在产业方面有所改变，简单地恢复当地原有的产业结构不能满足重新振兴当地经济的要求。国家应加大力度支持贫困地区加速发展的政策与灾后产业重建相结合，形成对受灾地区进行科学规划的指导原则，在重建过程中重新规划产业结构和类型，通过产业转型升级的方式完成经济增长。部分受灾的农村地区，以专家论证为依据，种植适合当地气候的经济作物，对农业产业升级提供了参考。以传统手工业制品为主的部分灾区，借助政策优势和社会救助力量将产品水平进行提升，以提升市场竞争力。

2015年，第三届世界减灾大会上通过的《2015—2030年仙台减轻灾害风险框架》是全球减灾的指导性文件。我国作为成员国之一，推进防灾减灾标准的国际共识是我国的义务。全球救灾标准的一致性对国际援助在灾后恢复与重建中有积极的作用。我国作为"一带一路"的发起国，在推进"一带一路"倡议的过程中涉及灾后恢复与重建的工作更需要参与的各国达成共识。近年来，我国与外国政府和有关国际组织的合作日益增强，我国援助外国灾后恢复重建的活动也在增多。应急管理方面的国际合作有利于我国学习先进国家灾后恢复重建经验，并应用于我国实践之中，同时，把我国的经验介绍到国外，在国际灾后恢复与重建工作中推进构建人类命运共同体。

3. 灾后恢复与重建工作中存在的问题

灾后恢复与重建工作中存在的问题主要表现为以下四个方面。

一是灾民安置衍生风险。我国灾后恢复与重建工作中最直接的问题是灾民安置地的选择问题。部分受灾地区的自然情况受到严重的破坏，不适合在原地进行重建工作。将灾民安置在新的地区，要严格考察该地区的地貌特征和可能的风险隐患，将灾民的人数和重建机械、物质等因素考虑在内，做好风险评估，避免在重建地区出现次生灾难。

二是社会参与缺乏渠道。在社会各方参与灾区重建方面，我国目前缺乏系统化、制度化的进入渠道。有意愿参与灾区重建的慈善机构、民间组织和个人缺少灾区相关需求信息沟通平台，易造成同类物资过剩，部分急需物质缺乏的问题。

三是心理干预范围较小。灾民除了受到物质上的损失，心理上的打击也不容忽视。心理方面的打击和造成的伤害不易量化，灾民个体的外在表现也会因人而异。目前，我国灾后心理干预主要针对有精神疾病倾向表现的人群，缺乏更大范围的心理干预和治疗。

四是重建资金来源单一。目前，我国灾后恢复与重建的资金来源绝大部分来自中央或地方的年度预备费或专项转移支付。重建资金中也有少部分慈善捐款。与国际上的灾后重建资金来源相比，缺少保险、金融等领域的资金流入。这与地方政府与应急类保险合作较少有直接关系。

4. 创新思维引导下的灾后恢复和重建

针对灾后恢复重建中存在的问题，需要以机制的创新来应对。

一是增强基于防范风险的重建方案创新。针对我国灾民安置和建筑重建问题，可以借鉴 BBB 框架中的重建标准，根据地区实际情况予以实施。BBB 框架采用的灾后重建的建筑标准是根据澳大利亚建筑规范 AS 3959 进行修改而来，旨在提高建筑抗灾强度和建筑环境对自然灾难的回应能力。降低风险为核心的重建方案，可以最大程度地减少次生灾难的发生。次生风险提升建筑抗灾能力也对恢复灾民心理有正面效果。这也减少了灾民由于安置问题引发群体性事件发生的可能。打造共建共治共享的社会治理格局是新时代的任务之一，灾后恢复与重建中进行共建共治模式探索，是治理机制创新的特点。鼓励灾民群众自主选择重建模式，在过去的政府统规统建的模式之外，加入统规自建模式。统规自建是在政府的统一规划下，灾民群众成立自建委员会，对重建提出设计意见，并参与施工。重建完成后，取消自建委员会成立自管委员会，对受灾地区进行治理。这种模式创新更有利于减少恢复与重建过程中的纠纷和社会安全风险。

二是强化政府与社会的合作方式创新。市场经济改革的深化为政府和社会合作提供了更多的机会，也为 BBB 框架中社区恢复的实行提供了更好的条件。根据以往灾后恢复重建中的实际经验，在具备一定自然资源优势的灾区发展旅游业的效果显著。部分受灾的农村地区的灾后恢复重建中将旅游业与农业相结合发展观光农业也收到良好效果。原本具有旅游业特色优势的受灾地区，更需要加大生态保护力度。例如，2017 年 8 月 8 日四川九寨沟发生的里氏 7 级地震，经过三个月的灾后评估，并在《"8·8"九寨沟地震灾后恢复重建总体规划》中强调"尊重自然，生态优先"的重建原则。在灾后恢复与重建过程中，着力推进生态系统恢复。在灾后恢复与重建过程中，避免出现地方政府为了经济指标破坏生态环境的行为，通过完善恢复重建的监督机制，加大生态保护力度。自然系统的良性循环从客观上可以降低自然灾害的风险，在一定程度上起到防灾减灾的作用。

三是心理抚慰机制创新。灾难发生后，灾区群众不同程度地受到心理上的打击，部分灾民会产生心灵上的创伤。重大人员伤亡的灾害也会使参与救援的工作人员产生不同程度的心理抑郁，甚至产生创伤后应激障碍。抚慰受灾区群众是社会治理的任务之一，也是党和政府以人民为中心的体现。我国政府日益重视社会心理服务，不断加大心理干预的投入。在利用社会资源方面，2016 年 12 月 19 日出台的《中共中央国务院关于推进防灾减灾救灾体制机制改革的意见》中鼓励公益组织和社会团体参与其中。在救灾过程中，救援人员也会造成心理阴影甚至心理疾病的风险。灾后恢复阶段也需要对救援人员进行心理干预，以完善灾后恢复与重建的治理机制。这需要政府与相关心理医疗机构创新合作机制，重视对受到重大打击的灾民家庭进行长期的心理干预，同时对参加救援的人员进行心理疏导、跟踪观察，及时对有不良心理影响的人员进行心理治疗。

四是灾后重建资金与物资筹集方式创新。对于灾后重建的资金来源问题，可以借鉴国际做法中的先进经验，更多调动市场化资源参与灾后重建。

各级政府可以采用 PPP 的融资方式根据实际情况吸纳部分民间资本参与重建。针对可能发生的重大风险，政府可以主导建立政策性巨灾保险制度，分政府应急机制、保险补偿机制与民间慈善救助等三个层次进行。经济恢复方面可以利用灾后重建的各种优惠政策吸引民营企业参与地方产业重建。政府主导开发灾区物资信息发布平台，及时向公众提供灾区恢复和重建需求信息，更好地接纳全民帮助灾区的善举。加强政府与慈善组织、民间组织的合作，多渠道地进行灾区恢复和重建工作。这也能让重建工作的相关部门更好地接受社会监督，同时起到为灾区重建的宣传的效果。

三、创新思维在应急演练设计中的尝试与设想

（一）作为应急管理培训的演练

应急演练是应急管理培训中的一种综合培训形式。应急演练有桌面推演、指挥演练、实战演练、示范性演练等多种形式，在平时实践中，为达到更好的效果，通常将几种演练形式相互结合。这种模拟应急演练将参加培训的学员进行分组，进行角色扮演，以桌面推演的形式，对突发事件进行系统性的培训。桌面推演式应急演练的优点突出表现为：演练形式灵活、模拟内容丰富、培训成本低廉以及决策结果可供多种分析。应急演练形式最早源于军事训练，后被普遍应用于管理学相关专业教学之中。美国应急演练模拟中心 NESC（National Exercise Simulation Center）的应急演练利用计算机、演练程序、电子地图、即时通信工具等进行虚拟场景的模拟演练。美国的应急演练的研究主要集中在两种开发方式上：第一种是情境开发方式（Scenario Development），这是根据变化的应急情节进行分段讨论，在不同情境阶段由组织方安排问题，参与者相互协作，共同解决问题，最终得到一个总体应对方案。第二种是单一叙述消息方式（Single Narrative Messages），即在单一情

境设置下，学员分组处置信息。各小组因其职能会得到模拟的政府实时通信消息，待处置消息被分配给相关参演人员进行讨论，以求获得系统性的解决方案。

示范性演练是当前实践部门开展的演练形式之一，这种演练多为实战性演练，突出应急响应流程示范、应急队伍力量展示、应急装备技术检验、现场应急作业处置等。示范性演练一般会对整个演练场景开展集中观摩展示，观摩展示时间多为 2 小时左右，将多个灾害情景集中到某一特定场所，在有限的时间与空间内，展示应急处置全过程。[①] 以 2017 年度全国公路交通军地联合应急演练为例，由交通运输部、福建省人民政府和原武警交通指挥部联合开展实兵演练，应急演练演训时间为 2017 年 9 月 15—30 日，整个联训联演过程持续半个月，9 月 30 日上午进行了演练成果观摩展示。实战演练地点设在福建省福州长乐市营前镇洞头村（原福州武警指挥学院长乐校区山野地及周边水域）。演练采取"集中指挥与多点实战结合、预设场景与非预设场景结合、实兵演练与桌面演练结合"的形式进行设计与组织实施。示范性应急演练可重点关注前期演练设计与准备、应急演练观摩展示、演练综合保障等方面。

（二）应急演练教学的研究发展

应急管理专业由于其教学内容的特殊性，能够更好地发挥应急演练的教学效果。以教学目标为主导的桌面应急演练研究起源于西方国家。德国危机管理、应急规划和民事保护学院，美国联邦应急管理学院，英国应急规划学院，加拿大应急管理学院等皆对应急演练进行系统的理论研究。我国高校和政府干部培训的应急演练教学主要基于德国的 ARD 模式。即从行

---

① 邹积亮：《我国应急演练的创新性实践》，《中国减灾》2019年第12期。

动（Action）到反思（Reflection），再到发展（Development），最终达到提升应急管理能力的目的。目前我国对于演练教学模式的研究在宏观上主要表现为演练与应急实践的关系探讨，包括基于现实的应急演练与具有情景构建特点的虚拟应急演练教学研究。[①] 应急演练具体的教学环节研究则基于应急演练模式的不同阶段进行探讨。由于突发事件发生环境的日益复杂，在行动之前需要进行的应急准备内容更加繁复，应急演练的教学目标也有更加重视风险发展的趋势。因此，有些学者提出在应急阶段之前需要完善对应急准备和风险分析的教学，应将其在应急演练中的作用予以重视，安排单独的教学模块。[②] 在具体的桌面应急演练教学评估活动中，理论研究集中于对学习者行动效率的评估研究。应急演练反思阶段的理论研究较为分散，主要包括系统性的回顾、结构化的评判、风险评估过程以及管理机制的问题等。针对应急演练的发展阶段研究则主要集中于课程创新与能力提升。这主要受现实案例与风险理论模型发展的影响，力图在应急演练中还原实际困境和深度解决应急管理相关问题。目前，我国应急演练的教学单位增多，设备设施更加完善，在教学模式和教学内容上也有更多的尝试，这也为相关理论研究提供了现实依据。

（三）应急管理演练教学的要素分析

1. 角色分配

演练教学的本质是一种"参与式"的学习。根据应急管理学科特点要求，应急演练中需要进行角色的分配。尤其是在具体的突发事件中，参与者需要承担特定的职责。而职责的实践过程是应急演练得以实施的基础。因

---

① 李雪峰：《应急演练类型、设计、实施与评估》，《中国减灾》2019年第12期。
② 钱洪伟、尤晴晴、王建东：《河南省黄河流域洪灾应急演练设计理论框架与技术要点研究》，《中国应急救援》2021年第2期。

此，角色分配是影响应急管理演练教学的重要因素。影响角色分配的主要参考因素包括参与者的积极性调动，团队学习模式和沟通模式。在应急管理实践中，各部门角色的工作，重要性和工作量都有一定差异，无法在应急管理演练中形成均等工作量的教学角色。学习者参与过程中所承担职责学习内容并不相同，这对不同学习者的积极性有直接的影响。目前普遍采用两种形式，一种是平行分组，在不同小组中设置相同的职责，各小组同时进行相同的应急演练，进行横向对比。这有效地平衡了不同组别之间的学习效果，但对于同组之内的职责差异仍然无法调节。另一种是根据学员特点分配角色，这需要前期对学员的背景知识和性格特点进行把握，有利于更好地展示演练的效果，同时对整体性把握应急管理突发演练提出了更高的要求。

2.演练内容

应急演练选择的主题应当与教学目的紧密联系，并在应急演练的实际操作中验证之前学习的内容，并对突发事件采取即时应对措施。因此，应急演练的主题选择应当以问题为导向，以考验和提升学习者的应急管理能力为主要目的。演练内容既要贴近应急管理实践，又要具备一定的前瞻性。应急演练的内容设置首先要以现实中出现过或可能出现的复杂环境为基础，用信息条或影视工具来提供演练信息，信息内容可以包含以往案例中出现过的经验和教训，并在实际模拟中尽量还原决策的局限性，也为学习者提供环境和时间的多重压力。演练内容的前瞻性对于指导实际工作和提升应急能力十分必要。应急管理实践中的教训源于超出应对者以往认知的情况。这也是应急演练内容趋向于未知风险研究的主要原因。演练内容在结构上通常是线性的，目前的应急演练，更多趋向于发展主线之外的非线性的演练结构，这可以为现实情况提供更多的可能性。在这种可能性下产生的两难情况更有利于提升应急演练参与者的决策和沟通能力。基于情景讨论的桌面推演主要通过计算机模拟、演练情景视频、沙盘地图等手段将参演人员带入相关灾害情境中，参演人员需要对演练情景所涉及背景信息、角色职责定位等深入了解，除了要对应急响应流程开展模拟，还要能够在战略层面开展深入讨论，尤其是对关键决策困境提出应对方案。

3. 演练过程

应急演练的过程，本质上是对问题的思考过程。因此演练中应根据问题的分析逻辑提供不同的演练阶段。可以被划分为"分析问题—解决问题—反思问题"三个阶段。分析问题阶段，需要学习者对已有的信息快速掌握，对可能发生的风险做出预判。解决问题阶段，学习者至少要在演练中体现出系统化的管理思维方式，包括对问题进行分类，确定优先次序，指派不同的角色予以应对等。分析和应对过程中，角色应当更多地致力于网络搭建，而非单向连接。反思问题阶段，学习者应当对已经发生的问题进行补充，探讨在某些因素发生改变的情况下如何面对更为复杂的风险。演练过程全程需要教学者进行观察并对学习者认知、技能、态度等方面进行评估，并通过演练的实际效果反馈对信息条、背景资料、流程衔接等进行修改。教学导调人员负责把控演练现场。基于情景讨论的桌面推演需要导调人员能够充分发挥演练"催化师"的作用，能够把握灾情信息推送节奏，调动演练人员参与热情，迅速机智回应问题，临场即席评估总结等，上述工作内容要求导调人员熟悉整个演练情景所涉及的相关知识，能够在预设相关情景信息及期望演练行动基础上实时与演练人员交互，根据演练情况变化及时对演练情景信息进行动态调整。

（四）应急演练教学的局限性

1. 演练模式的局限性

应急演练这一模式决定了其在团队学习模式上的局限性。角色分配上的职责差异会对学习者的关注点产生确定性的导向。应急演练的模式局限性首先表现为沟通渠道上的局限性。采用单一的沟通渠道会造成学习者在演练过程中过度依赖虚拟的演练信息，在应对中忽视应急技能的培养。不同组间的多渠道沟通容易产生信息的冗余和沟通的碎片化。其次，应急演练的局限性在分组模式上也有体现。平行分组模式下进行的应急演练讨论会因参与者的积极性差异而造成参与程度的不同。由于应急演练的角色关系是一种理想化的构建模式，在部门协作中人为去除了现实应急管理中的部分干扰因素，不能够完全还原实际情况。

2. 演练内容的局限性

应急演练的模式内容性表现为在脚本的有限覆盖范围内无法全面地考察和学习突发事件各个阶段的知识和技能。由于应急演练的内容设计上大多基于已发生的案例，案例中的经验教训在官方公布的调查报告中有明确指向。因此，学习者更倾向于从现有内容与以往案例的决策进行类比。然而在实际的应急管理中，社会状况的变化、政策的导向变化以及其他因素的变化都可能使原本案例中决策选择产生新的价值排序。因此，在固定的演练内容框架下很难形成新的应急理念的学习。学习者对问题的理解也更倾向于在旧有的知识体系中寻找标准答案，而非在实践反馈中做出符合应急管理原则的临时决策。

3. 演练过程的局限性

由于教学时长和教学内容的限制，应急演练的过程需要按照一定的流程进行时间分配，演练的结果也需要一个具有确定性的指向。这也就是要求学习者在规定的时间内达到一个确定的结果。为了保证应急演练的顺利进行，演练设计者和脚本的掌控者需要对演练过程进行时间和发展方向上的限制，避免其他突发事件对演练主题造成过度干扰。

（五）应急演练教学的思路创新

1. 演练模式创新

应急演练模式的创新空间主要表现为应急演练的结构框架创新和模块式创新两个方面。应急演练的结构框架应该更为灵活，可以依据突发事件的类型而变化。在新的结构框架下，参与者有权建立新的沟通模式，借助新的沟通模式完善原有的应急演练结构框架。在涉及多种突发事件同时发生的复杂情况时，应急演练的模式也可以在原有桌面推演的基础上加入即时采访、模拟评估等模块。此外，模块化演练创新还可以体现在任务设置之中。以特定的教学目标为指导，教学者可以随机抽取应急演练中的相关模块，并依据模块内容组织演练结构框架。一些特定的突发事件演练也可以采用具有对抗性的演练模式，使参与者从不同角度看待突发事件应急管理的原则和方法，有利于暴露固有演练模式下的盲区。多地同步开展应急演练需要强大的应急通信系统保障，确保多地互联互通、灾情信息畅通。深圳防台风综合应急演练充分检验了整个系统的应急通信保障能力，各级现场指挥部之间可以运用视频系统、移动指挥车、视频单兵、小型移动平台、布控球、指挥手台和对讲机等多种通信方式和手段确保指挥部之间的互联互通。

2. 演练内容创新

应急演练的内容创新主要包括增加次生、衍生问题的关联性和构建复杂问题情景两个方面。目前应急演练中越来越重视次生、衍生问题的任务设置，然而，有的问题之间的联系并不现实。从问题 A 衍生出问题 B 只是参与者在应对实际情况时诸多可能性中的一个。应对同一问题的不同决策和资源分配可能引发的次生、衍生问题是多方面的。应急演练内容设置上应更强调前期处置与次生、衍生问题之间的关联性。这种关联性应当是以多重连接的网络形式而非线性形式存在。这种演练创新可以检验联合应急指挥机制的运行情况，总指挥部负责应急指挥与应急资源调度，专项指挥部负责专业处置与专业队伍、装备的调度，分指挥部负责辖区内各种险情应急处置工作，现场指挥部由辖区与市级专业部门联合负责点上险情处置，各个指挥部分工明确，确保指挥层次清晰，指挥流程规范。在同一事件的不同阶段，参与者都可能因其特定的处置而引发同类的次生、衍生问题。对于现实中尚未出现但极具可能性的次生、衍生问题，教学者也应在演练中引入情景构建理念，增加应急演练环境的复杂性，增加干扰信息和冗余信息。

3. 演练过程创新

桌面应急演练过程创新主要表现为以虚拟时间为主导，多线程同时进行。时间的紧迫性是突发事件应对的一个重要特点。在特定的时间压力下，很多决策难以达到最优，这也更符合应急管理工作实际情况。演练突发事件发生之前，通过桌面推演方式模拟指挥部会商研判工作，采取"总指挥提问，各单位回答"的形式，重点检验各区各单位对应急预案、风险隐患情况和应急能力等信息的熟悉程度。突发事件发生后，模拟相关灾害场景开展桌面推演，要求每一场景涉及的有关专项指挥部汇报应急处置方案。由于教学时长的限制，应急管理实际需要处置的时间无法等量实现在应急演练过程中。学习者提出的执行方案和应急活动可以通过信息的方式虚拟完成。课程设计中可以通过特定的时间比例对突发事件应对划分出虚拟时间。当某一小组在规定的虚拟时间内没有完成相应的任务，将启动相关的次生或衍生问题脚本流程。在演练中，某些特定工作所花费的必要时间与实践中应保持一致。不同小组的虚拟时间的比例并不相同，这需要应急演练的导调人员对整个演练过程有更好的把控能力，对各职能组有相应的时间管理方案。

（六）创新思维提升应急演练的设计尝试

1. 基于封闭原理的演练职责创新

我国的行政管理体系中，有较为完善的监督部门和信息反馈部门，指令和信息传递能形成良好的封闭回路。发出指令的部门收到处理后的信息反馈结果，可以及时对指令进行评估和调整。

应急演练中，为了保证信息传达在封闭的传递回路中进行，在演练职责分配阶段，安排演练辅助人员担任导调监督和反馈人员。导调监督负责对各组之间的指令传达进行监督，反馈人员负责对反馈信息进行处理，反馈给下达指令的小组，使其获得即时反馈。

以总指挥部对医疗救护组下达指令的情况为例（见图6-1），总指挥部接收到演练相关信息进行决策，对医疗救护组下达指令。同时，导调监督人员会通过计算机监控了解到总指挥部发出的指令，并对指令传达的有效性进行监督。医疗救护组作为执行单位对指令具体执行，把实行计划发送给接收单位，即应急演练中的某个电脑终端。反馈人员通过对电脑终端的资料调取，了解到反馈信息，将信息造成的预设结果即时反馈给最初下达指令的总指挥部，总指挥部可以通过处理后的反馈信息进行分析调整。这就形成了管理中的闭合回路，应急管理活动在闭合回路中不断推进。

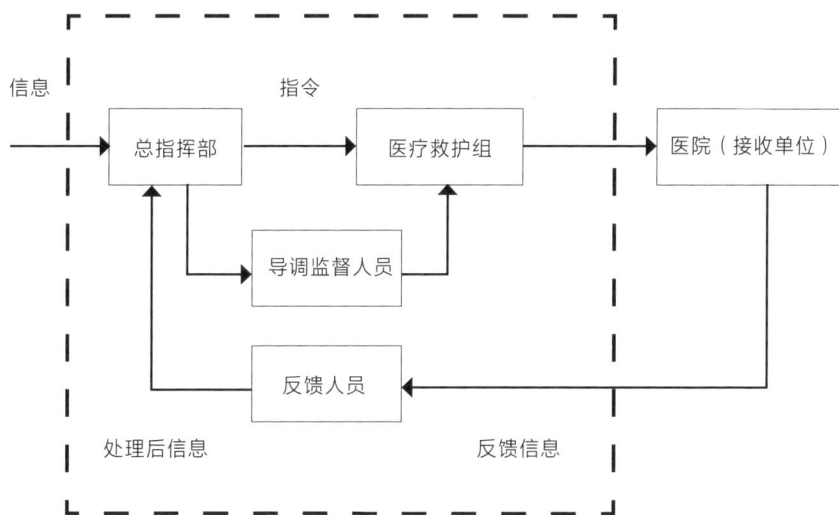

图6-1　应急演练中的封闭原理设计

2. 基于能位原理的演练角色创新

管理学中的能位原理是指进行人员安排时需要考虑人员的才能和职位相匹配。桌面推练中需要安排学员临时担任不同的模拟角色。设计安排时应考虑学员原本的职务和模拟角色的相关程度。学员在面对模拟角色与现实工作差距较大时，普遍出现决策缓慢、沟通不畅等现象。从事过相关或类似工作的学员在担任相关角色时，在思维方式和工作处理中都有一定的优势，在不同的小组中安排一到两名熟悉相关业务的学员，这有利于应急演练的顺利进行，减少演练内容设计以外的不必要失误，有助于提升模拟小组在桌面应急演练中的效率。职位的特点也是考虑学员角色安排的一个因素，技术相关工作的学员更容易理解模拟专家组的工作，文化相关工作的学员在模拟新闻报道组的表现也更容易贴近实际角色。对于学员职位和能力相匹配的另一种尝试是：在培训时间充裕的情况下，部分培训班次可以进行两次不同的桌面应急演练，让每位学员模拟两个不同的角色，分别是自己本职在应急中的工作角色和与自己在应急中对接的部门角色。这有利于发掘和培养学员在不同位置上的才能，同时也能跟熟悉对接的部门的应急行动。

3. 基于弹性原理的任务设计创新

行政管理中必须保持充分的弹性，以适应客观事物可能发生的变化，这才能有效实现动态管理。在常规应急任务考察之外，桌面推演式应急演练的重要考察项目还包括对突发意外事件的处理。在任务设计上，安排突然发生的需要多个小组协作才能应对的意外事件，这类事件的协作性特点体现为以下几个方面：一是事件无法通过一个组的力量予以解决，需要多个小组配合。二是获得任务信息的小组并非处理相应任务的小组之一，获得任务信息的小组需要及时把任务信息传递给相关各小组。三是不同小组接到不同信息，部分信息彼此矛盾，各组之间需要通过对信息调查和整合，从而提出综合的解决方案。

这类协作型任务主要用来考察学员所模拟的各组之间的协调能力。这类任务设计可以借鉴美国应急演练中增进协作的"心流理论"（Mental Flow）。这一理论是由积极心理学家米哈伊·奇克森特米哈赖在 2004 年提出，很快被定为美国应急演练和特种部队训练的最高目标，以追求不同个体和组织间的高效率协作。

4. 基于权变原理的任务设计创新

行政管理机构会根据环境因素的变化适时调整管理方法和对策。对于应急演练而言，突发任务和衍生任务作为偶然因素和"非期然后果"的表现形式出现是考察学员的权变能力的一部分。

在任务设计中，安排一些急需有效处理的任务以考察某一小组或某几个小组在突发事件应对中的应变能力。这类信息和任务的类型包括以下几类：一是需要迅速调查清楚的任务，如现场发现不明气体、疑似化学品泄漏。二是自然气候因素变化信息，如从事故救援开始后、某一时间之后开始下雨。三是突发的易引发其他衍生灾难的隐患信息，如在危险区域油罐车抛锚。四是待救援人员的特殊性任务，如稀有血型、特殊精神状况。五是媒体舆论任务，如即时应对网络谣言。

以上类型任务设计有不同的预设支线结果，不同的处理时间和处理方式会引发不同的预设结果，部分结果会导致新的突发信息或衍生任务。学员的选择结果会在最终的点评中得以体现。以突发事件 1：事故现场不明气体为例（见图 6-2）。在相关应急救援小组发现不明气体后，学员在特定时间内如果得出气体有毒的结论，会引发衍生任务 1—1：调运防毒面具。如果未在特定时间内处理则得到应急人员中毒的反馈信息，引发衍生任务 1—2：治疗中毒人员。衍生任务 1—1 如果没有及时完成，也将引发衍生任务 1—2。最终根据现场处置的情况得到 3 种不同的模拟结果。

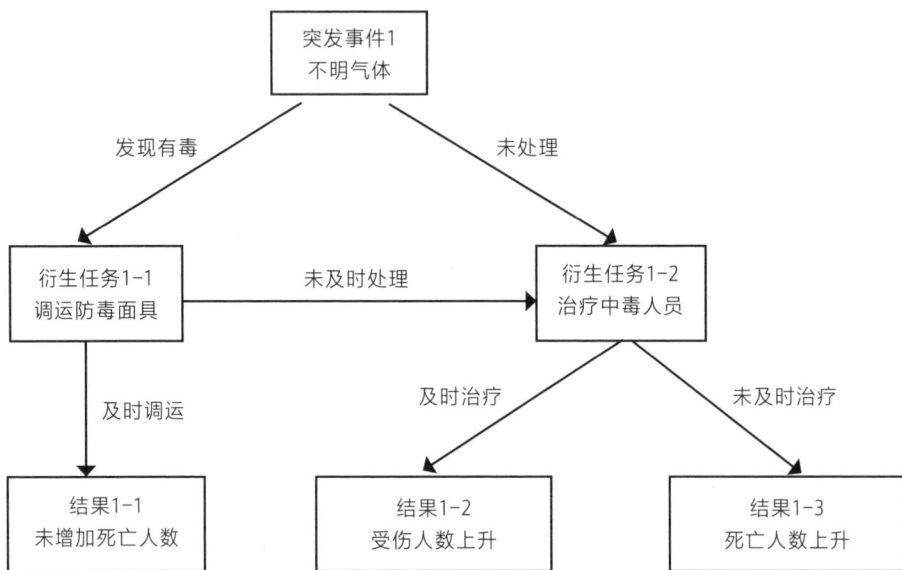

图6-2 突发事件1的任务流程设计

5. 基于动力原理的过程设计创新

管理活动需要强大的动力,包括物质动力和精神动力。在桌面应急演练中,成功激发学员的动力是使演练有效进行的必要条件。演练中无法直接给学员提供传统意义上的物质动力,但是可以以分组评分的形式给予学员抽象的物质动力。桌面应急演练作为学员系列培训的考察项目,小组得分与小组内的每名成员的个人评价相关。这一分数作为系列培训中评定优秀学员的标准之一。

学员不同的演练决策和效果决定不同的最终演练结果。合理有效的决策和协作会最终呈现超出原本预期的应急效果,也会使虚拟的死亡人数和财产损失降低,也可以在最后总结阶段以演练评分的形式给予全体或个别小组精神动力。演练过程需要对学员应对突发任务的行动进行及时反馈。突发任务和其他小组的协作需求令学员感觉到自己所在小组在应急演练中的重要作用。及时的反馈信息可以促使学员把具体的决策操作与人民的生命财产安全直接联系在一起。

6. 基于可比性原理的分组评价创新

演练中不同小组的工作内容不同，要对各小组表现直接进行横向比较很难做到科学评估，这需要设定合理的可比性因子。各小组在演练中的职能表现主要体现为基本职能的完成度和应对突发任务的决策操作结果。各小组的可比性表现为实际表现与最理想表现的分数比值。

导调监督和反馈人员根据各小组对基本工作的完成程度予以评分，不同的任务根据虚拟结果分别预设 3—5 种不同的结果，最佳结果记 5 分，最差结果记 1 分。根据各小组所涉及任务的结果计算总分，小组的实际操作总分与理论上的最佳操作分数比值可以作为各小组横向可比性的体现。

7. 基于效益原理的任务评价创新

效益原理是指管理中按照目标要求，以尽可能少的行政总投入获得尽可能多的行政产出的理论和方法。这一原理主要应用在桌面应急演练的突发任务评价方面。在具体评价突发任务完成情况中，着重考虑以下两个方面的关系：一是局部效益与整体效益的关系，二是当前效益与长远效益的关系。

部分突发任务考察局部效益和整体效益的关系。模拟小组在专注于最大化局部效益的同时，有可能影响到整体效益的实现。理论上的最佳参考决策应是既有效达成局部效益，又有利于整体利益的实现。在评价各组的决策时，效益倾向于作为一项评价因子被计算在内。

第七章

法治思维能力：体系建设的保障

一、法治思维的特点与作用

（一）法治思维与法治方式

要解释什么是法治思维，首先要对"法治"二字有基本的认识。"法治"是相对于"人治"的一种治国方略，通常指"法律制度得到合法、良好运用的一种状态"[①]。目前，关于法治的学术话语、政治话语、宣传话语多半是在名词层面取得一致，而远非在概念层面的共识，许多关于法治的争论实际上是概念的理解和定义的不同造成的。[②] 为了直观地理解法治思维，我们将法治与人治、专制进行对比进行解释。所谓法治思维，在本质上区别于人治思维和权力思维，其实质是各级领导干部想问题、作决策、办事情时，必须牢记人民授权和职权法定，必须严格遵循法律规则和法律程序，必须切实保护人民和尊重保护人权，必须始终坚持法律面前人人平等，必须自觉接受法

[①] 汤姆·宾汉姆：《法治》，毛国选译，中国政法大学出版社，2012，第7页。

[②] 刘杨：《法治的概念策略》，《法学研究》2012年第6期。

律的监督和承担法律责任。^①法治是以维护公平、正义为目标，具有保护自由人权，限制权力的意义。基于对法治的理解，法治思维是法治原则、法律概念、法学原理、法律方法以及一些法律技术性规定等在思维中的有约束力的表现。法治思维的术语解释主要包括两个方向：一种思维方向是形式法治论者的思维走向。由于相信文本意义的相对固定性，因而主张法律意义的自足性、独断性，人的思维能够接受确定法律规范的约束，只不过需要较为复杂的法律方法运用。另一种是实质法治的思维走向，主张法律的开放性，认为法律应该满足政治、经济、文化、社会的要求，对法律的解释不能死板教条，而应该灵活运用。^②党的十八大以来，我们党对社会主义法治的理论认识和实践探索达到了新的历史高度。在全面推进依法治国的要求下，法制思维的形式思维走向与实质思维走向形成了统一。坚持形式法治思维为主的前提下，必须辅之以实质法治的方法。无论是法治中国、法治政府还是法治社会都离不开法治思维和法治方式。

（二）法治思维的特征

1. 方法规范性

法治思维是一种规范性思维，带有强烈的规范性和程序性特点。法律与其他社会规范比较，属于明确的行为规范，法律程序的严密性也是其必备条件。法治思维一般性并不是指一切思维都按照法律制定的规范进行，在实践之中，不同主体对同一法律的解释也并非完全一致。法治论者强调所有法律都得遵守，但是由于权力分工的存在，造成了同样一部法律的意义对不同的部门并不相同，并非所有部门都是执法单位。法治所要求的依法办事仅仅是宏观的原则，在具体的决策过程中依什么样的法律进行思考，

① 袁曙宏：《全面推进依法治国》载《十八大报告辅导读本》，人民出版社，2012，第221页。
② 陈金钊：《对"法治思维和法治方式"的诠释》，《国家检察官学院学报》2013年第3期。

还需要详细斟酌法律内容与工作性质的关联性。法治思维的规范性是通过法律方法来发挥作用。这里法律方法不是单独的哪一种方法，而是指法律方法的综合运用。

2. 权力约束性

从社会矛盾的角度来看，权力寻租、司法腐败、行政权力滥用等行为会导致民众对政党、政府、法院等的不信任，官民关系紧张，仇官、仇富的情绪加剧。法治思维是建立在各种行为主体都遵守法律的基础上的，权利和权力都必须接受法律的约束。以法治思维构建权利与权力之间的制约关系是法治思维的特征之一。法治究其本质而言，是要树立法律在社会中的最高权威，实现对权力的有效驯服，切实保障公民的自由和权利。[①] 在社会治理机制不够健全的情况下，权力在法律解释过程中会占据主导地位，个人或社会组织缺乏与权力相抗衡的能力，以法治思维改造世界，需要实现对权力的扩张的制约。

3. 公平正义性

社会合法性的核心是公正。法治是保障社会公正的法律制度和行为方式，实现公平正义是法治思维的价值追求，法治的终极目标是对公平正义的追求。法治对规则重要性的强调实际上是对法律普遍性的重视，任何人都不能存在于法律之外，这是公平正义价值的体现。法律面前人人平等，是守法者遵从法律的重要基础。即使法治思维是根据法律的思考，但不可避免必然要涉及法律价值。不同文化背景、生活经历的人有不同的价值倾向，这也造成了各国法律文本中存在多种价值。但法律的内在价值都是以普遍的公平正义为价值基础。背离这一价值基础的法律文本是为恶法，并不能体现法治思维的价值特征。

---

① 梁迎修：《理解法治的中国之道》，《法学研究》2012年第6期。

4. 逻辑解释性

逻辑是人的思维必须遵守的基本规则。法治思维的逻辑性远远超过其他的思维形式，理解法治需要运用逻辑规则在思维中搭建法律与社会、法律与其他行为规范之间的联系。以霍姆斯为代表的现实主义法学家对法律逻辑的绝对化进行批判，这是基于美国等一些国家的法律从业者把逻辑等同于法律，造成了法律与现实社会活动脱节。在法治思维中逻辑规则是法律思维重要组成部分。法律需要调整日常的社会关系，需要依据基本的逻辑规则避免思维的常识性错误。然而，逻辑语言是贫乏的。运用逻辑推理得出结论虽然可以少犯错误，但现实中的人并非学术理论中的法律人、经济人等理性人，为达到说服的目的，法治思维过程中的解释性必不可少。运用法律处理案件，不仅要合法有理，还应该把法理解释清楚。因此，法治思维是一种建立在逻辑学和教义学基础上的法律解释思维。

（三）法治思维的发展

法治思维源于法治思想传统。中国古代的法家思想主张以法治国，认为法律是维护社会秩序、保障人民权利的重要工具。法家强调法律的公开性、明确性和稳定性，主张用法律来约束统治者的行为，反对权力的滥用。法家思想在中国历史上产生了深远的影响，为中国的法律制度建设和法治发展做出了重要贡献。战国初期，李悝总结了各诸侯国立法司法的经验，结合魏国的具体情况，制定了中国封建社会第一部系统的法典——《法经》。通过在政治上实行法治，对国家有功的人进行奖励，对维护贵族特权的世卿世禄制度予以废除，魏国逐渐成为战国初期的强国之一。尽管法家的法治主张和理论局限在君主制的政体范围内，并作为君权政治的附属理论而存在和发挥作用，但因为其反映了处于上升阶段地主阶级的利益和要求，顺应了时代潮流和社会需要，对当时的经济发展、政治统一和社会发展起到了促进作用。商鞅携《法经》入秦，并以《法经》为蓝本，结合秦国的具体情况加以修订、扩充，制定了《秦律》，经过两次变法，使秦国迅速强大，并最终在几代之后一统天下。汉代建立后萧何受命制定新的法典，在参照、借鉴《法经》《秦律》的基础上加以扩充而成著名的《九章律》。随后，叔孙通制定《傍章律》18篇，张汤制定《越宫律》27篇，赵禹制定《朝律》6篇，最终在汉武帝时期形成了《汉律》60篇，形成较为健全的法律。唐朝的《唐律疏议》是中华法系的代表性法典，并对当时周围其他亚洲国家和后世各王朝的封建立法产生极为深远的影响。明代的《大明律诰》与《御制大诰》，清代的《大清律例》也都是我国的法治传统的传承载体。

古希腊和古罗马是西方文明的重要源头，也是西方法治理念的发源地。在古希腊，哲学家苏格拉底提出了"知识即美德"的观念，强调了知识和理性在人类生活中的重要性。这种理性主义的思想为后来的法治理念奠定了基础。在古罗马，法学家们通过长期的司法实践，形成了系统的法律体系和法律思想。他们认为法律是公共利益的代表，强调法律的普遍性和公正性，主张法律至上。

在封建社会中，法治思维主要表现为君权神授的思想和等级观念。封建社会的法律往往被认为是君主个人意志的体现，君主的权力至高无上，不受法律的约束。同时，封建社会的法律也强调等级观念，不同等级的人享有不同的权利和义务。这种法治思维在一定程度上限制了人民的自由和权利，阻碍了社会的进步和发展。

在欧洲文艺复兴时期，随着经济的复苏和文化的觉醒，法治思想也发生了深刻的变革。这一时期的法治思想强调个人的权利和自由，反对封建专制和神权统治。这种思想变革为后来的启蒙运动和民主革命奠定了基础。

启蒙时代的法治观念强调理性和科学，主张建立基于自然法和契约精神的民主政治制度。启蒙时代的思想家们提出了许多重要的法治原则，如分权制衡、司法独立、法律面前人人平等。这些原则至今仍是现代法治的基础。

近代早期法治思维的形成是在上述历史背景下逐步形成的，其特点是重视个人的权利和自由、强调民主和公平，并努力寻求对权力进行有效制约的方式。这一时期的法治思维也注重法律的实际应用和可操作性，为现代法律制度的建立奠定了基础。在近代早期，许多国家开始尝试建立现代法律制度，如英国的《权利法案》、法国的《人权宣言》等。这些法律文件强调个人权利和自由，并试图对政府权力进行限制，以实现民主和公平的社会目标。这些尝试为全球范围内的现代法治建设提供了重要的参考和借鉴。

中世纪至近代早期的法治思维经历了深刻的变革和发展，为现代法治建设奠定了基础。其特点是重视个人权利和自由、强调民主和公平，并寻求对权力进行有效制约。这些原则和精神至今仍是现代法治的核心内容。

随着现代社会的不断发展，法治思维在各个领域中的作用日益凸显。人们对法治的需求不断增加，推动着法治思维的崛起。在政治、经济、文化和社会各个层面，法治思维已经成为解决复杂问题的关键因素。在现代社会中，人们越来越重视法律的作用，相信法治是维护社会稳定、保障人民权利、推动经济发展的重要保障。

现代法治思维在各国的应用和实践存在一定的差异，这主要是由于各国历史、文化和社会背景的不同。然而，各国都在努力推进法治建设，加强法律制度的完善和实施。例如，美国强调司法独立和对抗制诉讼模式，英国则注重立法和行政的监管。在我国，社会主义法治理念强调依法治国、执法为民、公平正义、服务大局、党的领导等原则，不断完善法律体系，推进司法体制改革，提高法律实施的效率和公正性。同时，国际社会也在加强法治建设，推动国际法在全球范围内的实施和遵守。

现代法治思维的崛起是社会发展的必然趋势。它不仅有助于解决社会矛盾和纠纷，保障人民的合法权益，还有助于推动经济发展和社会进步。在未来，我们需要进一步加强法治建设，完善法律制度，提高法律实施的效果和公正性，以便更好地服务于人类社会的可持续发展。

（四）法治思维的作用

1. 运用法治思维应对治理变革

社会的发展必然需要面对时代的困境，主要表现为既得利益格局锁定了社会发展或社会转型进程。[①] 社会转型变革中的一系列制度、体制、机制都是建立在渐进式的社会治理创新基础上的。法治的要义是捍卫已建立的制度及法律规范，而社会治理创新是改变一系列符合过去物质基础的法律制度及规范，二者表面上是相冲突的。只有以法治为保障的社会治理创新才有实现的可能。以法治思维为基础推进社会治理创新需要我们必须在社会治理创新与法治的关系定位中，既保证社会治理创新措施和路径符合法治要求，又切实发挥法治的保障作用。我国改革开放以来，社会成员的期望与社会权利实现难以完全吻合，由于利益诉求引发的群体性事件是这一问题的集中体现。党的十八届三中全会提出，运用法治思维和法治方式化解，这里就包含理性的思维方式。目前法治思维基于传统文化中的"人治"情结尚未完全消除，整个社会的法治思维虽然已逐步深入民心，但在具体实施过程中仍然存在不切合实际的一些状况，也有待进一步完善和改进。

2. 运用法治思维推进创新决策

法治思维的主体并不限于国家机关，社会组织及公民个人都能是发挥法治思维作用的动力。法治思维是用已经获得的法律经验解决当下或未来的社会问题，平衡和维护社会各阶层利益。以法治思维创新决策与制度，主要是通过运用法律解决社会矛盾和冲突，重新确认法律制度存在的意义，以影响

---

① 清华大学社会学系社会发展研究课题组：《"中等收入陷阱"还是"转型陷阱"？》，《开放时代》2012年第3期。

社会各阶层主体的利益平衡。

决策创新需要通过法治思维协调社会治理创新与法律稳定生成之间的有效结合。在社会治理创新的过程中，如果某些法律制度确实需要做出改变，法治思维表现为经立法机关通过进入立法程序，用具体的立法方式给予恰当解决。对于那些能够用既有法律解释方法来解决的社会矛盾和冲突，一般不采用立法方式来解决。因此，在维护既有法律的基础上进行创新决策是法治思维的重要应用。以法治思维推进创新决策需要强调将社会组织、公民群体、公民个人作为法治思维的参与者，而不是决策的承担对象。我国制度和政策完善要注重包容性建设，要把保护好多元利益主体，尤其是坚持把广大社会成员的根本利益作为政策创新的基本出发点。在这一过程中发挥法治思维形成对多元利益主体保障的法律规范。

3. 运用法治思维化解社会矛盾

公平正义性作为法律思维的特征，通过司法活动体现。现阶段，我国已经建立相对完善的司法制度，在具体问题上，需要运用法治思维最大限度地实现对法律与法治的正确理解，并依据其有效化解社会矛盾、冲突。引导公众运用法律方式解决纠纷、化解矛盾，通过司法审判来解决问题，就是运用法治思维化解社会矛盾的具体体现。纠纷双方把矛盾交给司法机关，意味着双方希望通过法治方式保障权益。这种信任和权利保障使得司法公正在化解社会矛盾中占据绝对权威。确保司法公正，最重要的环节是培养高水平的法官。法官是法治思维在权威身份下的体现，具有对纠纷、矛盾进行裁定的权力。对法官的培养、考核、监督的规范是法治思维制度化的体现。此外，完善基层陪审制度也是运用法治思维化解社会矛盾的重要补充。陪审制度的意义在于将社会有效监督引入司法审判，防止法官在适用法律时的不当行为。这些措施的目的在于培养高素质的法官队伍，进而保障司法公正，有效化解社会矛盾。

4. 运用法治思维反腐治权

运用法治思维反腐治权的基本要义包括三个方面：一是要承认公权力面前的"人性恶"，即面对公权力的巨大诱惑，任何人都不是圣人，都有弱点、缺点和局限，都可能犯错误、滥用权力。① 因此，不能放任任何公权力主体存在于法律监管之外。用法治思维完善制度，把一切公权力放到法律的笼子里，监督制约所有公权力和每一个公权力行使者。二是要注重从具体的制度、环节、程序和机制入手运用法治思维对可能出现的腐败行为进行监督。既要注重对权力掌握者的教育、防范和惩治，也要注重对侵蚀公权力的市场行为、经济行为、社会行为等腐败渠道和腐败条件的防范与整治，切实堵住产生腐败的制度性、体制性和机制性漏洞。三是充分发挥司法在反腐治权中的作用，排除各种干预和干扰，切实保证司法机关依法行使职权。尽可能地剥离或者减少司法权的经济、民事、行政和社会活动，从制度设计和程序安排上最大限度地减少司法腐败的可能。司法机关要以事实为根据，以法律为准绳，坚持法律面前人人平等，秉公司法，依法严惩各种腐败犯罪。

二、法治思维在应急管理体系建设中的应用

（一）以法治思维完善突发事件应急法制

1. 突发事件应急法制的问题

（1）突发事件不能涵盖紧急状态

我国的法律文本中"突发事件"与"紧急状态"的内涵却不尽相同。《中华人民共和国突发事件应对法》（以下简称《突发事件应对法》）第三条规定："本法所称突发事件，是指突然发生，造成或者可能造成严重社会危

---

① 李林：《全面推进依法治国的思考和建议》，《法学研究》2013年第2期。

害，需要采取应急处置措施予以应对的自然灾害、事故灾难、公共卫生事件和社会安全事件。"而关于紧急状态的含义，现行法律规范中虽无明确的解释，但《突发事件应对法》第六十九条规定："发生特别重大突发事件，对人民生命财产安全、国家安全、公共安全、环境安全或者社会秩序构成重大威胁，且采取本法和其他有关法律、法规、规章规定的应急处置措施不能消除或者有效控制、减轻其严重社会危害，需要进入紧急状态的，由全国人民代表大会常务委员会或者国务院依照宪法和其他有关法律规定的权限和程序决定。"从文义解释的角度来看，紧急状态的严重程度更高，强调的是迫在眉睫，具有极端的紧迫性。"突发事件"与"紧急状态"的内涵差异是源于我国《突发事件应对法》特殊的立法进程。

立法机关最初是想制定一部紧急状态法，其立法草案的名称亦框定为"紧急状态法"或"突发事件应对和紧急状态处置法"，其中包含了许多涉及紧急状态的条款。但在后期，立法者认为立法资源的配置必须着眼于当前最急迫的社会需求，倾向于根据程度的不同而对突发事件进行分级，即认为紧急状态是对突发事件导致的公共危机发展到更深程度时选择确立的一种法律拟制状态，紧急状态的宣告与实施只是应对突发事件后续阶段的一种手段，只不过其应对的事态更危重、采用的手段更特殊而已。[1] 在此立法理念的指导下，立法重心偏向于规制一般性突发事件，进而将法律名称最终确定为《突发事件应对法》。由于突发事件无法涵盖紧急状态，因此立法机关在正式稿中删去了大量涉及紧急状态的条款，仅保留了附则中的衔接条款。

（2）法律框架模式难以覆盖复杂情况

《突发事件应对法》是典型的链条型立法。《突发事件应对法》划分了预防与应急准备、监测与预警、应急处置与救援、事后恢复与重建几个关键链

---

[1] 汤姆·宾汉姆：《法治》，毛国选译，中国政法大学出版社，2012，第7页。

条。以立法时的应急观念来看，突发事件之所以会产生严重后果，是因为应对环节中的某一个链条出现了差错。因此，开展执法检查和强化法律实施的重点都在于避免某一个具体环节出问题。以当今的应急观念来看，安全与风险是系统的属性，而不是个体或部件的属性。安全性或者危险性都是系统属性的呈现，而不是立法者基于线性建构的结果。在复杂条件下，突发事件的产生是多因素造成的：城市功能的聚集、突发事件本身的强扩散性，都使得灾害应对并不一定沿着链条的预设而发展，相反，甚至可能因某种因素的耦合而迅速继发系统性风险。越来越多的突发事件不再是某一主体、局部范围的事情，突发事件发生后影响的也不再是某一领域、某一地域、某一范围或人群，其波及面广泛且领域交织、影响深刻且难以控制。[①]因此，需要以新的应急管理理念结合法治思维改变立法模式以覆盖现代应急管理的需要。

2.完善突发事件应急法制应遵循的路径

（1）健全风险预防的法律规范

我国应急管理强调预防为主的工作原则。《中华人民共和国传染病防治法》第二条、《中华人民共和国安全生产法》第三条、《中华人民共和国防洪法》第三条及《消防法》第二条等都有相关规定，《突发事件应对法》第二章中的预防条款涉及突发事件应急预案、危险源、危险区域调查等内容，对于紧急事态缺少执行程序上的规范。因此，需要建立风险预防的法律体系，构建政府面对不确定性进行决策的规范依据，使政府风险规制活动走向法治化。《突发事件应对法》第五条就国家建立重大突发事件风险评估体系进行了规定。风险评估是一个事实认定的过程，即主张在危险尚未现实发生的情况下，即可采取相应的预防性措施，以最大限度消除风险发生的可能性。各地政府应根据地方实际制定风险防范的法规，明确各级政府、企事业单位、社会团体

---

① 李蕊伶、郝稚立：《新时代背景下〈突发事件应对法〉的适应性调整与修订方向》，《行政科学论坛》2023年第5期。

等的责任和义务，规范应急处置程序和措施，为突发事件的风险预防提供法律保障。依法建立健全的风险评估和监测机制，加强风险信息的法规建设，对可能引发突发事件的因素进行实时监测和分析，及时发现和预警潜在的风险，为应急处置提供科学依据。建立健全风险防范的问责机制，对应急处置过程中的失职、渎职等行为进行严肃问责，提高应急管理的公信力和执行力。

（2）完善适合整体性政府的法律框架

为了应对复杂条件下应对突发事件的要求，我国的应急管理依赖于高位协调的制度。突发事件的应急工作组通常由与其领辖的综合性事务相关的各个部门领导人组成，并由一位职位高于这些部门负责人之上的领导出任组长，借助其权威来协调统筹相关事宜。为应对日益复杂的灾害链，我国通过部门整合重塑政府结构强调合作与协调的责任体系和激励机制，最终目的在于提升政府应急处置能力，满足来自社会公众的需求。应急部门在机构改革后融合了应急管理方面的权力能力和责任能力，有关立法应着眼于对应急部门上述能力的授予与保障。未来在完善突发事件应急法制时，需要就应急部门在突发事件应急过程中适度打破常态化的组织法制框架作出安排，从法律上强调以应急管理部门为主导的，基于特定状态的政府应急能力整合。

（二）以法治思维推进应急管理体系变革

"全部历史变革的最深刻的基础就是对理想的认识和现实的经验之间或隐或显的冲突。"[1] 在全面推进法治中国建设已经成为国家发展的战略以后，应急管理体系建设形成了具体的进展。然而法治完善理想与人们固有经验之间仍然存在矛盾。法治思维包含着对法治理想与改革经验的认同，对缓解理想与经验之间的矛盾有一定作用。法治思维之下需要形成适应应急管理体系

---

[1] 昂格尔：《现代社会中的法律》，吴玉章、周汉华译，中国政法大学出版社，2014，第144页。

法治话语，在应急管理和风险治理系统中，法治应该有充分的话语权。只有在意识形态中，法律有了支配思维的核心话语权，我们才有逐步接近法治理想的可能。

1. 法治思维与改革的关系

在体制建设与法治建设的关系上，过去坚守的是体制先行法治附随，法治作为保障体制建设成果的重要手段。然而在体制机制改革进入深水区攻坚战的时候，现有部分法律表现为对既得利益的维护反而阻碍了深化改革。这种现象也被称为"改革的法治陷阱"。所谓法治陷阱是讲一部分人从捍卫既得利益出发，以强调法律意义的安定性名义进而反对改革变法。这实际上是对法治固有意义或"法治是巩固改革成果"的误读。[①] 法治思维并不是机械地强调遵守既有法律拒绝改革变化，更多的是指法治方式、法治理念和对法律价值的追求。法治思维承认法律的动态性，因而法治可以与改革并行。在很多的法治方式中，存在解决法律过时问题的方法。在大陆法系主要依靠立法方法，而英美法系则更多地使用解释方法。"尽管当今世界两大法系的法律制度存在很大差异，但是它们却拥有一种共同的技术特征：制度建构的核心问题就是如何在法律的确定性与灵活性之间寻求某种平衡的尺度。"[②] 法律的稳定性不是法治实现的唯一条件，法律永远静止不动与永远不断变动一样危险。坚持法治原则之下的妥协、包容以适应社会的发展与进步也是以法治思维与改革关系的重要部分。

2. 法治思维推进应急管理体系变革的内在要求

在法治思维推进应急管理体系建设的时候，我们需要尊重法律的稳定性，这是法治得以实现的前提，但法律在使用过程中面对解释者的开放性，

[①] 陈金钊：《"法治改革观"及其意义——十八大以来法治思维的重大变化》，《法学评论》2014年第6期。

[②] 周少华：《适应性：变动社会中的法律命题》，《法制与社会发展》2010年第6期。

决定了法治能够容纳应急管理体系的变革。我国在应急管理法治建设过程中部分借鉴了西方法治现代化的经验。由于在西方现代化支配下的思维理念、制度体系、实施方法、运作机制等各个方面并不与我国国情相符，不能完全照搬照抄。"在西方，官僚法与习惯法没有进行短路式的接合，两者之间通过程序、法解释学技术以及职业法律家的媒介作用而统一成为有机的整体。"① 古代中国解决社会危机时以礼入法强调道德在法治中的引领作用。尽管中西方在法律传统上并不一致，但在推进现代化建设中可以找到结合的可能。我国的应急管理体系建设的根本目的在于保障人民生命财产安全，借鉴西方法治体系完善过程中的经验教训，坚持以人民为中心的发展理念，实现应急管理体系提升效率的变革。

（三）以法治思维规范组织协作

全球风险的复杂性趋势需要更多的组织参与到应急管理之中。应急管理组织之间的协作本身存在风险也越来越明显。同时，仍有研究发现，具体的灾难对改变不同地方组织之间的社会关系模式存在影响，组织协作过程缺乏带有法律效应的规范。② 协作结构的变化反映了计划和响应网络之间的差距，这一差距暴露了法治思维在灾害协作应对的操作问题。在我国推进应急管理体系和能力现代化的过程中，考虑到资源的限制和碎片化的区域治理，以法治思维规范组织协作对提升突发事件应对效率有着重要的作用。

1. 协作行动框架的趋势和风险

（1）协作行动框架的趋势

我国传统上的应急管理系统是一种自上而下的高权威系统。为了更好地

---

① 昂格尔：《现代社会中的法律》，吴玉章、周汉华译，中国政法大学出版社，2014，代译序第5页。
② 孙迎春：《国外政府跨部门协同机制及其对中国的启示》，《行政管理改革》2013年第10期。

应对突发事件风险的复杂性，并从风险的源头进行治理，这就需要更多的组织进行协作。基于多元主体利益的治理行动，更强调关注个体的行为，并在组织层面识别与次优结果相关的问题。尽管社会存在最优结果，但每一种追求个体利益最大化的组织行为都可能导致社会的次优结果。因此，协作行动框架作为一种调节多元主体利益的机制被应用于组织交互联系和协作之中。在协作行动框架下各组织的相互作用可以提高应急响应水平，因为它们为行动者提供了减少协调与合作成本的非正式机制，当参与者从多个协作者那里获得关键资源时，就可以实现资源的有益交换。完善机构共同的协作行动框架，根据突发事件的具体情况采用分散或集中的协调策略，其目的在于最小化协作的交易成本与潜在违约的相关风险。一些共同的协作行动框架，通常缺乏明确的法律保障，以法治思维完善协作行动框架成为新的趋势。

（2）协作行动框架下的风险

在协作行动框架下，协作风险体现为不作为、分工失败和协议违约。在灾难情况下，协议违约的风险更高，因为一个参与者不遵守协议，其他参与者也可能无法对灾难做出有效的反应。一般来说，每一场具体的灾难都有不同的强度。这可能会根据内部条件或能力改变每个组织的行动。协作网络是在准备阶段建立的，但是理性的参与者在面对灾难时可能会考虑收益和成本，产生违背协议的情况。在合作伙伴的行为不能完全预测的不确定情况下，每个组织可能不会响应其他组织的请求，或者可能会在灾难期间的某个时间点隔离可能需要的资源。相反，每个人都认为其他组织可能不会响应他们的请求，这种高不确定性带来的高风险增加了交易成本。从国内外的突发事件应对实践中可以看到，失败的灾难响应通常是在涉及人员伤亡的灾难性事件发生后改变先前安排的协作结构或模式造成的。灾难性事件不可预测和混乱的特点压倒了任何单一组织的能力。因此，各组织有动机在紧急反应活动中包括或排除某些行动者。从资源依赖的角度来看，一个组织不能自给自足或为灾害准备足够资源是一种常见的现象。获取关键资源的需求表明这一组织依赖于其他组织。组织间关系的形成是由内部和外部因素共同决定的。在资源短缺的情况下，确保稳定地调动资源对应急管理的成功与否至关重要。

2.应急管理组织间的协作倾向

（1）风险互赖组织间的协作倾向

由于突发性事件需要各级政府和各部门的新兴市场组织及时做出反应，因此在发生灾难之前，相关组织应作出坚定的承诺。否则，在灾难发生后，能够迅速采取反应行动的资源调动和风险沟通可能会严重扭曲。组织间缺乏强有力的承诺会增加协议违约的风险，因为组织往往将联合应对行动的不确定性和网络行动的失败视为灾难期间的成本。黏合策略强调社会凝聚力的重要性，这使得组织能够集中它们的资源根据相互依赖风险假设。由于单个组织无法有效地应对灾难，群体组织可能更愿意通过与那些处于高度集群网络中的社会地位的人建立联系来分担风险。因此，应急管理相关组织更倾向于与那些紧密联系的组织建立联系，以分担风险，应对灾后的后果。

（2）与中心组织的协作的倾向

社会组织主动行为在降低风险方面具有直接的作用。尽管需要请求或发送援助以应对灾难，但应急管理网络中的中心组织的不作为行为风险经常妨碍压力的分配和减轻。独立的风险缓解策略对于组织最小化灾难的潜在损失非常重要。组织减轻风险并与中心组织建立联系的动机也是由这样的概念驱动的，即通过与中心参与者建立组织联系，组织可以减少额外的协调成本。桥接有助于将这些组织与那些不与协调人力和资本资源相连的组织联系起来。处于网络边缘的组织更倾向于直接链接到核心参与者，因为他们无法承担独立构建和监控其他合作者的成本。例如，技术人员数量有限和预算有限的组织可能会有动机寻找能够提供额外资源机会的合作伙伴。如果一个机构或组织提高了自身的组织能力，它们还可以减轻灾难后的风险。如果该地区发生灾害的可能性较低，特别是在我国的特大城市，这种战略是十分重要的。根据独立风险假设，一个组织的目标是在其网络中获得最有影响力的参与者，以应对内部约束。因此，应急管理相关组织更愿意同那些与政策相关的人建立联系，以减轻风险并处理灾难的后果。

（3）同质性组织间的协作倾向

同质性假设允许我们研究组织属性的相似性。这一假设表明，行动者之间的相似性将使行动者倾向于采取具有可比性的政策偏好和战略行为，以降低交易成本。受托机构的信托担保性质对于选择潜在的合作伙伴至关重要。伙伴之间的利益和能力的相似性更有可能确保保持相互协议的意愿和能力。它有助于降低交易成本和最小化来自合作的风险。根据同质性假设，如果两个组织具有相似的组织属性（即政府级别和紧急任务类型），组织之间的协作可以减少协作风险，因为以前共享的权限可以在灾难发生后增强组织之间的信任和工作关系，此外，相似的组织之间的凝聚力通过共享的操作认知来增强信任。也就是说，来自部门间合作的网络多样性可能会阻碍灾害期间有效的资源动员，因为组织的背景、信仰和利益的异质性造成了比同质网络所面临的更大的协调负担。因此，灾难过后，组织属性相似的组织更倾向于建立联系。

3. 以法治思维应对应急管理组织协作风险的策略

（1）完善韧性社区法治建设

国家机构在协调新兴市场资源方面发挥了重要作用。值得注意的是，与其他类型的组织相比，地方政府在地方新兴市场网络中处于更中心的地位。非政府组织根据其地位（如区域化或地方化分支机构）提出了相适应的互动模式。为了建立一个具有强韧性的社区，组织间的多种协作形式都需要具有法律依据。地方建立韧性社区的法律完善包括以下内容：一是建立组织间合作关系过程的法律认定。二是可以依法与哪些组织建立合作关系。我国在处理这些法律制定的过程中，经历了许多尝试，组织间网络已经发展了多年。就自然灾害而言，法规的内容变化取决于先前合作的成功、当前合作伙伴的重要性以及后续合作的期望，这些合作最终将建立更具韧性的社区。因此，通过在灾难中感知、体验和学习协作关系并形成具有法律依据的协作协议尤为关键，这些协作规则有利于保障建立新关系、终止旧关系和维持现有关系的成本，这是完善韧性社区法治建设的必然选择。

（2）推进双边联系协作法治化

加强依赖于相互援助而非单边援助的相互依存关系在处理灾害方面是有效的。增强属地组织间的连接，完善部门协作的机制，以减少合作伙伴关系风险的行为，各个组织在组织网络中更重视建立共同行动机制法制保障而不是简单地创建多个与他人的关系，双边联系协作法制化是在依法单边援助的基础上开展的，规避双方应对灾害的协同行动中暴露出严重的承诺和执行问题。基于双边联系的合作更有助于在灾害期间调动各组织间的资源。单方面协定的紧急资助在处理灾难性事件方面效果较差。由于目前的组织间协作往往严重依赖应急规划和基于预案的系统，缺乏法治惩戒威慑的双边关系更有可能在灾难期间无法确保受害组织所需的资源和关键信息。这也正突出了将组织间协作全面法制化必要性。因此，双边联系协作需要完善法治，加强依赖于互助事项的关系，以增加潜在利益，减少伙伴行为造成的关系风险。此外，与其他应急管理组织建立双边联系，需要完善集群式结构下的法律构建，突出相关的规范原则，如技术资源共享和基于共识的联合活动的协调。

（3）合法扩大集群结构效益

与其他组织建立直接联系可以增强紧密联系的新兴市场网络的结构效益。在努力构建有协作的过程中形成的集群结构可以提供关联利益，如声誉、知识和制度规范。这种效益的法律规范需要进一步完善。更紧密的网络结构通常提供了实际的优势，如技术资源共享和基于共识的联合活动的协调，这反映了组织的偏好。集群协作可以通过正式和非正式通信以及资源共享的可用性来增强。一个紧密的应急管理网络具有不可替代性，这是因为直接的合作关系可以确保沟通渠道，如果地方政府、社区、警察和消防站等组织的单独通信渠道不能形成集群结构效益，其信息的碎片化反而妨碍了紧急反应和恢复程序中的有效信息和资源调动。以直接合作关系为基础的应急管理网络可以在法律允许的范围内扩大集群结构效益，这对于确保在地方一级建立应急管理平台化的沟通渠道，加强应急响应和恢复行动中的有效信息和资源动员至关重要。

三、突发事件法律体系的发展完善过程回顾

（一）我国突发事件相关法律的历史发展

我国古代的突发事件主要是自然灾害和战争。根据史料记载，我国商代就制定了防范火灾的法律。《韩非子》中记载商代的对于防火有刑罚的威慑："殷之法，弃灰于公道者断其手。"将有引发火灾的风险的炭灰倒到公共道路上的惩罚非常严重，甚至到断手的程度。到周代之后，执政者认识到季节气候的联系，对于防范火灾的法规时间规定更细致。《周礼》有："二月后，擅放火，则有罚也。"[①]

战国时魏国李悝制定《平籴法》，其根据每年粮食生产情况分为丰年和灾年。丰年分小熟、中熟、大熟三个等级；灾年为小饥、中饥、大饥三个等级，灾害发生后，生小饥的时候，规定以小熟的粮食进行赈灾，发生大饥的时候就用大熟的粮食。

---

① 刘川、孙莹：《自然灾害应对理念与应对机制演变研究》，辽宁人民出版社，2022，第80页。

汉代以后天人感应理论盛行，认为刑法过于严苛会损伤君主之德，从而引发上天的灾害。因此，皇帝要检讨政治得失，宽简刑狱。唐代以后，国家减灾管理体制和法治已相当完备，政府制定了一系列法律法规来规范救灾行为，如《唐律疏议》中的"荒政条"等，体现出中央高度集权的特点。[①]《唐律疏议》中明确规定了各级政府在灾害发生时应采取的措施，如赈灾、减免税赋等，同时也强调了对灾害预防的重视。宋、元、明、清各朝代的法律制度在继承唐宋旧制的基础上，结合各自的实际需要进行了一定的修改和完善。例如，明朝的《大明律》增加了对灾害防治不力的官员的处罚措施。明代强调对灾害应对官员的监督，在《大诰三编·进士监生不悛第二》所公布获罪的 364 名进士、监生中，有 205 人因踏灾、赈灾贪污受贿而获罪，比例非常高。户部主事黄健，在水灾应对过程中，接受钱财三十五贯，青丝一匹，被判处流放。另有一次水灾期间接受钱九十贯，判处绞刑。刑部主事徐诚"一次为水灾受贿二十七贯五百文毡衫一领，戴徒罪还职。一次为水灾受银一十两，计前赃戴绞罪还职"。

中华民国时期内外战争不断，因而在现代化法制的其他内容尚没有充分建立和发展之前，作为统治者用以应付战争、维持统治的重要工具的戒严制度却得以产生，并得到了迅速发展。其间，除了各种宪法性文件规定了有关戒严和紧急权外，相继产生了 1912 年的《戒严法》、1926 年的《戒严条例》和 1934 年颁布 1949 年 1 月修正的《戒严法》。

从新中国成立直到 1982 年宪法制定之前，我国的突发事件应急制度是以军事管制为主。1954 年《宪法》第一次以根本法的形式规定了戒严之制。但是并没为单行法律具体化。1975 年《宪法》取消了戒严制度。"文化大革命"结束后，我国 1982 年《宪法》确定了戒严是有关国家机关所拥有的职

---

① 潘孝伟：《唐朝减灾行政管理体制初探》，《安庆师院社会科学学报》1996年第3期。

权之一，以戒严制度取代带有浓重军事和战争色彩的军事管制。1996年3月1日第八届全国人大常委会通过了《中华人民共和国戒严法》，与戒严并行发展的是针对自然灾害等一般性质的突发事件应急立法，如《中华人民共和国防震减灾法》《中华人民共和国传染病防治法》《中华人民共和国防洪法》《中华人民共和国森林法》等。1997年的亚洲金融危机促使国家开始研究金融安全和其他相关安全问题。经济全球化和我国社会转型的加快，使人们意识到国家安全问题的种类和层次已经空前增多和丰富，远远不限于外敌入侵和国内公共生活的失序。

2003年12月，第十届全国人大常委会公布了任期内立法规划，提出审议的法律草案共59件，其中第一件是宪法修正案，第二件就是《紧急状态法》，后者的提请审议或起草单位是国务院。由于《紧急状态法》立法项目关系重大，具体的起草工作由国务院法制办公室具体组织，从2003年5月起着手起草研究工作。但是到了2005年，根据国务院第83次常务会议审议立法草案的会议精神，起草单位将《紧急状态法》改为《突发事件应对法》。2006年5月31日国务院第138次常务会议讨论通过了《突发事件应对法（草案）》，2006年6月向第十届全国人大常委会第22次会议正式提出法律议案，2007年8月第十届全国人大常委会第29次会议正式审议通过了《突发事件应对法》并于同年11月1日起施行。①

立法项目从《紧急状态法》改为《突发事件应对法》有多方面的原因，2003年发生的"非典"疫情是一个直接的促进因素，因为这一过程使人们认识到处理突发应急事件对每一个社会成员和社会整体本身是多么紧迫和重要。

2007年8月30日，我国通过《突发事件应对法》，规范突发事件应对

---

① 于安：《论国家应急基本法的结构调整——以〈突发事件应对法〉的修订为起点》，《行政法学研究》2020年第3期。

活动，包括预防与应急准备、监测与预警、应急处置与救援以及事后恢复与重建等关键环节。《突发事件应对法》的立法初衷主要是对各个具体的应急法律制度和法律实施体制进行协调和整合。在法律制度的协调需求方面，到《突发事件应对法》立法当时，我国已经有了相当一些专门领域的应急立法，法律 35 件、行政法规 37 件、部门规章 55 件、党中央和国务院有关文件 111 件，涉及领域有防震减灾、防洪、消防、安全生产、传染病防治等。[①] 它对于预防和减少突发事件的发生、控制、减轻和消除其引起的严重社会危害，维护国家安全、公共安全、环境安全和社会秩序具有重大意义。

现行的法律自公布施行以来，为抗击诸如地震、洪水、雨雪冰冻、新冠疫情等各类突发事件提供了重要的法律制度保障，发挥了不可忽视的作用。突发事件应对管理工作遇到了一些新情况新问题，特别是新冠疫情给突发事件应对管理工作带来了新挑战，亟待通过修改法律予以解决。2021 年 12 月 20 日，《中华人民共和国突发事件应对管理法（草案）》（以下简称草案）提请十三届全国人大常委会第三十二次会议审议。2023 年 12 月 25 日，第十四届全国人大常委会第七次会议召开，《突发事件应对管理法草案》提请会议审议。

（二）西方国家突发事件相关法律的历史发展

在古代和中世纪，由于生产力水平低下，认识有限，西方国家政权面对自然灾害更多的是被动接受或乞求于上帝、神灵，缺乏运用法律手段防治灾害的意识，并没有统一的专门的突发事件应急立法。国家或统治者应急活动的主要内容是战争、动乱或骚乱。统治阶级为了维护其统治秩序，强调国家紧急权力，但并没有专门的法律限制和规范这一权力。即使是在法治思想发

---

① 汪永清主编：《中华人民共和国突发事件应对法解读》，中国法制出版社，2007，第2页。

源地的古罗马共和时期，在紧急情况下，特别是在战争、内乱等非常状态下国家权力也实行独裁官体制。[①] 正常情况下，罗马共和国的"治权"由两名执政官平等行使。独裁官是在发生特殊危急情况时任命的非常官职，临时获得地方最高指挥权。这一职位并不是由民众会议选举的，而是为了适应战争或制止动乱由执政官任命。在独裁期间，执政官只能根据独裁官的同意或在其指导下采取行动。罗马法中就有"紧急情况下无法律"的规定。[②] 在英国，国王在普通法上享有特权（Royal Prerogative），在国家安全遭受威胁时，可以发布"王权救令"（Royal Proclamation）宣布戒严。

17—19 世纪，西方资产阶级革命夺取政权，资本主义制度确立。新生的资产阶级要巩固政权，进行资本积累，因此，这一时期应急制度主要针对的仍然是传统的战争、骚乱和动荡的政局。在这一过程中，资产阶级首先夺取了包括戒严权在内的王权或皇权，使之转移到自己手中，然后鉴于现实需要，建立了军事色彩非常浓厚的戒严法制，其中突出的典型为英国的"授权法制"和法国的"围困状态"法制。

工业革命后，资本主义已有了长足发展，并逐步进入垄断资本主义和帝国主义阶段。两次世界大战期间，以战争、动乱为背景的应急制度则得到了进一步发展。此时西方社会政治经济等条件已发生变化，不再是与外部完全隔绝的古典"围困状态"，而是可以通过电台广播、无线电设备取得联系；也不再单纯是实行军法管制、武力镇压，而更加注意国内的稳定和后方的供给，因此应急范围不止于外敌和战区，还有后方的经济危机、劳工冲突甚至自然灾害等突发事件，应急中心或紧急权很大程度上已由议会转移到行政部门，议会授权和委任立法激增，国家紧急权力极大扩张。

英国为了保证政府享有充分的权力，维护国内战线的稳定，颁布了一系

---

① 朱赛佩·格罗索：《罗马法史》，黄风译，中国政法大学出版社，1994，第160—161页。
② 陈新民：《法治国家论》，学林文化实业有限公司出版社，2001，第334页。

列有关紧急权力的立法，授予政府广泛的委任立法权。1914年的《国土防卫法》规定，在战争进行期间，政府有权为了确保公共安全发布国家命令，并得以命令规定实施军事审判，军事机关有权管制工厂生产。1920年通过的《紧急权力法》规定，政府可以在工会罢工时宣告紧急状态，以命令限制自由。1939年通过《紧急权力防卫法》，授权政府可以防卫命令规定维持治安、保卫国土、控制经济，对违反该项命令者可以逮捕、拘禁、审问、处罚，普通法院不可以出庭状（人身保护状）来干扰。

法国在第一次世界大战期间盛行"战争权力理论"和"特殊情况理论"，赋予行政机关成文法以外的权力，即在一般情况下不合法的行政行为，在特殊的情况下可以成为合法的行为，由行政法院监督。

德国于1919年7月31日通过了《魏玛宪法》，该法由公民直接投票选举产生的国民会议制定，它确立了共和制政体和人民主权。其中第48条规定国家元首具有"紧急命令权"，该权力的行使基本上不受其他机关实质性的限制。《魏玛宪法》将以往的戒严制度改为了总统的紧急处置权制度，但因其为概括条款且无明确界限与监督，最终导致权力滥用逾越宪法范围。[1] 在短短的魏玛共和十四年中，德国总统共使用了约二百五十次紧急命令。[2]1933年希特勒上台，魏玛共和国实际上已寿终正寝，但希特勒在其建立法西斯专政的最初阶段，仍在形式上利用了《魏玛宪法》关于独裁权的规定。[3]

第二次世界大战结束后，各国政府的积极职能增加，行政权力扩张，同时随着对战争的反思及民主法治的发展，各国对行政紧急权滥用及其限制开始重视，国家紧急权体制开始注意分权和程序制约。应急中心逐渐向战争以

---

[1] 黄俊杰：《法治国家之国家紧急权》，元照出版有限公司，2001，第4页。
[2] 陈新民：《德国公法学基础理论》下册，山东人民出版社，2001，第658页。
[3] 刘小兵：《戒严与戒严法》，中国人民公安大学出版社，1995，第86页。

外的新危险因素转移，主要适用于和平时期的突发事件应急立法逐渐增多。此后长期的冷战使得和平时期突发事件的防治体制仍沿袭旧的国防体制或受到传统观念的影响。

英国于 1948 年通过《民防法案》（The Civil Defence Act 1948），当时英国政府依然把紧急事件的应对重心放在外国势力的敌意攻击方面。20 世纪 70 年代至 90 年代初，英国意外事故和危机频频爆发，这使得突发事件应急管理提升到政治层面上来。1972 年英国通过《地方政府法案》（The Local Government Act）授权政府花费资金以防止、减轻和消除灾害造成的影响。1986 年的《和平时期民防法案》（The Civil Protection in Peacetime Act）允许地方政府动用民防资源对和平时期的紧急情况做出反应，1987 年的《民防法规》提高了应对突发事件预算水平。1999 年英国政府制定了《重大意外灾害控制法规》，对先前的相关法律进行了补充。

法国在第二次世界大战后出现从军事戒严法制向适用范围更广的公共应急法制的转折。1955 年法国颁布的《紧急状态法》规定，在公共秩序遭到严重损害的十分危急的情况下，或当发生其性质和严重性都具有社会灾难性质的事件时，可以在本土、阿尔及利亚或海外省的全部或部分地区宣布紧急状态。这里的紧急状态侧重于使公共秩序遭到严重破坏的恐怖事件以及重大自然灾害、事故灾难等。1958 年法国制定的《第五共和国宪法》最显著的特点就是强化了总统的权力，削弱了议会的作用，但为了防止总统滥用权力，该宪法第十六条又规定了一系列磋商程序及国民议会不得被解散的要求。法国总统的特别紧急权力主要适用于涉及国家安全、宪政秩序的高度危机情形。

德国 1949 年制定的《德国基本法》（当时为《德意志联邦共和国基本法》，两德统一后适用于整个德国）取消了《魏玛宪法》中的"独裁条款"，涉及国家紧急权，也未规定戒严。1960 年，联邦德国总理艾德诺提出紧急权基本法修正案，旨在充实政府的非常权力，但遭到社会民主党人的反对和抵制，直到 1968 年才修改了基本法，将紧急权制度写入了基本法。1968 年6 月 24 日《基本法的第 17 次修改法》确立了政府主管机关之间不同的应急措施，将联邦德国的紧急状态分为四种：防御紧急状态（即战争状态）、紧张状态（防御状态前的临时状态）、内部紧急状态（内部叛乱、动乱等）和民事紧急状态（自然灾害和特别重大的不幸事故）。①

美国在第二次世界大战结束后开始限制总统的战争权力，朝鲜战争时期，杜鲁门以战时紧急状态为由发布总统命令，授权商业部长对钢铁公司的场所和设施予以占用，钢铁公司以总统命令确乏法律基础为由诉诸法院，联邦法院以压倒多数的表决方式作出判决，宣布总统行政命令因违宪而归于无效。②1973 年美国通过《战争权力法》，进一步限制总统在战争时的权力。1975 年制定的《全国紧急状态法》（National Emergency Act）和《国际经济紧急状态法》（International Economic Emergency Act），加强了对总统权力的监督。第二次世界大战之后，美国开始重视对自然灾害、事故灾难等突发事件的应急立法，如 1950 年出台《灾害救助和紧急援助法》，1968 年出台《洪水保险法》，1973 年出台《洪水灾害防御法》，1977 年出台《国家地震灾害减轻法》。针对威胁国家安全的恐怖主义等新危险因素，1984 年又制定了《反对国际恐怖主义法》等。

苏联解体后冷战结束，世界由两极走向多极化，民主法治浪潮更加高涨，各国对公共事务的治理趋于多元化，从而也对传统的应急体制和机制产生影响。各国已有的紧急状态类法律不再适应各类新型危机处置工作的需要。因此，与时俱进地完善或更新公共应急制度也就成为历史的必然。各国应急管理法制建设相互借鉴，法律规范趋向于专门化、体系化。

---

① 徐高、莫纪宏：《外国紧急状态法律制度》，法律出版社，1994，第4页。

② 保罗·布莱斯特、桑福·列文森：《宪法决策的过程》，张千帆等译，中国政法大学出版社，2002，第118—203页。

第八章

底线思维能力：体系建设的边际

一、底线思维的作用和特点

所谓底线思维，其核心要义就是凡事"从最坏处着眼，做最充分的准备，朝好的方向努力，争取最好的结果"①。我们在日常学习、工作和生活中使用"底线"的表达，如道德所不能突破的底线，法律所不允许践踏的底线，商业谈判双方各自坚守的让步底线，类似的含义，如升学招生考试的录取线，居民生活不能低于的贫困线等。上述种种底线，虽然具体形态和标准各不相同，但它们有一个共性，都是主体依据自身利益、情感、道义、法律所设定的不可跨越的临界线、临界点或临界域；一旦跨越了，主体的态度、立场和决策就会发生质的变化：从可以接受变成不可以接受。也就是说，底线是指不可逾越的红线、警戒线、限制范围、约束框架。底线一旦被突破，就会出现行为主体无法接受的坏结果，甚至导致事物走向截然相反。从唯物辩证法的角度来看，底线是由量变到质变的一个临界值，一旦量变突破底线，即达到质变的关节点，事物的性质就会发生根本性的变化。

---

① 习近平：《习近平谈治国理政》第2卷，外文出版社，2017，第60页。

（一）底线思维的传统源流

底线思维并未出现在历史典籍中，但其核心观念继承于我国自古就有的忧患意识传统。"忧患意识是中国古代思想家开始思索天人关系的产物，它直接萌发于殷亡周兴的现实政治剧变。"① 先秦时期诸子百家在其观点中不同程度地表达了忧患意识。如孔子的"君子忧道不忧贫"，孟子的"生于忧患，死于安乐"，老子的"忧而无为"，韩非子的"人主之患在莫之应"，等等。《系辞传》中有论述曰："危者，安其位者也；亡者，保其存者也；乱者，有其治者也。是故君子安而不忘危，存而不忘亡，治而不忘乱，是以身安而国可保也。"② 汉代以后的中国古代知识分子的忧患意识在广度和深度上都超过了先秦诸子。特别是在唐代以后尤为突出。这是由于唐宋是中国封建社会发展的鼎盛时期，社会的基本矛盾的体现日益明显。忧患意识升华为炽烈的忧国、忧民、忧世之情。宋朝内忧外患交织，社会危机更为严重。范仲淹讲"先天下之忧而忧"，欧阳修言"忧劳可以兴国，逸豫可以亡身"。明清之际中国封建社会阶级矛盾激化，民族矛盾尖锐，加上资本主义生产方式的萌芽开始出现。这一时期的忧患意识注入了人文主义的新思想，这时的忧患意识强调忧天下而不是对封建统治者的忧虑。顾炎武强调"天下兴亡，匹夫有责"，忧患意识应当是全民族的，而不是统治阶级的。清末，我国内忧外患更加深重，各种矛盾尖锐复杂。围绕着民族的生死存亡问题，各阶层的忧患意识喷涌而出。民主主义思想的形成体现了那个时代的忧患意识。"五四"以来的当代忧患意识也是对我国传统忧患意识的继承和超越。

我国先贤哲人意识到国家的安危，生存与衰败相互影响，可以在一定条件下相互转换，因此时刻需要对危机保持警惕之心，在顺境中节制，在逆境中坚韧。忧患意识不是杞人忧天，而要积极寻找忧患的原因和解决忧患的办

---

① 夏乃儒：《中国古代"忧患意识"的产生与发展》，《上海师范大学学报》1989年第3期。
② 祚胤：《周易·注译》，岳麓书社，2000，第309页。

法。"古之圣人无事则深忧，有事则不惧。夫无事而深忧者，所以为有事之不惧也。"① 底线思维着眼于负面的影响因素，在认真分析现实情况和自身能接受的最坏结果的基础上确立底线，并时刻以底线为警戒。天下兴亡的责任感与个人的忧患意识结合，构成了底线思维的意识前提。在这种意识的作用下，产生了对底线安稳的深深忧虑，提醒人们居安思危，防微杜渐，采取积极的措施守住底线以避免任何可能影响底线安稳的势态发生。

（二）底线思维的发展

革命战争年代，毛泽东在抗战反攻阶段中就曾强调："不要重犯胜利时骄傲的错误。"② 在革命局势转好的过程中依旧不能骄傲自满，而应守住底线，在争取最好结果的同时从坏处准备。在中共七大的总结中，面临抗战胜利的大好形势，毛泽东提出了可能面对的十七条困难，强调"要在最坏的可能性上建立我们的政策"③，并从可能出现的困难出发提出应对之策。

新中国成立之后，党中央坚持从坏处准备，努力争取最好结果的思维方法和工作方法。毛泽东曾在 1957 年 1 月 27 日召开的省、市、自治区党委书记会议上强调："现在我们得了天下，还是要从最坏的可能来设想。"④ 改革开放之后，邓小平在面对改革开放以后国家所处的复杂局面时指出，"我们要把工作的基点放在出现较大的风险上，准备好对策。这样，即使出现了大的风险，天也不会塌下来"⑤。在发展中强调稳定，"稳定压倒一切，人民民主专政不能丢"⑥。将人民民主专政作为我国政治的底线。

---

① 陈荣：《应急管理史鉴（上期）》，浙江人民出版社，2012，第138页。
② 毛泽东：《毛泽东选集》第3卷，人民出版社，1991，第948页。
③ 毛泽东：《毛泽东文集》第3卷，人民出版社，1991，第388页。
④ 曹普：《毛泽东在中共七大上列举的"十七条困难"》，《学习时报》2016年6月6日第A6版。
⑤ 邓小平：《邓小平文选》第3卷，人民出版社，1993，第267页。
⑥ 邓小平：《邓小平文选》第3卷，人民出版社，1993，第364页。

　　新时代以来，底线思维的方法应用更为丰富。习近平总书记在 2012 年底中央经济工作会议上的讲话中指出："要善于运用底线思维的方法，凡事从坏处准备，努力争取最好的结果，做到有备无患、遇事不慌，牢牢把握主动权。"①2013 年 7 月 25 日，习近平在主持中共中央党外人士座谈会上，强调要保持清醒头脑，深刻认识和高度重视经济运行中的突出矛盾和问题，深刻认识和全面把握国际经济形势，坚持底线思维，切实做好工作。②2014 年 1 月 7 日，习近平在中央政法工作会议上强调，牢固确立法律红线不能触碰、法律底线不能逾越的观念。③4 月 25 日，在中共中央政治局第十四次集体学习时强调，我们必须保持清醒头脑、强化底线思维，有效防范、管理、处理国家安全风险，有力应对、处置、化解社会安定挑战。④10 月 8 日，习近平在党的群众路线教育实践活动总结大会上指出，让广大党员、干部受警醒、明底线、知敬畏，主动在思想上划出红线、在行为上明确界限，真正敬法畏纪、遵规守矩。⑤2015 年 2 月 2 日，习近平在省部级主要领导干部学习贯彻十八届四中全会精神全面推进依法治国专题研讨班开班式上强调，领导干部要牢记法律红线不可逾越、法律底线不可触碰。⑥2016 年 1 月 12 日，习近平在十八届中央纪委六次全会上讲话指出，要坚持高标准和守底线相结合，既要注重规范惩戒、严明纪律底线，更要引导人向善向上，坚守共产党人精神追求，筑牢拒腐防变思想道德防线。⑦4 月 20 日，习近平在军委联合

① 中共中央宣传部：《习近平总书记系列重要讲话读本（2016）》，人民出版社，2016，第288页。

② 《中共中央召开党外人士座谈会》，《人民日报》2013年7月31日第1版。

③ 习近平：《习近平谈治国理政》第1卷，外文出版社，2018，第149页。

④ 习近平：《习近平谈治国理政》第1卷，外文出版社，2018，第202页。

⑤ 中共中央纪律检查委员会、中共中央文献研究室编：《习近平关于党风廉政建设和反腐败斗争论述摘编》，中国方正出版社，2015，第148页。

⑥ 习近平：《习近平谈治国理政》第2卷，外文出版社，2017，第127页。

⑦ 《习近平在十八届中央纪委六次全会上发表重要讲话强调：坚持全面从严治党依规治党创新体制机制强化党内监督》，《人民日报》2016年1月13日第1版。

作战指挥中心视察时强调，坚持底线思维，强化危机意识，担起历史重任，适应国家安全战略需求，紧跟世界新军事革命潮流，抓住和用好国防和军队改革这个历史性机遇，努力构建适应打赢信息化战争、能有效履行使命任务的联合作战指挥体系。①2017 年 2 月 17 日，习近平主持召开国家安全工作座谈会强调，坚持底线思维，坚持原则性和策略性统一，把维护国家安全的战略主动权牢牢掌握在自己手中。②4 月 25 日，在中共中央政治局第四十次集体学习时强调，维护金融安全，要坚持底线思维。"坚决守住不发生系统性金融风险底线。"③2018 年 6 月 22 日，在中央外事工作会议强调，对外工作要坚持底线思维和风险意识。坚持以国家核心利益为底线维护国家主权、安全、发展利益。2019 年 1 月 21 日，习近平总书记在省部级主要领导干部坚持底线思维着力防范化解重大风险专题研讨班开班式上，对防范化解政治、经济、科技、社会等领域的重大风险提出系列要求，并强调我们党既要高度警惕"黑天鹅"事件，也要防范"灰犀牛"事件；既要有防范风险的先手，也要有应对和化解风险挑战的高招。④2020 年 1 月 8 日，习近平在"不忘初心、牢记使命"主题教育总结大会讲话指出，建章立制，要坚持系统思维、辩证思维、底线思维，体现指导性、针对性、操作性。⑤2 月 23 日，习近平在统筹推进新冠肺炎疫情防控和经济社会发展工作部署会讲话强调，必须增强谨慎之心，对风险因素要有底线思维。2022 年 7 月，习近平总书记

---

① 《习近平在军委联合作战指挥中心视察时强调：抓住改革机遇锐意开拓创新聚力攻坚克难加快构建具有我军特色的联合作战指挥体系》，《人民日报》2016年4月21日第1版。

② 习近平：《习近平谈治国理政》第2卷，外文出版社，2017，第382页

③ 《习近平在中共中央政治局第四十次集体学习时强调：金融活经济活金融稳经济稳做好金融工作维护金融安全》，《人民日报》2017年4月27日第1版。

④ 《习近平在省部级主要领导干部坚持底线思维着力防范化解重大风险专题研讨班开班式上发表重要讲话强调：提高防控能力着力防范化解重大风险保持经济持续健康发展社会大局稳定》，《人民日报》2019年1月22日第1版。

⑤ 习近平：《在"不忘初心、牢记使命"主题教育总结大会上的讲话》，人民出版社，2020，第19页。

在省部级主要领导干部"学习习近平总书记重要讲话精神，迎接党的二十大"专题研讨班上强调指出："必须增强忧患意识，坚持底线思维，坚定斗争意志，增强斗争本领，以正确的战略策略应变局、育新机、开新局，依靠顽强斗争打开事业发展新天地。"①

（三）底线思维的特征

1. 预防性

底线思维的作用就是预防严重危害行为的产生。除了对可以预知的风险进行积极的防范，其重心更在于防止突破底线的最坏情况发生。预防是一种积极的自我保护行为，意在将危机或祸患消解于萌芽状态，强调提前从自身做好准备和防范，从而保有化解危机、克敌制胜的主动性。在发现不良苗头的时候及时制止或者对可以预见的祸患采取措施积极防范是智慧的体现。凡事预防为上，以免因对微小隐患的纵容和无视而造成大的祸端，"人皆轻小害，易微事，以多悔。患至而多后忧之，是犹病者已倦而索良医也，虽有扁鹊、俞跗之巧，犹不能生也"②。在中国古代大到治国用兵，小到为人处事，到处渗透着预防理念，谋划于事前，提前做好准备，从而临阵沉稳、遇乱不慌。现代社会环境越来越复杂，导致矛盾和冲突的因素越发多样，除了可以预见的隐患，人们面对的往往是更多不确定甚至不可预知的风险因子。在这样的情况下，想要提前做好防范完全控制事态的发展几乎是不可能的，这就要求风险管理者从大局出发，更多地从自身的需求和能接受的最糟糕的结果入手，确定底线，在行为选择和决策制定时以底线安稳为前提，做好充足的

---

① 《习近平在省部级主要领导干部"学习习近平总书记重要讲话精神，迎接党的二十大"专题研讨班上发表重要讲话强调：高举中国特色社会主义伟大旗帜奋力谱写全面建设社会主义现代化国家崭新篇章》，《人民日报》2022年7月28日第1版。

② 高诱注：《淮南子》，上海书店，1986，第305页。

准备，提前预防预警，避免因底线失守而造成可怕的后果。

2. 务实性

底线思维承认风险客观存在，但更加注重人的主观能动性对风险或危机的演化产生影响，在自身的能力范围内做出积极的防备。它以务实为内在动力，相信并依靠人自身的能力，掌握真实情况，遵循经验，分析客观规律，科学地预见问题，从而确立底线，并努力去做好应对预知风险的准备。不管是对自然运行规律还是社会运行规律的探求，务实精神的根本还在于随着人们自我意识的提高而对自身主观能动性的肯定和重视。底线思维的务实性首先表现为重视人的因素，发挥人的主观能动性，不依靠运气等非可控因素，根据对实际情况的了解和把握去解决实践中的问题与挑战。其次，务实在底线思维的运用之中表现为确定现有的环境和条件，不提出超出眼前条件，正视现实，立足最坏情况争取最好结果。这要求在做出决策前对情况有全面的了解，进行全面的思考。既要考虑自己能接受的最坏结果，又要考虑自己能争取的最好结果，全面思考是既要对自身的能力和现有资源进行评估，又要对外界环境或事情可能的发展态势、对可能造成的严重后果进行评估。最后，底线思维的务实性还表现为充分的心理准备，勇敢地面对最坏的结果。古人云："闻死而温，则医不敢斥其疾；言亡而怒，则臣不敢争其失。"[①] 患者不能一听到医生提到死亡就发怒，这样只会让医生不敢如实指出病人所患的疾病，君主不能一听到臣子提及亡国就大发雷霆，这样只会让臣子不敢直言进谏批评帝王执政的过失。务实地面对问题是解决问题的前提，讳言危险的存在，只会使危险扩大并迅速到来。

3. 敬畏性

底线思维缘于对"底线"的敬畏，其根本在于底线的不可逾越性。运用

---

① 陈荣：《应急管理史鉴（上）》，浙江人民出版社，2012，第172页。

底线思维是因为心中对可能发生的最坏情况造成的后果有所惧怕，因为惧怕所以要提前确定"底线"，并做好准备，防止突破底线的情况出现。底线已是能接受的最差情况，突破底线后果不堪设想。所以底线之上可以适当放松，逾越底线的行为是绝对不可以纵容放任的。同时，底线的防守是一个持续的行为，在决策实施的整个过程中都要时刻保持敬畏，始终坚守底线，这需要以理想信念为支撑，只有对大自然保持敬畏，才能坚守防灾减灾救灾的底线，只有对为人民服务的理想的敬畏，才能守住生命至上、人民至上的底线。实践中可能会发生各种各样的突发情况，如果没有底线，则很容易被动地疲于应对突发情况，因受其影响和误导而迷失最初、最根本的意图和应该坚守的原则。只有保持敬畏才能沉着冷静，于复杂的现实环境中不变初心，掌握主动权。底线思维的敬畏性特征使我们应对当前、兼顾长远，明白什么才是真正重要的，从而善于取舍，看到国家民族发展的远景，明确人生的奋斗方向。

（四）我国的各项工作的底线

我国各项工作中需要坚持的根本底线是：必须实际而真正地坚持中国特色社会主义经济制度。按照科学社会主义原理，一个社会主义国家（社会）及其经济基础的性质，是由基于生产力发展要求的公有制的社会经济结构所决定的。因此，不建立、巩固和完善生产资料公有制及按劳分配的生产关系，即社会主义经济的基础，就不是社会主义国家（社会）。[①]

1. 政治底线

以底线思维思考我国的政治制度，必须始终坚持我国工人阶级领导的、以工农联盟为基础的人民民主专政的国体，即在发展社会主义民主和法制之

---

① 李崇富：《论治国理政的"底线思维"》，《马克思主义研究》2016年第3期。

时，决不能放弃作为我国无产阶级专政之实行形式的人民民主专政，包括坚持共产党对军队的绝对领导，决不搞"军队国家化"。政体上必须始终坚持和不断完善人民代表大会的根本政治制度的政体，决不照搬西方"两院制"和"三权分立"的资产阶级国家的政体。始终坚持和不断完善中国共产党领导的多党合作和政治协商的基本政治制度，决不能照搬西方资产阶级多党制。坚持和不断完善民族区域自治制度，维护国家统一和民族团结，反对民族分裂和地区分裂势力及其分裂活动，反对大汉族主义和地方民族主义。坚持和不断完善基层群众自治制度，引导基层群众依法自己管理自己、自己教育自己、自己提高和完善自己，劳动人民是社会的主体、国家的主人，是历史发展的根本动力，坚持党的群众路线。坚持人民中心的底线要求，牢固树立和站稳一切为了人民、服务人民、向人民负责的政治态度。人民中心是我党始终植根于人民之中的本质要求，是中国共产党的价值遵循，是任何时候、任何情况下都不能忘记、不能丢掉的底线。

2. 经济底线

以底线思维思考我国的经济制度，首先要坚守中国特色社会主义市场经济的底线。确保社会主义初级阶段实行公有制为主体、多种所有制经济共同发展的经济制度不动摇。我国现阶段在实行鼓励一部分地区、一部分人先富裕起来，但最终目的还是达到共同富裕。我国在贫富差距上出现了拉开过快过大的情况下，需要有一条限制贫富差距的底线。我国经济建设为顺应经济全球化趋势，当然要长期坚持、扩大和深化对外开放，大胆吸收和借鉴人类社会创造的一切文明成果，以加速我国现代化进程，但必须坚持以自力更生为主的底线，以维护我国经济主权和经济安全。保障经济健康发展和金融安全方面，"必须密切关注经济走势和新的边际变化，见微知著，作出精准的分析和预判。坚持底线思维，把困难估计得充分一些，应对预案要有前瞻性，一旦危机来临，就能趋利避害，果断处置"①。这要求我们坚持宏观政策稳、微观政策活、社会政策托底的思路，坚持"稳"的总基调，积极应对风险挑战，做好稳就业、稳金融、稳外贸、稳外资、稳投资、稳预期的"六稳"的准备。坚守底线思维，就是在贯彻新发展理念中防范化解重大风险，保障我国经济发展的稳定性和持续性。

3. 思想文化底线

以底线思维思考我国的思想文化建设，坚持和发展中国特色社会主义在现阶段的"底线"有五个方面。一是在中国特色社会主义文化建设中坚持实行"百花齐放、百家争鸣"的方针，而决不能使文化"全盘西化"。二是必须始终坚持马克思主义在意识形态领域的指导地位，贯彻党管意识形态的原则，决不搞指导思想的"多元化"，反对淡化和消解主流意识形态等错误主张。三是在立足现实，建设中国特色社会主义文化时，坚持"古为今用""洋为中用"，既要继承和弘扬中华民族优秀的传统文化，又要借鉴和吸收外来文化的积极成分；同时也要反对食洋不化的"崇洋媚外"等奴化意识。四是我国在发展精神生产中，固然要支持公益性文化事业和鼓励文化产业的同时发展，但也要杜绝资本至上的媒体发展方向。五是在群众性精神文化生活中，弘扬爱国主义、集体主义、社会主义的主旋律，提倡多样化，以社会主义核心价值观引领社会思潮时，既要有适度的包容性，又要分清是非、批评和抵制各种错误思想，力求使提倡共产主义的远大理想、确立中国特色社会主义的共同理想，践行职业道德、社会公德、家庭美德等多层次的思想道德教育，形成多层次、各有遵循的思想道德底线。

4. 外交底线

以底线思维思考我国的外交工作，必须确立和固守以下四条"底线"：

---

① 江夏、白天亮、赵永平：《迈出大国经济铿锵步履——十八大以来党中央领导经济工作述评》，《人民日报》2016年2月1日第1版。

一是必须维护我国主权、安全、领土完整、国家统一和民族团结，我国的内政不许外来干涉、核心利益不容侵犯。二是我国人民同广大第三世界国家一样，所拥有的基本人权，包括对本国社会制度和发展道路的自主选择权，平等的生存权、发展权和共享世界资源的使用权，不得受到剥夺和歧视，反对一切霸权主义和强权政治，反对一切形式的恐怖主义。三是尊重世界各国民族文化和文明的多样性，在发展国际经济合作、人员往来、文化科技交流中，切实维护我国生态安全、经济安全、金融安全、文化安全和信息安全，反对"西方中心论"和话语霸权。四是我国坚持走和平发展道路，奉行防御性的国防政策，加强军队和国防现代化建设，目的是维护国家主权、安全、领土完整和人民的和平劳动，我国军队是维护世界和平的坚定力量，在制止外来可能的威胁和侵略时，坚持"人不犯我、我不犯人，人若犯我、我必犯人"和"有理有利有节"的原则立场。

5. 生态底线

生态底线主要是指生态文明建设和环境保护的底线。生态文明建设是关系民族永续发展、人民幸福安康的大计，生态环境保护关乎民族和人民的根本利益。习近平强调："环境就是民生，青山就是美丽，蓝天也是幸福，绿水青山就是金山银山""像保护眼睛一样保护生态环境，像对待生命一样对待生态环境"。[①] 把不损害生态环境作为发展的底线。针对我国生态环境恶化、生态系统退化、资源约束趋紧、大气污染严重等风险挑战，划定并要求严守生态红线，构建了科学合理的生态安全格局，保障国家和区域生态安全。[②] 针对生态空间被人们生活生产空间挤占、耕地资源减少等情况，保持耕地红线的措施，以国土空间规划为依据，把城镇、农业、生态空间和生态

---

① 习近平：《习近平谈治国理政》第2卷，外文出版社，2017，第209页。

② 张琳：《习近平"底线思维"重要论述的思想内涵双重意义》，《陕西师范大学学报》（哲学社会科学版）2020年第5期。

保护红线、永久基本农田保护红线、城镇开发边界作为调整经济结构、规划产业发展、推进城镇化不可逾越的红线。

6.党的建设底线

党的建设底线主要是指党员干部面对考验和风险时坚守不忘初心、牢记使命的底线。"忘记初心和使命，我们党就会改变性质、改变颜色，就会失去人民、失去未来。"[1] 党的建设底线包括三个方面：一是坚守思想防线。必须旗帜鲜明地坚持以马克思主义为指导思想，重点是以习近平新时代中国特色社会主义思想武装全党、统一思想和行动，增强"四个意识"、做到"两个维护"、坚定"四个自信"。二是守住责任底线。党员干部"只要能守住做人、处事、用权、交友的底线，就能守住党和人民交给自己的政治责任，守住自己的政治生命线"。[2] 三是严守道德法纪底线。党员干部要对自己的道德品质高标准和严要求。新修订的《中国共产党纪律处分条例》为党员和党组织划出了不可碰触的底线，要求党员干部要将党纪国法守起来、立起来。对那些违规违纪，破坏法规制度规定，踩"红线"、越"底线"、闯"雷区"的，要坚决严肃查处。

二、底线思维在应急管理体系建设中的应用

（一）运用底线思维完善风险感知

中国当前社会是一种传统与现代混合形态的社会，历时态的风险类型和社会生活共时态地存在。[3] 我国正处于经济转型与产业转型的特殊时期，传

---

[1] 习近平：《习近平在"不忘初心、牢记使命"主题教育总结大会上的讲话》，人民出版社，2020，第11页。

[2] 中共中央文献研究室编：《习近平关于全面从严治党论述摘编》，中央文献出版社，2016，第177页。

[3] 童星：《中国社会治理》，中国人民大学出版社，2018，第29页。

统类型风险的威胁依然严峻的同时，各类事故隐患和安全风险交织叠加、易发多发，影响公共安全的因素日益增多，这需要坚持底线思维建立和完善符合中国国情的风险感知理论研究以指导风险治理的实践。

1. 风险感知理论发展

风险感知（Risk Perception）又被译为风险认知，是基于个体的具有普遍性和理论性的一种实现风险认识的手段。从 20 世纪 60 年代开始，西方学者就进行了灾害风险感知研究，主要探讨了风险相关利益者对风险感知的影响因素。[①]20 世纪 80 年代，保罗·斯洛维奇从心理学角度对风险感知进行研究形成了系统化的风险感知理论。在此之前的风险评估将人的内在主观性及其所在的外部环境排除在外。斯洛维奇主张从"自愿承担—外在因素强加""熟悉—陌生"两个测量维度对风险进行评估。[②]这种方法从因子分析模型的角度，加深了学界对风险的理解。人作为社会的产物，个体的感知不可避免地会受到社会文化影响，从社会学角度对风险感知理论进行研究形成的文化理论流派则承认风险是社会构建的产物，是有着各种价值观、世界观的个体在社会、文化、历史、政治等社会情境中互动形成的。[③]这一理论强调了环境因素对风险感知的影响。当前风险感知理论研究，主要体现为心理学和社会学两种研究视角的融合。在风险治理实证研究中，专家和公众在定义、评估和适当的响应方面对风险的看法不同，其相应的风险感知也存在差异，但这方面的共识是人们认为灾害的风险后果是同公众风险感知的消极程度呈正相关的。如何利用风险感知进行风险治理的研究主要存在两种观点：分析性的和实验性的。分析性系统主要使用模式和规范规则，如数学、概率

---

① Starr C. Social Benefit versus Technological Risk. Science, 1969, 165（3899）: 1232—1238.

② Slovic P. Perception of risk, Science, 1987, 236（4799）: 280—285.

③ 王磊、伍麟：《论风险研究领域中的社会表征理论》，《南京师大学报》（社会科学版）2013年第2期。

论和模糊逻辑。然而在实践中存在缺乏经验数据或对风险机制以外的理论认
识不足的情况，这直接导致无法对潜在风险进行全面评估。当超出分析的结
论的风险在社会上发生时，公众对进行决策者和专家的能力失去信心。另一
种被人们用来进行风险感知的方法是一个基于直觉的快速而自动化的实验系
统，[①]并根据实验系统设计多元主体参与的风险防治计划。由于当局和人民对
风险分析的定义和方法不同，风险防治计划在实施过程中易形成混乱，这也
对改善风险治理的战略形成了一个重要的障碍。[②]更为明智的选择是基于不
同国家和地区的实际情况建立分析与实践相结合的风险感知模型进行研究。
因此，构建适应我国风险治理趋势的风险感知模型需要将风险感知理论与我
国的基本国情相结合，分析影响我国公民个体风险感知的因素。

2.影响风险感知的因素

（1）风险感知个体因素

风险感知理论的提出，就是以心理测量范式的确立为标志。心理测量范
式使用"心理—生理"量表和多元分析技术来描述个体的风险态度和认知图
谱，并将个体的风险态度和认知图谱进行综合，形成群体的风险感知。研究
影响风险感知的个体因素较为复杂，如在个体的性别差异或年龄差异对个体
风险感知的影响的问题上并未得到一致的结论。因此，本次研究不将个体性
别、年龄作为影响风险感知变量纳入研究框架。已被证实影响风险感知的个
体因素包括世界观和文化程度等。世界观在决定个体的风险态度和感知问题
上起着工具性作用，具有平等主义偏好。希望财富和权力能在社会中公平分
配的个体对各种风险感知更高，而那些偏好权威控制的等级制社会秩序的个

---

① Wachinger G, Renn O, Begg C, Kuhlicke C. The risk perception paradox - implications for governance and communication of natural hazards. Risk Anal. 2013; 33（10）: 49—65.

② Slovic P, Finucane ML, Peters E, Mac Gregor DG. Risk as analysis and risk as feelings: Some thoughts about affect, reason, risk, and rationality. Risk Anal. 2004; 24（3）11—22.

体风险感知较低。个体对风险及相关知识的储备量直接影响其风险感知。但由于无法直接衡量个体对所有风险及可能相关的知识储备，个体的文化程度通常作为可测量的参数。个体文化程度越高，其对灾害风险情景的评估越理性，对灾害风险信息的理解越清晰，公众灾害风险感知水平与受教育水平成正相关。[1]我国目前不平衡、不充分的发展使个体的经济水平和教育水平差距拉大，公民个体的世界观也更为多元化，这客观上扩大了公民个体之间风险感知差异，同时也增大了公民个体的风险感知与政府风险感知产生差异的可能性。

（2）社会环境因素

在针对不同灾害环境的风险感知因素研究中，风险感知的社会因素影响备受关注。例如，人际关系在个人和社区灾后恢复中起着重要的作用，同样也会影响灾后人们的风险感知。[2]个体在主动感知风险的过程中，倾向于向他的社交网络中寻求风险信息，另一方面，如果个体所处的社会网络中存在大量对特定风险的忧虑，也会增加个体对这一风险的担忧。[3]此外还应将不同个体生活的社会环境的差异考虑在内。我国城乡的二元结构决定了城市与农村的社会风险类型的差异。城市的社会风险，地形更为复杂，耦合因素更多。农村社会风险的表现形式往往更为激烈。调节城乡二元结构的城市化进程大幅增加了人口流动，客观上同时增加了城市和乡村的社会风险因素。城市方面，人员密集、资源过载等风险因素恶化了城市安全系统的脆弱性。农村方面，中青年劳动力的大量流出使农村灾害应对的民间力量更为

① Zhihai Shang, Liping Li: Public Risk Perception and Risk Communication of Typhoon. Disaster Journal of Risk Analysis and Crisis Response, Vol.6, No.4（December 2016）, 213—220.
② Hobfoll, S.E. Social and psychological resources and adaptation. Review of General Psychology, 2002, 6（4）, 307—324.
③ Helleringer, S., & Kohler, H.P: Social networks, perceptions of risk, and changing attitudes towards HIV/AIDS: New evidence from a longitudinal study using fixed-effects analysis. Population Studies, 2005（3）, 265—282.

薄弱。人口数量变化在城市和农村形成截然相反的风险驱动力。而这种社会风险因素的差异直接影响了相应居民的风险感知。城乡居民的风险感知意识并非完全割裂，我国移动网络和社交媒体的快速发展，形成了网络身份的部落化的趋势。网民不受地理因素限制，形成了基于共同爱好、共同观点或共同关注点的网络社区。网络中的个体根据其自身不同领域的关注点，同时处于多个网络社区之中。这种亚文化环境的综合作用也造成了对个体风险感知的影响。

（3）风险特征因素

风险是对不确定性结果的一种度量，含有可能性的因素。风险的直接影响来自各类突发事件可能造成的社会危害，如人员伤害、财产损失、农作物减产等。因此，风险可以被看作一个事件发生我们所不希望的后果的可能，即风险＝频率 × 危害度。[①] 对于个体来说，一种风险发生的频率和危害程度，构成了风险感知的基础。在灾害应对实践中，相同的灾害往往造成不同的损失。在寻找如何应对灾害的机制以减轻致灾风险时，脆弱性理论开始受到重视。脆弱性理论认为，造成风险的实际危害结果的是生态系统和社会系统的脆弱性。联合国曾将脆弱性作为参数，纳入风险评估模型，即风险＝致灾因子 × 脆弱性 / 能力（RISK=HAZARD × VUILNERABILITY/CAPACITY）。将风险的社会脆弱性也纳入考量时，不同人群在面对同一风险的形成的风险感知也不同。出于对不同国家地域差异的考量，联合国政府间气候变化专门委员会（Intergovernmental Panel on Climate Change，IPCC）报告将风险描述为一个包含致灾因子、暴露性和适应能力三个变量的函数

---

① 蒋维、金磊：《中国城市综合减灾对策》，中国建筑工业出版社，1992，第74—85页。

（RISK=f {HAZARD, EXPOSURE, ADAPTIVE CAPACITY}）[①]。暴露性指的是在特定的时间、地点和人群发生危险的概率。风险的暴露性参数是由具体地点、人口和社会经济条件对危险的敏感性决定的。老年人、孕妇和残疾人在躲避和适应这些风险方面有更大的困难，他们也对突发事件的风险更敏感。靠近洪泛区或海岸带的居民对洪水或台风的风险敏感程度与内陆地区居民也有明显区别。风险的暴露性直接影响着特定人群的风险感知。具体到个体的风险感知中，暴露性被具象化成风险的应对难度和风险的距离感。因此本文将影响风险感知的客体因素归纳为以下四种：风险发生的频率、风险的危害程度、风险的应对难度和风险的距离感。

（4）风险沟通因素

风险沟通因素关系到风险的客体传达到风险感知者的过程。如果风险客体的因素在风险信息的传播过程中不能够有效传达，这也将影响个体对风险的感知。风险沟通的效能主要取决于风险沟通渠道和风险信息的内容表达。风险沟通的渠道关系到风险信息的可信性、可达性和互动性。信息通过接收者信任的渠道进行传播才能起到沟通作用。真实有效的信息在不被信任的渠道中传达，仍然无法起到作用。在信息传播过程中，信任的建立十分重要。研究证明，信任影响个体的风险感知，公众建立对政府的信任远比失去信任要难得多。风险沟通渠道的可达性主要取决于信息传达的带宽。不同年龄、不同生活水平的居民关注的媒体渠道并不相同。对政府来说，最大范围地覆盖信息接收者，完善风险传播媒介的互动性是风险沟通渠道建设的努力方向。风险信息的内容同样影响着风险感知。个体的风险感知过程中，风险沟通内容的科学性是个体评价风险可信度的重要标准。如果风险信息描述中的

---

① IPCC: Climate Change 2007: Impacts, Adaptation and Vulnerability: Working Group II Contribution to the Fourth Assessment Report of the IPCC Intergovernmental Panel on Climate Change, Cambridge University Press, Cambridge（2007）vol. 4: 13—17.

事实被证明不符合科学实际，信息接收者会对风险沟通内容进行否定，甚至忽视这一类型风险沟通中正确的信息。此外，风险沟通还需要依据接收者的文化水平、宗教信仰和接受方式进行。超出风险信息接收者理解范围的风险沟通是无效的，而违背个人宗教信仰和接受方式的风险沟通内容会在个人在风险感知中起到负面作用。

3. 基于中国实践的风险感知模型

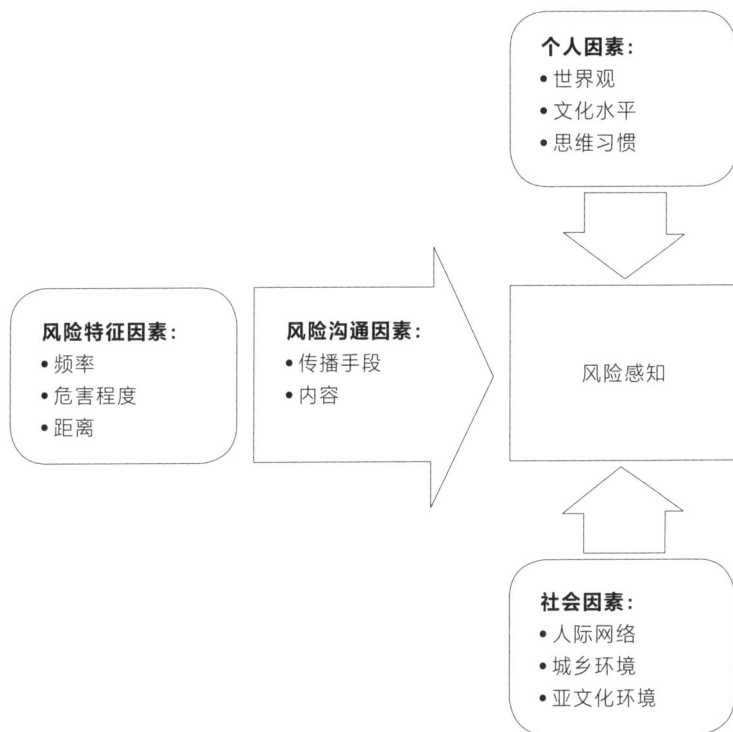

图8-1　风险感知模型

（1）适应中国风险治理实践的风险感知模型

任何国家的风险感知研究都要基于本国的风险治理实践。在我国，风险感知能力问题研究主要表现为公众的风险感知能力评估和应急管理领导干部的风险能力提升。而两种风险感知研究最终的落脚点都是个体的风险感知。

通过对影响个体风险感知的因素分析，基于我国国情实际和个体风险感知模型被构建出来（如图8-1）。目前，我国政府部门的风险感知是利用风险管理工具，综合相关部门信息和专家意见形成的。在制度的保障下，地区形成有效风险感知的机制较为完善，对各种因素的理解也更为全面。但这仍然不能避免不同地区和部门的政府领导对于风险的感知存在个人差异，依然需要通过改变模型中的影响因素进行完善。

（2）政府与民众的风险感知范围差异

在全球任何一个稳定的国家，政府都是作为应急管理的首要职责部门。在我国的应急管理体系下，各级政府和应急管理部门对各类风险的感知能力是我国风险治理的基础。政府各职能部门和领域专家在坚持底线思维的基础上，利用科技手段进行观测现象并分析数据，吸取案例经验评估和验证感知到的风险。全球日益增多的"黑天鹅"事件证明，任何一个政府和应急管理机构都无法完全预测所有风险。政府的风险感知能力也不能涵盖所有的风险范围。与政府相比，个体的风险感知的范围十分有限。个体甲的风险感知范围与个体乙的风险感知范围可能会有一定重合，但二者总体范围可能都在政府的风险感知范围之内。某些特定风险环境中的个体由于某种原因感知到政府应急管理部门尚未发觉的风险领域，如个体丙，除了有基于与个体甲和个体乙的某些风险感知共识之外，还有超出政府风险感知范围之外的风险感知区域。丙类个体包括且不限于某领域专家、特种行业工作人员、处于环境急剧变化区域的居民和最早受新生事物影响的个体。在风险治理实践中，如果丙类个体的数量增多或影响力提升，政府会更快认识到风险感知上的范围差异，并促进政府在风险感知范围上扩大。

（3）政府与民众对特定风险危害程度的感知差异

政府对某一特定事件可能发生的危害后果，做出最乐观的估计和最悲观的估计，而这个危害估计的区间就是政府对某一风险危害程度的感知。不同个体对风险危害程度的感知也有所不同。通过不同个体与政府风险感知程度的差异，可以将对某一特定风险进行感知的人群分为以下五类（如图8-2）。A类人群对风险危害性的感知程度完全低于政府的最乐观估计。他们认为特定事件中几乎没有风险，而他们的行为往往会形成新的风险源。B类人群与政府对风险危害度的感知范围有一定重合，承认事件中的风险，但在行动中心存侥幸。如在安全生产中，为扩大经济利益进行的不安全的行为，这也将引发风险。C类人群的风险感知范围在政府对风险危害性的感知程度之内。D类人群在风险感知中，受到污名化等行为的影响，形成了对风险危害性的扩大效应。E类人群，都表现得更为极端，完全不相信政府的风险感知。在实践中，D类和E类人群往往表现为对政府行为的反对，通常引发邻避型群体性事件。这一类人群认为某一事件极度危险，认为政府对风险的准备严重不足。在现实中往往表现为对某一事物的污名化。以化学制品为例，我国曾发生多起抵制PX项目的群体性事件。风险的社会放大效应并不总是与实际威胁相关，官员的说法相互冲突、对食品的风险评估不一致都可能导致D类和E类人群的扩大。

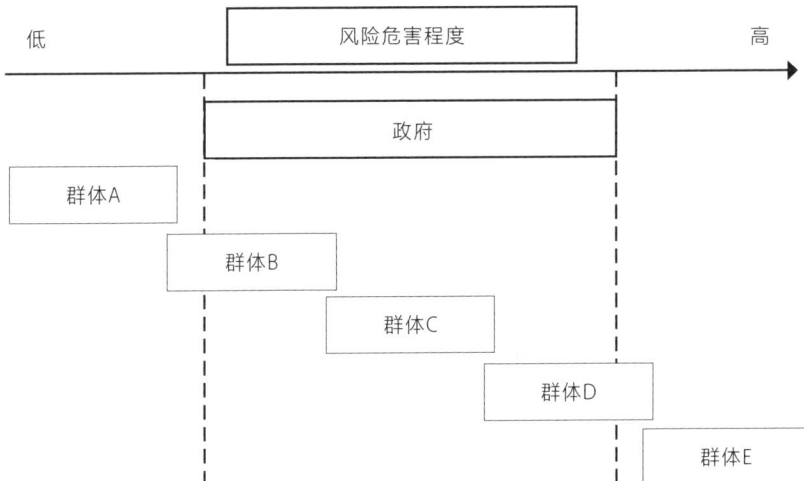

图8-2 政府与不同群体对特定风险危害程度的感知

4.坚持底线思维提升风险感知的策略

（1）增强公众信任，完善风险沟通机制

通过上文风险感知模型进行分析可以看到，改变风险感知的因素，会影响到个体风险感知的效率效果。从风险治理角度来看，政府最主要的治理方式是坚持底线思维完善治理机制。以改善治理机制的方式影响四类风险感知因素的效率并不相同。个人的风险感知因素与长期的教育、文化和经历相关，不容易在短时间内通过机制的完善进行调整。而风险沟通因素对治理机制的依赖性最大，有效的风险沟通可以直接改变民众对风险的感知。完善风险沟通机制的基础在于公众对政府的信任。政府能否让民众认同某一风险沟通机制的变化，关键在于民众对政府的信任程度。民众对政府的信任评价，不仅在于风险治理过程中的政府行为，也包括政府在履行其他行政职能过程中的表现。全国各级人民政府唯有坚持底线思维，在治理过程中切实落实以人民为中心的发展理念，才能不断积累人民群众对政府的信任。基于治理理念，风险沟通机制的完善，应当吸纳社会多元主体的意见和建议，尤其重视缺少社会话语权的少数群体。这类群体通常也正是风险中的弱势群体。风险沟通机制的完善也是一个动态的过程，需要随着风险治理的实践不断调整风险沟通的机制。公众基于对政府的信任，与政府部门进行风险沟通。而完善风险沟通机制的过程，也会提升公众对政府的信任。在这种良性循环中，公众的风险感知将得到持续提升。

（2）顺应网络趋势，塑造风险感知环境

风险治理的突出的特征之一就是网络化的治理模式。这需要有关部门坚持底线思维，依据当前中国社会网络现状，塑造良好的风险感知环境。人际网络是基于个人血缘关系和成长经历建立的，而社交媒体的发展使这种以人为节点的关联更显性化。无论处于城市或乡村，个人不可避免地处于以生活为中心社群网络之中。个人所在的社区或住房所在的物业公司通常会建立以服务为中心的信息交流平台。个人所处的工作单位也普遍建设统一的信息发布平台。通过信息交流平台、公共服务软件、微信群、工作组等媒介提升风险信息传播和风险文化建设，是塑造风险感知环境的重要组成部分。个人出于兴趣爱好加入和关注的网络社群对风险感知也不容忽视。政府相关部门在关心各类社会群体的基础上，密切关注社会热点，及时澄清对风险的错误解读，设置紧急情况下在公共媒体强制性发布风险信息的机制。我国历来在顺应符合发展规律的社会网络发展趋势，在面对新时代日益复杂的社会网络环境，积极打造高效而具有亲和力的公众风险感知环境。

（3）重视社会协作，扩大风险感知范围

风险治理需要全社会多元主体的协作，尤其表现在扩大风险感知范围方面。我国政府通过不同部门间的扩大协作，在已知风险的监测预警范围方面逐渐扩大。对于现代社会复杂环境下可能发生的"黑天鹅"事件的风险感知是全球各国面临的难题。从治理理念出发，坚持底线思维可以将扩大风险感知范围的目标与多元主体渴望参与风险治理的需求相结合，建立各类风险信息的上报平台。这种以全民作为信息反馈的节点的风险感知图谱最大的优势在于即时性，能够对于在特定区域突然发生的风险和隐患提供风险监测上的补充。此外，风险在成为危机之前，通常表现为特定时间内某一领域或多个领域的异常信息。因此，扩大风险感知范围需要多个领域专业人士的协作。政府应成立或鼓励机构间的合作，形成以风险治理为中心议题的跨领域协作研究，对各种领域提出的异常信息进行收集，并分析其中的关联性，弥补风险感知范围上的盲区。

（4）削弱污名影响，理性感知风险危害

从风险治理中事物污名化的本质上看是风险的社会放大效应。其本质特征是它无需很大的直接影响，即可引发重大的间接影响。这种负面影响的产生主要源于人们对已发生的某种突发事件的恐怖感受。而大部分人获得这种感受的来源是新闻媒体。部分新闻媒体通过风险的社会放大过程完成了污名化。我国当前的国际舆论环境需要政府在应对突发事件过程中坚持底线思维，时刻警惕和及时应对境外媒体出于政治目的的恶意宣传。在呼唤公众回归理性的过程中，需要重视的消除污名影响的宣传内容。首先唤起公众对"剂量决定毒性"的基本认知。毒物学家通过反复实验来确定某一化学制品事物在安全范围内的暴露剂量。而部分公众和倾向于相信某一化学制品只要有毒或致癌，无论暴露剂量如何都是有害的。事实证明，用术语和计量单位解释这种风险感知的偏差并不能有效降低公众的担忧。而较为有效的方式是将危害的量化数值和概率进行比较。将公众担心的风险与其他生活风险相比。例如，公众对化学物质造成的风险忧虑非常高，而对处方药或手机辐射的风险忧虑比较低。因此可以利用处方药的毒性或手机辐射的强度与公众担忧的化学物质进行数量级上的比较，以确保公众对风险危害的理性感知。

（二）运用底线思维完善应急团队建设

1. 新时代公共危机的特点

（1）扩张性

除了传统公共危机具有的公共威胁性、不确定性和紧急性，新时代公共危机还具有高风险社会的新特点。从全球范围来看，跨界性危机（transboundary crisis）越来越普遍。危机在空间上并不局限于一般的边界，危机发生后会快速地与其他层次的问题纠结在一起。其表现形式主要有两种：第一种是在一个系统中发生危机，进而扩散到其他系统，导致影响升级。第二种是风险对多个系统同时产生影响，这使得危机突破地理限制，向更广范围的地理空间扩张。经济全球化使人口流动加快，公共危机更容易从一个国家蔓延到其他国家或地区。我国在逐渐走近世界舞台中央的过程中，公共危机的情况更为复杂，公共危机的扩张性特征更为显著。我国提出人类命运共同体的主张正是基于新时代公共危机的扩张性因素，在正确认识危机扩张的规律基础上，更广泛地建立应对公共危机协作的团队。

（2）衍生性

社会的复杂度使社会各系统、各要素之间的交互影响加强，导致衍生性的后果，由一种类型的危机转化为另外一种。人口环境技术和社会经济结构治理减轻了传统危害，却导致了新型风险。一次重大自然灾害可能会引发事故灾难，甚至社会安全事件，形成系统性危机。我国社会主要矛盾的变化也使得人民群众对安全需求与社会融入需求更为强烈。多元主体的具体要求并不相同，其在不同领域所面临的衍生性危机也有差异。

（3）外源性

信息时代使媒体在公共危机中的力量前所未有的增强。在全球媒体舆论场中，我国更频繁地受到恶意攻击。中国处于和平崛起的关键时期，以美国为首的西方媒体，煽动抹黑中国各级政府应对危机的形象。在自媒体高速发展的背景下，外源性的公共危机碎片化地存在于我国的各种网络社区平台之中。我国发生重大突发事件之时，境外媒体以新闻报道等形式作为掩护，进行舆论攻击和政治分裂活动。这种态势将持续对我国政府相关部门应对危机的舆论引导工作提出新的挑战。

2. 风险准备阶段的团队建设

（1）适应危机特性的风险评估

以国家安全与治理体系现代化为目标的风险准备需要以准确的风险评估作为前提。风险准备阶段，工作人员对可能发生的风险进行系统的评估，确保复杂系统中的每个环节运转正常。风险评估的团队建设需要建立和完善团队检查清单制度，对所有内容全部进行梳理，逐条对照检查，确保每个细节没有纰漏。针对风险的扩张性特点，评估团队不仅需要用量化参数去进行定量评估，还需要考量不同群体的文化属性。这需要发挥团队成员的优势，建立一支能够与不同文化群体进行风险沟通的应急风险评估团队，更大程度地减少风险的扩大可能。

（2）还原现实情景的团队演练

为了应对可能发生的公共危机，应急团队需要坚持底线思维，在风险发生之前进行有效的团队演练。团队演练需要在相对安全的情况下进行基础科目训练。专业技术团队的演练强调场景的现实还原，演练参照物在重量、材质等方面应该与实际相一致。涉及精密技术的救援工作需要不断重复的练习，确保工作程序在工作人员的头脑中形成固定模式，以达到相互合作的成员在复杂条件下进行无间的合作。复杂情景的演练的意义在于保持团队成员对个人职责的清醒认识，明确参与者的能力界限，以便在复杂情况下选择相适应的对策，将风险最小化。[①]应急演练团队成员需要对所在组织的性能和极限有清晰的认识，减少实际工作中的无效沟通和信息冗余。

（3）配置精准的扁平化管理

为了更及时地对公共危机做出响应，在管理模式上需要搭建扁平化的管理架构。在危机处置过程中，一线工作人员更直接地与指挥中枢进行沟通有利于决策者更准确地掌握现场情况，坚持底线思维做出判断。扁平化管理对于基层工作人员的能力配置有更高的要求：参与人员需要在风险准备阶段，就对团队的工作内容、工作流程、工作标准有清晰的认识，具有独立解决一定规模下突发事件的能力。此外，扁平化管理也对团队成员的精神素质有更高要求，参与人员需要符合我国主流价值观的判断，坚持人民至上、生命至上的理念，将人民群众的生命财产安全放在首位。领导者搭建扁平化管理模式的关键在于人员的选择和安排，用工作实绩预览筛选意志坚定的成员，把合适的人放在合适的岗位上。

---

① 范如国：《"全球风险社会"治理：复杂性范式与中国参与》，《中国社会科学》2017年第2期。

3. 危机应对阶段的团队建设

（1）完善态势感知

态势感知最初是一个军事领域的术语，后来被扩展到军事以外的其他领域，适用于其他有复杂任务的场合。在危机应对阶段，复杂情况的发展有很大的不确定性，需要应急团队坚持底线思维，对于事态发展有整体的感知，要在危机处理的过程中不断收集信息进行判断。组织中不同层级的人员看到的内容通常是事态的一部分。只有将所有成员的信息集中到一起，才能拼凑起危机的整体全貌。公共危机的态势感知不是简单地获取数据信息，而是全面收集关键的信息，分析数据、了解含义，然后再根据分析结果行动。在突发事件中，应急团队需要大量的态势感知工作以预防周围发生或可能发生的新情况。态势感知不应仅来源于团队中的特定工作人员，而应基于团队的协同感知，互相弥补观察盲区，在信息的综合过程中应对公共危机的扩张性和衍生性。

（2）保障持续沟通

在执行决策的过程中，需要确保团队整体步调一致。保持沟通是共同应对策略的关键环节。在很多团队组织中，有些团队成员基于其专业知识和经验能够提前掌握某些信息，预判即将有变化发生。不充分、不顺畅的沟通对于应对危机是极其不利的。在面临危机时，发挥体制机制优势在于减少决策沟通环节。这需要每个成员展现出强烈的主人翁意识，与其他成员及时交换信息和意见。如果在团队决策过程中缺乏参与人员的信息和态度，臆断一些事态的发展就会造成决策的偏差。所以，每个团队成员都有责任采取行动，和其他岗位的同伴保持联络，互通信息。作为领导者即便限于特殊情况不能采取扁平化管理模式，也应坚持底线思维，尽量做到信息公开，为员工提供有效的反馈渠道，既要有上情下达，还要有下情上传，避免决策失误。

（3）成员有效赋能

当组织遭遇危机的时候，个人的力量难以担负起全面处置每个细节的责任。危机中的团队需要利用每个成员的力量来共同分担重任。对领导者来说，需要坚持底线思维，对成员进行有效赋能以便在应对危机中提供操作的灵活性。面对突发的衍生事件，有时需要在极短的时间内进行处置，无法将信息上报后等待集中决策，这就需要处置危机的团队在不同层级上进行赋能，让一线工作人员在其权限范围内，灵活应对眼前的突发情况。当管理者将权力向指挥链下端释放时，需要注意赋能的权限范围。[①] 赋能并不意味着要派出更多的代表来代行职责，这需要在不同类型的突发事件中寻找有效性的平衡点，其中关键在于正确引导和培养工作人员的决策心理。当工作人员在权限内对某件事情做出决策时，也会对其产生的结果更为关注。这也使得一线的参与者与在管理中枢的指挥者产生了意识上的共享。因此，各级人员决策权的分配是能否有效赋能的关键因素。

（4）加强协作补位

突发事件需要处置者付出极大的关注力和毅力，长期大范围的风险监控会让个人精疲力竭。因此，在可能出现次生问题的关键环节采取轮班方式。一定时间内轮换一次，从而避免因为监测者困倦而使团队陷入险境。这种分布式的领导力策略能够让监控人员减少精神压力。对团队其他人来说，补位则是非常重要的能力，也是相互配合、防止失误的一种有效方法。任何岗位的员工，除了努力完成本岗位工作外，还必须坚持底线思维，具有强烈的整体意识。一线处置风险的人员需要避免出现因为岗位的空缺影响到团队利益的情况。事实上，团队里的每个人都可以有所贡献，即使是最小的行动也可以让参与者相信，团队在齐心协力，共渡难关。在面临非常困难的任务时，

---

① 彭宗超：《中国合和式风险治理的概念框架与主要设想》，《社会治理》2015年第3期。

团队应该在保持工作推进的同时，避免因为盲目行动产生新的危机。这需要其他参与人员提供从侧面迂回解决问题的思路，这是在决策调整方面的补位。面对多变的情况，在常规方式遇到问题的情况下，适当调整策略由预备团队进行补位能够更高效地解决问题。

4.危机恢复阶段的团队建设

（1）结构化复盘

在危机应对结束之后，危机应对团队对处置过程进行复盘是提升团队能力的常见做法。复盘的过程不应仅是对危机事件从时间上进行整理，还应包括不同团队成员基于自身工作情况进行结构化的总结。首先，由团队成员依据底线思维，分别提出当此危机处置中的困难之处，问题的提出应基于现实情况，在其他的危机应对中也存在普遍性和扩张性。其次，团队成员对问题进行聚焦，如果每一个问题都需要展开讨论的话，会耗费大量的时间，难以突出问题的关键工作的重点。参与人员对前一阶段提出的问题进行投票，选择出眼前最为急迫的 3 至 5 个问题。最后，团队成员进行集体讨论。复杂问题可以联合相关危机应对团队或外部专家参与解决。结构化的复盘的形式为团队交流提供了一种工作规范，其本质是集思广益对突发事件的特殊性进行分析，从体系化的角度思考解决问题。结构化复盘也更有利于发现体制机制的问题，进行改革和调整，完善安全体系及能力现代化。

（2）化解内在分歧

由于自身的经历、工作目标、价值倾向不同，团队内不同成员回顾和分析公共危机往往存在内在分歧。这首先需要运用底线思维，划清必须坚持的内容范围。这种坚持并不是盲目的，而是建立在各司其职、恪尽职守的基础之上的。战术方向上的分歧可以通过模拟演练和集中讨论进行分析，并深入调研调查，考察不同的战术方案在特定区域内的可行性，明确在特定危机情境下的应对方案优先级。价值理念上的分歧则需要在充分尊重个人文化背景的基础上，畅通多元主体利益诉求通道，为特定情况下的切实需要做好预案。团队成员分享态势感知能力，拓宽视野，权衡利弊，充分讨论每种可能，考虑可能出现差错的地方，进行修正。一旦做出决定，就要把分歧抛在脑后，收缩视野，专注于最终的抉择。在团队成员各司其职、各尽其责的共同努力之下，促进事态快速恢复，保持高效状态。

（3）打造学习型危机管理团队

打造一个学习型危机管理团队的步骤比较直接，关键步骤包括三个部分，首先需要明确行动，即团队参与公共危机处置的行动，其次是反思行动的后果，最后在实践中帮助团队改进今后的表现。这是将具体的实践与集体学习相结合，其理念的核心是强调团队的每个人都能坚持底线思维并用团队的方式进行学习，无论是工作的难题、操作的错误还是个人问题，只要能够给团队造成影响，就应进行公开讨论并记录下来，在下次应对突发事件的时候加以改进。团队学习更加强调协作能力的提升，协作的内容往往突破个人应对危机工作的权限，需要学习团队配合搭建新的协作模式。因此，集体学习的内容不仅包括提升协作的业务水平，还需要充分理解团队中其他成员的工作流程，以便在公共危机中根据需要建立灵活反应的临时协作团队。打造学习型危机管理团队的过程也是各成员相互学习、取长补短、促进创新的过程。团队学习有利于形成体系化的创新，吸取国内外应对突发事件的经验教训，完善国家安全体制建设，形成适应我国公共危机特点的创新机制。

三、底线思维视角下的案例分析：盘锦市绕阳河溃口抢险救援

2022年8月1日10时30分，盘锦市绕阳河左岸堤坝曙四联段发生溃口，严重威胁着堤坝沿岸万余名人民群众的生命财产安全。面对险情，盘锦

市委、市政府在国家防总的大力支持下，在省委、省政府的坚强领导下，坚持底线思维，第一时间成功转移疏散并妥善安置全部受灾群众。并在党委政府的统一领导下，汇聚各方力量，历经六天五夜成功封堵溃口，溃口抢险救援工作取得圆满成功。

（一）事件的基本概况

盘锦市位于辽宁省西南部、辽河三角洲中心地带，地面平坦、多水无山，总面积 4103 平方公里，下辖一县三区，常住人口 144 万。是全国 31 个重点防洪城市之一，素有"九河下梢、十年九涝"之称。境内共有大中小自然河流 21 条，河流总长 634 公里，总流域面积 3570 平方公里。其中，大型河流 4 条，包括辽河、大辽河（浑河）、绕阳河和大凌河；中小型河流 17 条。现有中型平原水库 6 座，水库总库容 1.49 亿立方米。

2022 年 6 月入汛以来，盘锦市遭受多轮强降雨袭击，绕阳河出现 2 次洪峰，发生 1951 年有水文记录以来最大洪水。受强降雨、上游来水等因素影响，8 月 1 日 6 时许，绕阳河左岸堤坝曙四联段出现严重透水，虽经全力抢修，但 10 时 30 分该处堤坝仍发生溃口，溃口宽度约 52 米，共计向堤坝东侧灌入洪水约 6900 万立方米，平均水深 2 米，造成 34 平方公里的油田、农田、村庄被淹，积水量约 6910 万立方米，1931 户 8203 名群众的生命财产安全受到严重威胁。溃口发生后，盘锦市第一时间启动应急响应，紧急疏散并妥善安置了受到威胁的 1931 户，共计 8203 名受灾群众。并在国家防总的大力支持下，在省委、省政府的坚强领导下，汇聚各方力量，统筹协调、充分动员、有序组织、有力保障，克服堤顶路窄、坝体浸渗、路面浸水、运输距离长等重重困难，历经六天五夜的连续作战，于 8 月 6 日 18 时 20 分成功封堵溃口、排除险情。确保无一名群众伤亡，确保辽河大堤没有受到溃口洪水冲击，应急抢险工作取得重大阶段性战果，为东北地区浸水路面保通和远距离物料保供等新课题研究提供了实战经验。

（二）溃口先期处置与抢险救援

1. 度汛准备

绕阳河是辽河支流。溃口发生前，绕阳河流域平均降雨量为多年均值的 2.5 倍，于 7 月 10 日出现第一次洪峰（杜家水文站流量 809 立方米／秒，水位 6.19 米，超警戒水位 1.92 米）。7 月 31 日出现第二次洪峰，为 1951 年有实测资料以来最大洪水（杜家水文站流量达到 1850 立方米／秒，水位 6.94 米，超保证水位 0.1 米）。持续超警戒水位 57 天。同期辽河出现 3 次洪峰，持续超警戒水位 38 天。

面对严峻形势，盘锦市防汛抗旱指挥部于 7 月 28 日 12 时将防汛应急响应级别由 Ⅳ 级提升至 Ⅲ 级，全力组织风险防范和防汛调度工作。盘锦市委领导坚持底线思维，连夜组织各县区和防指相关成员单位，在市防汛抗旱指挥部召开防汛视频会议，对全市防御强降雨和绕阳河洪峰工作进行安排部署。市委领导对绕阳河洪水防御召开现场会并提出处置意见，组织辽河油田和水利专家现场指导巡堤查险、修筑子堤及险情处置工作，要求对曙四联沉降段加筑子堤，并做好防渗，打通导流渠路，加强指挥调度，做好下游人员疏散和紧急避险工作。经过继续奋战，8 月 1 日 2 时 30 分完成子堤修筑，同时对 308 路口封堵土坝进行加固，险情一度得到缓解，但由于堤坝长时间浸泡，上游水位持续增大，辽河洪峰与绕阳河洪峰交错，发生顶托和倒灌，绕阳河多处堤坝仍处于高风险状态，形势十分严峻。

2. 溃口先期处置

8 月 1 日 6 时 30 分左右，绕阳河巡堤人员发现曙四联段管线透水。立即组织抢险力量 200 人、2 台挖掘机、10 台"小金刚"自卸货车开展先期处置，指挥挖掘机分别从国堤南北两侧进入，靠近险情处，先后对迎水面堆放土料、人工抛投土袋和水泥袋，对背水面码放水泥袋、铺设防渗布进行围堵；同时迅速上报险情。接到报告后，市委、市政府主要领导第一时间在绕阳河左岸曙四联段堤防现场召开会商分析会，决定启动防汛Ⅰ级应急响应，立即组织进行人员转移、管线切割、构筑防线等措施。正在盘锦指导防汛工作的国家防办专家、省防指工作组专家也赶到现场，指导透水封堵。由于透水险情加大，出现溃口并不断扩大，严重威胁施工人员的生命安全，指挥部当即决定，所有人员撤离危险区域，做好人员疏散撤离工作，全力统筹开展抢险救援。

（三）溃口抢险救援

1. 抢险救援安排

溃口发生后，盘锦市委、市政府主要领导抵达现场，成立抗洪抢险应急指挥部，就抗洪抢险原则和后续各项工作进行了安排部署。省委、省政府领导于当日深夜赶赴盘锦检查防汛救灾工作，坐镇盘锦现场指挥；国家水利部领导赴盘锦检查指导，对抗洪抢险工作提出明确要求，迅速确立了"省部坐镇指挥、属地统一指挥、现场专业指挥"的指挥体系。由副省长、省防指常务副指挥长和应急管理部总工程师、省直部门领导坐镇指挥，下达指令，调度各方力量，同时采取"四不两直"方式现场检查督导；盘锦市抗洪抢险应急指挥部下设人员转移、防线加强、疏泄通道、物料组织、交通保障、巡堤排险、环境监测、后勤保障等8个工作组，由市委、市政府主要领导统筹调度，对辽河油田、盘锦监狱等实行集中统一指挥，确保政令畅通，先后发布进入紧急防汛期等重要命令3个［三个文件包括《盘锦市防汛抗旱指挥部令》（1号、2号、3号）、《关于抗洪抢险应急指挥部工作安排的通知》（盘汛指〔2022〕50号）、《关于印发绕阳河受淹区域排水工作责任体系的通知》（盘汛指〔2022〕57号）］；在溃口处设立南、北两个现场工作组，两名副市长分别和辽河油田、安能公司副总经理任组长，现场组织溃口封堵。在省部领导坐镇指挥下，各条战线忙而不乱、高效运转，抗洪抢险有力有序。

2. 转移安置受灾人员

溃口发生前，全市共紧急转移避险 8203 人，其中绕阳河流域转移避险群众 2564 人。盘锦监狱和辽河油田等各个辖区单位在接到人员撤离指令后，有序组织人员转移。盘锦监狱出动大客车 10 余台次和警用车辆 20 余台次，分三批次将泄洪区 1190 人（包括 30 名执勤警察、536 名罪犯，以及武警、职工和土地承包户 624 人）转移至安全地带，同时协助转移其他地区受灾群众 793 人。盘锦油田等其他辖区各单位也严格按照要求组织人员有序撤离，实现应转尽转。提前部署人员的紧急疏散撤离，将溃口造成的风险损失降到了最低程度。

在溃口发生后，属地政府为确保不漏一人，在做好安全防护的前提下多次组织基层干部、公安干警、抢险人员，蹚着没腰深的水，再次挨家挨户排查，创造了溃口后零死亡的优秀战果。

在群众安置方面，通过分区管理和分类安置方式实现精准服务。首先是甄别灾情危险程度，区分淹没区和安全区，定期组织安全区群众返家喂养畜禽、处理家务，同时加强淹没区巡查管控，及时搜集处置死亡畜禽，严防转移人员擅自返回，切实落实基层单元管控责任，实行人性化管理，分类解决群众合理诉求。其次是实行分类安置。通过给予生活补贴的方式支持有条件的群众分散安置，设立 12 个安置点用于集中安置，确保转移群众转得出、住得下。同时，因应防汛形势变化，及时调整安置措施，在确保安全的前提下，自 8 月 7 日以来，共分 3 个批次组织群众返回家园，共有 1575 人被安置。安置期间提供精准服务，按照转移群众的年龄和身体状况实行分类管理，对 11 周岁以下儿童、70 周岁以上老年人、孕妇、残疾人等六类特殊群体给予重点关怀。建立卫生清洁、物品发放等"七项制度"，落实服务有标识、群众有饭吃、有安全水喝、有床住、有物资、有澡洗、有医护、有心理疏导等"十有标准"，妥善做好集中安置群众生活服务，确保转移群众生活有序、人心安定。

同时做好防汛期间医疗卫生保障和核酸检测。由市中心医院派医护人员进驻市防汛指挥部进行医疗保障，确定辽河油田曙光医院定为临时救治医院。中心医院会同油田宝石花医院指导镇卫生院、村卫生服务中心配备必要的常见病治疗和防暑降温药品，并对转移群众的基本用药和医疗需求进行保障，对突发疾病的转移群众和抢险救援人员，及时给予救治和转诊。成功抢救 2 名中暑和 1 名突发抽搐、心前区不适的抢险救援人员。针对已启用的甜水中学安置点、陈家中学安置点、曙光决堤移民安置点及盘山县银龙酒店安置点，市卫健委安排医务人员备齐急救药品和氧气等，各县区卫健部门进驻安置点的医务人员共计 80 人，应急救援车辆 21 台，为安置灾民提供医疗卫生安全保障。

3. 开展社会动员

面对百年未遇的险情，盘锦市精准研判，积极开展社会动员。首先，采取一系列有力措施，调动盘锦市各方力量。坚持在防汛一线考察识别干部，对在抢险救灾中表现突出的党员干部给予表彰，对工作不力的党员干部严肃追责问责。动员机关干部下沉到抗洪抢险前线，在抗洪斗争中展现担当作为。广大党员闻令而动，自发组建党员突击队、党员巡逻队、党员志愿服务队共 706 个，设立党员先锋岗 186 个，机关企事业单位党员干部 2527 人下沉一线，驻村第一书记和工作队就地转化为防汛救灾队，带头冲在抗洪抢险最前沿，让党旗在一线高高飘扬。建立以盘锦军分区、驻盘武警部队 12 支抢险救援队伍为骨干的救援第一梯队和以 2200 名基层群众、机关干部、社会救援组织、企业救援力量为主的救援第二梯队，构建县区支援互调体系，打响抗洪抢险的人民战争。重视发挥市场机制作用，对于积极参与抢险救灾的物料运输车辆、巡堤志愿者等，按照略高于市场价的标准给予合理补偿，激发群众自觉投身抢险救灾热情。

其次，通过精准提报需求，积极协调国家防总、水利部、应急部、省防指、省水利厅、省应急厅等支援抗洪抢险工作。安能集团从武汉、唐山等基地调集了 10 余名救援专家、280 余名抢险队员、200 余台套专业设备，星夜兼程、千里驰援，执行溃口现场封堵关键任务。省应急厅紧急协调 4 家央企工程抢险力量及无人机救援队伍赶赴盘锦；消防救援部门调派 3 支水域救援专业队 228 人、32 艘舟艇赶赴盘锦增援，配合灾情勘查、水文测绘、无人机巡查和应急救援等任务；盘锦军分区民兵预备役、武警机动第一支队、119 合成旅、武警盘锦市支队等 1000 余官兵参加抢险。沈阳、锦州、营口、铁岭等市提供无纺布、石料、铁丝笼等应急物资。全市市民、社会各界积极支援抗洪抢险工作。通过紧急调集资源力量，迅速形成部省驰援、央地协作、军民同心、上下游协同的抗洪抢险工作局面。坚持全面动员，凝聚各方合力。

4. 管控秩序

（1）抓住主线保重点

盘锦市全面贯彻落实国家防总和省委、省政府的决策部署，坚守"确保人民群众生命安全、确保辽河大堤安全"两个底线，抓住"堵溃口、筑子堤、清套堤"三条主线，做好交通、物料、车辆、人员以及通信、电力等综合保障，实现溃口抢险的胜利。盘锦市为保障绕阳河两侧大堤交通顺畅，分别在南北两侧选取设定 5 条运输线，其中南段选取 3 条路线，北段选取 2 条路线，实施交通管制，疏堵点、分流控、保畅通，全力保证救援抢险主动脉安全。

（2）动态施策保效率

指挥系统实行集中办公和 24 小时值班制度，每 4 个小时调度一次工作进展和气象、水势、水位、水量等信息，每日早中晚召开工作例会研判会商，重要问题及时研究决策。各级领导、专家组、工作组、各条战线盯住一张图、一个大屏幕，充分利用大数据等手段进行科学会商，下达的指令准确、清晰，作出的部署点对点、直通车。这种"纵短横宽"的扁平化指挥管理，提高了工作效率，增强了处置能力。

（3）交通管控保畅通

一是对社会车辆实行外围诱导分流。在核心作业区与外围边界共设立 4 个交通管控点位，由交警 24 小时值勤，引导社会车辆绕行，避免抢险通道拥堵。

二是对作业区实行交通封控。在运输通道和第三道防线上全面实行交通管制，共设置管控点位 11 个，为作业车辆发放通行证，出动警力进行巡逻巡查，同时封堵劝返无关人员和社会车辆。

三是对核心作业区实行交通管控。围绕两个装料场至抢险核心区路段，采取"分段管控、交警护送、单向运输、编组放行"等战法，确保线路畅通无阻。通过无人机巡查和实地踏查，在大坝上选取交通管控点位 7 个，沿途安排警力和警车进行不间断巡逻巡查，并选取来往车辆交会点位、狭窄路段安排警力值守，确保路线畅通无阻。将所有运料车辆统一编号，由交警铁骑负责采取互送方式，给予全程引导。在坝上实行集中交通管制，通过单向放行、封闭对向车辆等分流管控措施，确保运料车辆通畅无阻，同时在车辆等待指令通行的间歇期，为驾驶人员发放救生衣和进行安全教育提醒，防止车辆发生安全事故。根据施工方、运输方工作需求，对"小金刚"等运输车辆进行编组，每 10 台车由一名交警跟车作业引导，最大限度提高了运输效率。

（4）宣传引导保稳定

坚持正面发声，加强舆情导控。推进网上网下、荧屏声频同频共振，新闻媒体每天高频度发布各种雨情、汛情信息，宣传部门利用传统媒体、新媒体账号刊播发视频新闻，保证群众知情权。加强与中央及省级主要媒体合作，中央及省级主要媒体共刊播盘锦防汛抢险救灾新闻稿件近百篇，进行央视直播 7 场、央广连线直播 3 场、央视新闻客户端直播报道 2 场，特别是央视在全国首创运用无人机方式对溃口封堵现场及溃口合拢时刻进行实时直播，引起了强烈反响。严格舆情管控，对网上负面言论及时处置，全市未形成负面炒作热点，未发生敏感舆情事件。

此外，盘锦市卫健中心累计在公众号发布洪涝灾害后防疫常识 15 条，《盘锦日报》《辽河晚报》发布信息 7 篇，制作宣传折页 1000 份、海报 5 种，视频 4 部。市疾控中心累计通过公众号制作发布宣传信息 7 篇，编辑印制宣传单 2000 份。兴隆台区累计制作防汛防疫折页 10000 份，布置宣传板 4 块，区政府网站健康教育宣传栏发布宣传信息 3 条，累计受益 1000 人次，安置点工作群每日推送防汛防疫常识 3 条，朋友圈、工作群不定期发布防汛防疫注意事项。盘山县制作洪涝灾害后防疫知识折页 4 种共 5000 份，并转发防疫短视频 7 种，正确引导受灾群众理性面对灾后防疫的必要性。为受灾村民举办集中健康教育讲座。

5. 排除险情

（1）加强监测，精准提供预警信息

水文部门动态测报堤防出险处流量、流速及上下水位差等水文数据和绕阳河入辽河河口处的水位、流量数据；气象部门滚动更新气象服务专报及流域面雨量预报，预报细化到街道、精细到小时；利用多源高分卫星影像数据，对受淹区面积变化进行监测。水利、气象等部门先后赶制出灾情示意图、影像对比图、堤防分布图等各类地图，指挥部依图指挥；同时指挥部每 4 小时汇总最新数据及工作进展，为溃口封堵决策提供有力支撑。

（2）疏导结合，减缓溃口封堵压力

一是筑子堤。溃口险情发生后，盘锦市组织 2970 名施工人员连续两天昼夜奋战，动用土方工程量 1.3 万立方米，构筑形成以 308 省道曙 3 支为基础，11.7 公里长，1.2 米宽，1—1.5 米高，绝对高程达到 5 米的第三道防线，用最短时间、最高效率圈住封死溃口溢洪，并持续进行加固加高、防风防浪处理，坚决维护人民群众生命财产安全。

二是抓巡堤。按照"五到、五时、三清、三快"要求，加密加细堤坝巡检巡查，定人、定责、定线、定点、定频、定标抓落实，共投入巡查人员 2132 人、21.6 万人次，巡堤长度 256.65 公里，打草 300.33 公里。临水区按照 100 米 1 人的标准 24 小时值守，其中超警戒水位每 4 小时巡查一次、超保证水位每 1 小时巡查一次，及时排险加固，保证了辽河大堤、绕阳河大堤的绝对安全。

三是清套堤。采用"现场巡查＋无人机航拍"方式，全面排查绕阳河流域阻水套堤，按照与滩地一平的标准组织施工，完成 6125 米清障任务，整治碍洪问题，打通行洪堵点，使相关区域整体水位下降 35 厘米。

四是调水库。充分发挥红旗水库调蓄功能，将红旗水库出库流量由高峰期的 904 立方米 / 秒调整到溃口封堵前的 295 立方米 / 秒，发挥精准削减洪峰的关键作用，为溃口封堵作业创造了良好条件。

（3）联动协同，强化应急保障

此次抗洪抢险过程中，应急保障的难度高于封堵抢险的技术难度。坚持快速响应，打好综合保障战，为前线作业提供坚实支撑。

一是精准备足物料。由安能集团精准测算出抢险所需物料，物料组织组紧急联系省应急厅及锦州、营口等周边城市，按照"保证需要、适度超量、绝不浪费"的原则，统筹储备各类抢险物料。同时，考虑到堤坝宽度和承载力的局限性，在距离溃口核心区域大概 4 公里的空地，设置南北两个堆料场。超过 3 万立方米的山皮石、料石等石料不断从锦州、营口运达盘锦，2040 个铁丝笼、585 块混凝土防浪石、9 万平方米长丝土工布等物资也相继运达，满足了封堵溃口及铺垫道路等抢险需求。

二是精准调集车辆。挖掘机、铲车及吊车等工程车辆较好解决，但如何将大量的石料送至堤头成为难题。由于正常施工采用的运输车辆体型和载重太大，堤坝道宽和承重条件都不具备，为此指挥部选用民间称为"小金刚""四不像"的两种轻型自卸车辆，通过大小车辆接力方式来打通运输的最后几公里。但这两种车辆并不好找，盘锦市通过交警车辆信息系统全部调出、逐一查找，成功组织 227 台；省交通厅紧急调集全省 196 台"小金刚"连夜支援盘锦，并协调高速管理部门破例允许该类车辆上高速以节约时间，解决了现场石料运输问题。同时，在施工坝头设置移动加油车，日夜不停为车辆加油，保障了车辆的运输需求。

三是精准提供通信电力。通信管理部门对灾区周边 168 个基站进行整体系统优化，对 84 个基站进行天馈调整，尽最大能力满足使用需求；省、市应急通信保障队伍现场开通 Ka 卫星便携站，提供卫星宽带通信服务；抢修重要干路光缆，为消防部门提供的通信指挥车开通紧急专线，确保灾区无人机勘查画面实时传到指挥中心。电力部门科学调整电网运行方式，转带变电站重要负荷，调集 10 台应急发电车投入一线，并支援 18 组自带发电机的高杆灯，为堤坝夜间施工作业提供照明条件。

（4）科学决策，成功封堵溃口

实现溃口封堵是此次抗洪抢险的核心，是中央企业突击抢险和地方综合保障高效协同的生动体现。盘锦市与安能集团紧密协同，经过 96 个小时的连续奋战，于 8 月 5 日 2 时 30 分抢通道路、开始封堵进占，6 日 18 时 20 分成功合龙，7 日 16 时完成加高培厚和防渗闭气。累计投入人员 1778 人次、装备 448 台次，进料 3293 车、填筑 13568 立方米、填筑抢修道路 4155 米、修筑会车平台 34 个、溃口封堵进占 52 米、加高培厚（20 厘米）98 米、扒口开挖 1350 米（11494 立方米）、溃口段堤坝加宽段长 12 米、防渗闭气

70 米、溃口迎水侧加固长度 1400 米、运输水泥 350 车 1750 吨。

一是制定处置方案。8 月 1 日，安能集团 11 名救援专家提前抵达盘锦，与省部指挥联合会商，初步拟定《辽宁盘锦绕阳河河堤溃口封堵处置方案》。同时，安能集团从北京、河北、湖北、天津等 10 个地区调集 280 余名抢险队员、64 套专业设备到盘锦，针对水下复杂情况，引入声学多普勒、声呐探测、雷达波探测等高端科技，利用无人侦测船、多波束测绘艇、测流无人机等专业装备共测绘获取溃口水底高程、填方量、流速流量等数据 12 组，形成水下点云图、三维水下模型图等，为精准决策和堤防安全监测提供数据支撑。针对堤防浸水、局部漫堤，道远路窄、保通困难等不利因素，经过央地反复会商研判，最终确定"疏堵结合"的总体思路，确立以南岸为主、北岸为辅的抢通保通原则，采用"稳固堤头、双向进占、快速合龙、培厚加固、防渗闭气"的战法，确保实现快速合龙。

二是抢修加固通道。把抢修进入溃口核心区道路作为咽喉工程，盘锦公路养护部门组建 70 人的道路抢险应急队伍，调集铲车、挖掘机、运料车、砂石料等设备物资，"见缝插针"式对溃口位置两侧路面进行拓宽、垫高和加固，保障施工人员和车辆安全。采取"定点管制、按况扩宽"方法，提前勘测行进路线，拓宽较宽区域形成会车路段，在长距离窄路的路段修筑会车平台。特别是针对溃口北岸一公里水淹堤坝只能逐米推进且受南岸进占影响北岸堤头不断被冲刷的难题，利用应急部调动的 2 架米–171 直升机对溃口吊装投放六角沉箱，减缓水流对于北侧溃堤的冲刷，共投放 80 立方米的沉箱 5 个，是目前国内抗洪抢险实战应用中投放沉箱最多的一次，为双向进占封堵溃口奠定基础。

三是实施立体作业。指挥部与安能救援突击队建立无缝对接机制，按照指挥安全、道路保通、物料供应、技术侦测、后勤保障进行编组，采取"人歇机不停、两班倒作业"方式，昼夜不停地进行道路抢修和溃口封堵。在溃口处，推土机、挖掘机、自卸车等重型工程救援装备争分夺秒高效作业，用大块石或钢筋石笼保护堤头，采用填筑料对堤头进行加宽处理，形成坚固的作业平台，不断向前进占。在坝体上，全站仪每一小时对溃口口门宽度、溃口水位高程、溃口附近堤坝变形情况进行测量和监测。在空中，测流无人机全程对水流变化和现场情况进行侦查。溃口合龙后，抢险人员在戗堤迎河侧加宽填筑黏土形成防渗层，加快形成防渗体闭气，确保复堤堤段安全稳固。

四是严格安全管理。整个核心作业全程紧绷安全之弦，严格落实临水和夜间作业安全要求，加强道窄车多风险管控，压实安全管理责任。施工通道每 200 米设置一名安全员、每公里设置一名指挥员，前后呼应，左右衔接，引导车辆、装备安全顺畅通行。同时，对每一名救援人员严格落实疫情防控措施，累计实施落地核酸检测 500 次。实现了救援全程人员零伤亡、装备零受损、疫情零感染，确保了抢险救援任务的圆满完成。

（5）精准治污，防止环境损害

针对淹没区油井众多、溢油污染大、环境风险高的问题，坚持一手抓抗洪抢险，一手抓污染防治，精准治污，分类施策，努力把对环境的污染降到最低限度。

一是加密环境监测。坚持"点位监测＋飞行监测＋人工监测＋预警监测"并举，每天对辽河、绕阳河 10 余个点位水质进行两轮检测，定期出动无人机对特一联、杜 −84 块两个重点区域进行空中巡查，出动守护船对淹没区油井、企业开展常态化巡查巡护，全面监测水质、排查环境风险。

二是筑牢溢油防线。按照"将溢油控制在生产区域并尽量缩小控制范围"的工作目标，建立"作业区级、开发区块级、入河风险级、入海风险级"四级防线，共布设入海防线 8 道、入河防线 11 道、高风险区域网格化防线 22 道，调用围油栏 3 万米、吸油毡 6 万平方米，严防油污入海入河。同时，对受灾油气井等溢油风险点进行常态化巡查管控，累计清理沾油杂物

1104.76 吨，把对环境的污染降到最低限度。截至目前，绕阳河、辽河监测断面水质均达标。

三是强化危废处置。按照"宁可备而不用，不可用时无备"的原则，启用辽河油田 1 座危废储存库、备用 4 座暂存库，安排县区 4 家危废处置企业启动应急准备，协调锦州、营口危废经营单位预留贮存能力，形成危废储存、处置能力合计 3.65 万吨，确保油污及时安全处置。

（6）及时排水，尽快恢复生产生活

绕阳河溃口发生后，按照市防汛应急指挥部部署，立即组织受淹区排水方案编制工作，勘测水量，绘制排水路径。与此同时，紧急协调省水利厅、省应急厅、辽河油田调集国内 25 支排水队紧急支援受淹区排水，共调集大型排水设备 220 台，投入抢险人员 1145 人。溃口封堵完成后，立即开始退水排涝，落实划片分组、多点布设、连续抽排措施，争分夺秒排水除险，奋战 14 个昼夜，到 8 月 20 日受淹区积水基本排完。之后立即转入对河道内油田作业区排水，到 8 月 23 日 10 时，累计排水 8839 万立方米，其中受淹区排水 7804 万立方米，油田作业区排水 1035 万立方米。

（三）溃口抢险救援工作的经验

绕阳河溃口抢险工作的成功开展，是底线思维在应急管理工作中的集中体现。盘锦市各级党政部门在工作理念、决策思路、调度原则、运作方法和组织措施等方面均得到检验和提升，系统总结分析经验教训，对提高防汛抗洪工作水平，确保广大人民群众生命财产安全和经济社会持续稳定发展，有重大的现实意义和实践指导价值。

1. 本次溃口抢险救援取得胜利，得益于党的统一领导。在这次抗洪抢险斗争中，各级党员干部始终坚持人民至上、生命至上，始终保持昂扬向上、敢于斗争的精神状态，坚持底线思维，夜以继日奋战。在党的统一领导下，党员干部工作在抗洪抢险最前沿，带头承担最危险、最繁重的任务，带动广大群众战胜灾害、渡过难关，为高效救援提供了强有力的政治保证。

2.本次溃口抢险救援取得胜利，得益于各方的紧急驰援。在这次抗洪抢险斗争中，国家水利部、应急管理部等部委和安能集团等央企，省军分区、水利、应急、交通、生态环境等部门和通信、电力、气象、水文等单位，广大解放军、武警部队指战员，沈阳、锦州、营口、辽阳等省内城市，社会各界人士，全都快速投入战斗，一方有难、八方支援，以实际行动诠释了伟大抗洪精神。

3.本次溃口抢险救援取得胜利，得益于高效的组织动员。在这次抗洪抢险斗争中，建立了统一高效的应急响应机制，各级应急队伍坚持底线思维，靠前指挥，扁平化运作，一竿子插到底，确保各项指令直达基层、快速反应；建立健全规范有序的抢险救灾体系，有效整合各方资源，把握人、机、料、法、环、测等关键要素，强化组织穿透、过程控制、闭环落实，全力开展人力组织战、物资保障战、突击抢险战，有力有序有效应对处置突发灾情险情；建立健全协同联动的社会动员体系，最大限度调配力量，为高效救援提供了强大支撑。

4.本次溃口抢险救援取得胜利，得益于科学技术的保障。在这次抗洪抢险斗争中，各级指挥体系充分发挥"技防"优势，充分听取专家和技术人员的意见，运用信息化科技手段和大数据对水情、工情、险情进行科学分析和论证，依靠救援直升机、长航时无人机、无人侦查船等高端装备解决技术问题，为高效救援提供了重要条件。

第九章

思维能力的综合与体系的整合

第二章到第八章分别讨论了七种思维能力在完善应急管理体系中有诸多应用，这并不是说明思维能力是孤立起到作用的，而是因为思维的综合必然是被综合应用的。本章从综合角度讨论思维能力在思维认识、人才培养和体系建设的作用，即从想法的塑造到人的塑造，再到体系的塑造。

一、思维能力综合应对应急实践中的思维假象

（一）应急管理中的思维假象

随着监控技术和即时通信技术的发展，我国在应急管理工作的信息传达能力不断进步。一些地区的灾情信息虽然能及时传达，但实际的工作效果却没有达到预期。部分地区群众对应急管理信息不够重视，拒绝接受政府撤离避险指令。究其原因，应急管理信息传达效果不佳主要是由于思维常常受到"四种假象"的影响。思维中的"四种假象"是指"种族假象"（Idols of the Tribe）、"洞穴假象"（Idol of the Den）、"市场假象"（Idol of the Market）和"剧场假象"（Idol of the Theatre）。该理论最早由英国哲学家弗朗西斯·培根

提出，用以论述和解释信息传达效果不佳的原因，后被国内外学者不断丰富其外延，进入社会心理学和公共管理领域。"四种假象"是错误接受和理解信息的常见表现形式，对应急管理工作中的信息传达有着直接的负面作用。"种族假象"是指人类认识自然危险往往不是从自然的角度，而是从个人的主观角度。这是人群中普遍存在的思维假象。灾害风险区域内的居民只有见到灾害出现在眼前才真的觉得自己有必要撤离，所以部分居民得到政府的疏散通知后置若罔闻。"洞穴假象"是个体会遇到的思维假象，个人思维基于自身的个性、生活经历、教育背景、家庭状况甚至偶然情况而对事实做出错误的判断。每个人都有"自己的洞穴"，个人的洞穴不同，产生假象的原因也不同。在应急管理工作中，"洞穴假象"表现为部分居民由于各种各样的私人原因拒绝听从政府的指示。"市场假象"是由于假信息或用语不准确而造成的理解偏差。部分居民由于个人某些不良情绪，在突发事件发生过程中捕风捉影，制造谣言，以讹传讹，不断夸大事实，过度解读事实，煽动民众情绪，这往往和经济利益密切相关。"剧场假象"是指人们被虚构的因果关系吸引，相信某些不切实际的认知方式，如阴谋论、迷信思想等。这通常会滋生谣言，产生不信任感，严重情况下会引发群体性事件。以上"四种假象"都造成了政府有效信息无法正确传达。其造成的危害在应急管理的实践中表现得尤为明显。因此，从群体意识的角度分析民众思维假象的成因就显得尤为重要。

（二）应急管理中的思维假象成因分析

1. 思维假象的心理学源头

民众的"四种假象"来源于个人和全体的社会感知，是不可避免的一种社会现象。应急管理工作中的思维假象会造成人民生命和财产的巨大损失，因此，对思维假象的源头进行分析和疏导十分必要。"种族假象"源于社会心理学中的"群体无意识"。主要表现为对不良现象的集体麻木，对违规事件的集体参与。在应急管理工作中，如果不愿听从政府疏散通知的民众达到一定数量，那些对疏散举棋不定的居民很可能选择不撤离。集体行为加强了民众在错误选择上的信心。"洞穴假象"则与从众心理相反，是一种个人极端心理的体现，强调个人及家庭的独特性，如村中的养殖大户，没有儿女且年龄很大的老人等。他们片面强调自己状况的特殊性而拒绝接受对普遍民众的指示信息。"市场假象"源于民众对未知的恐惧心理，为更坏的情况进行推论和猜想，这在信息公布不及时的情况下尤为普遍。"剧场假象"则源于民众倾向闭合逻辑的内在心理习惯，对于一些无法用简单因果关系解释的内容，人们习惯用有限事实发生的偶然因素进行解释，以求在思维中为缺少解释的内容找到一个闭合逻辑。这为民众在不能了解复杂系统之时，提供直接的因果关系。"雨下多了，是因为去年没祭拜龙王。"部分灾民希望利用盈余的资金修庙，而不是完善防灾设施。这类思维假象会让政府的工作受到一定阻力。另一些民众受"宁可信其有，不可信其无"的影响，不愿公开反对某些迷信活动。

2. 思维假象形成的外部因素

分析思维假象的外部因素，主要从信息、计划和方式三个方面进行。第一，信息作为应急工作中的重要因素，是思维假象形成的重要外部因素。在缺少信息的危机环境中，人们更容易产生思维假象，相对的是，信息的及时公布可以减弱民众的负面心理影响。在复杂的危机环境中，灾民需要充分的信息形成思想意识上的闭环。第二，明确的应对计划对于民众的心理稳定十分重要。缺少目标的行动会造成更大的混乱，进而加剧思维假象的形成，同时，恶化危机的社会环境。明确的计划指导为处于慌乱中的灾民提供了目标导向，减少了灾民个体因盲目决策而造成的衍生问题。合理有效的预案可以为民众提供明确的行动方案，使民众在行动中减少思维假象的形成。第三，救援行动的方式和方法也对民众的思维假象有重要影响。及时有效的救援措施会让民众受到鼓舞。救援人员的行动效率和态度都会对民众心理造成影响。处于危机中的民众比平时更敏感，一些细节关系到民众思维的走向，良好的氛围会让民众减少思维假象的形成。此外，信息的传达方式直接影响了民众的接受度。民众思维假象的外部因素与政府进行灾害救援实际效果关系密切。和内部因素相比，外部因素更易直接改变民众思维定势的方式。从行政管理实践来看，对灾民形成思维假象的外部因素进行干预比改变思想传统影响下的内部因素在效果上更为明显。

（三）应对思维假象的工作策略

1. 应对"种族假象"的工作策略

针对"种族假象"尤其是"群体无意识"行为，首先要增强灾民对地方政府的信任。处于灾害中的民众，通常要为自己的不幸寻找意义，这时政府往往容易成为他们情绪发泄的对象。这是考验地方政府公信力的时刻。增强地方政府在人民群众中的信任度，需要基层干部团结民众、树立威信。获得民众信任和支持的关键在于切实贯彻群众路线精神。这要求基层干部把人民群众的利益放到首位，切实做到执政为民，严格遵守《突发事件安全法》的规定，把保护人民财产安全落到实处。其次，对群众信息的掌控，也是应对"种族假象"的重要工作。基层领导干部保持与民众的有效沟通，掌握民众的思想动态，从而减轻和消除"种族假象"在应急管理工作中造成的不良影响。第三，从机制层面，畅通灾民利益诉求的表达渠道。组织相关人员将分散无序的群众需求信息汇集成明确的利益诉求并在接受灾民利益诉求之后及时进行反馈。

2. 应对"洞穴假象"的工作策略

和"种族假象"的群体性特征不同，"洞穴假象"因人而异，同一个人在不同的心理阶段也会有所差别。要解决个别民众的"洞穴假象"，需要具体问题具体分析，结合特殊个体所处的社会环境对民众反映的情况认真考虑和分析，这需要平时就对个性因素有充分的了解，根据其目的和问题的合法性进行解决，而不是在问题发生时无底线的满足。实际工作中，个体由于"洞穴假象"不愿配合工作，主要是由于某些偶然的情感因素，因此，应对"洞穴假象"也可以采用情感为主的沟通形式，推己及人，换位思考。这同时也需要相关工作人员时刻坚持"以人为本"的应急管理理念，把保护民众的生命安全放在首位。在工作机制上，地方政府应迅速将普通民众与个别问题进行分割，单独组织工作小组，解决个别灾民因"洞穴假象"造成的问题。

3. 应对"市场假象"的工作策略

对于信息传递不准确造成的"市场假象"，最直接的方式是规范通知形式。通知的方式和方法需要依据地方基础设施的水平，在语言选择和表达方面，也应尽力满足灾区民众的心理需求。部分少数民族地区需要因地制宜，用简明准确的语言为民众提供有效信息。在救灾过程中，对"市场假象"产生的谣言需要予以重视，及时通过各种媒体手段进行辟谣。从政府职能转变的角度来看，加强应急管理不同阶段相关信息的公开化和透明化也是推进应急管理的体制机制在舆情引导方面转变的重要组成部分。目前，我国互联网的迅速发展和无线网络的普及为信息公开提供了技术支持。地方政府建立和运行当地的权威信息公布平台，让更多民众参与其中，这也为打破"市场假象"提供了条件。针对灾害过程中的民众"市场假象"，地方政府应提升信息发布频率，及时做好舆论引导工作。

4. 应对"剧场假象"的工作策略

要在短时间内改变部分地区灾民存在的"剧场假象"现状并不容易。科学原理需要通过时间和反复验证才能被普遍接受。目前全球灾害预报，仍然不能做到绝对的准确。这也使部分灾民对灾害的科学防范存在怀疑。针对少数地区还存在的迷信行为以及与之相关的"剧场假象"，需要地方政府发挥我国政府的政治优势，以地方党支部为主导，进行科学普及，做好政治宣讲工作，用事实和科学让迷信民众从根本上破除"剧场假象"。针对有邪教性质的迷信组织，依法进行严厉打击。在机制建设上，政府与民众建立多元的沟通平台，拓宽信息反馈渠道，使群众能够尽快地形成利益诉求的闭环。为了让民众了解应急管理技术的发展和现状，组织学校学生及村民参观气象、水文预测站点。加快灾害示范社区建设，从社区和家庭的柔性角度推进民众对灾害的科学认识。地方政府和灾害应急管理相关部门应定期组织进行专题讲座和应急演练，普及自救互救和紧急避险知识，使每个人都成为事实上的应急管理预警观察员和救援者。

二、思维能力综合指导应急人才培养

我国高度重视协调发展与安全，在多年经济高速发展的背景下，安全能力需要进一步加强，这造就了应急管理专业的创立与发展。目前，我国在推进国家安全体系和能力现代化建设，这离不开应急管理专业人才的培养。目前我国的应急管理人才培养主要基于一些高校近年来新开设应急专业和各级党校的应急管理干部培训，而目前相关的工作中存在较大的提升空间，需要从多方面进行调整，提升应急机构管理专业人才培养的效率效果。

（一）应急管理人才培养工作的必要性

1.应急管理体系建设的必然要求

随着全球风险加剧和我国新时代突发事件的综合性增强，我国更加重视应急管理人才的培养。2018年3月，国家成立应急管理部，随后全国各省、市、自治区也成立应急管理厅、局，这源于应急管理体系建设上的客观需求，同时也对应急管理人力资源提出新的要求。2019年11月29日，习近平总书记在中央政治局第十九次集体学习时提出积极推进我国应急管理体系与能力现代化，其中对于应急管理人才培养方面着重强调了应急管理的学科建设。2021年12月30日印发的《"十四五"国家应急体系规划》中概括了我国应急管理专业人才培养滞后的现实情况，并在第八部分"优化要素资源配置，增进创新驱动的发展动能"中强调，建立应急管理专业人才目录清单，拓展急需紧缺人才培育供给渠道，完善人才评价体系。因此，以完善应急管理体系和能力现代化为目标的应急人才培养应该是一项长期的系统工程。在总体国家安全观的指导下，各个领域的应急管理工作都需要专业人才的补充和融合，需要兼具应急管理理论与实践经验的综合性人才。

2.重点领域应急人员缺乏

中国式现代化的发展过程中需要统筹发展和安全，在粮食产业、化工产业、核能产业的高速发展中，相关的政府监管部门和企业对于安全领域的人才需求更为迫切。目前我国在农业、工业等相关学科的人才培养上更重视以发展为主的能力培养，缺乏对特定行业的应急专业人员培养。[①] 从企业角度来看，专业人才的缺乏造成了在生产经营活动中的应急管理能力不足，部分工业设计缺乏"本质安全"的设计理念，急于提升生产效率，造成生产流程的不规范，最终造成生产安全事故。煤矿及非煤矿山企业的从业人员流动性较大，缺少专门的安全保障人员，技术人员容易因缺乏应急能力造成事故。从政府部门角度来看，县、区一级基层应急管理部门的专业应急人才普遍缺乏。危化品监管、非煤矿山、核安全监管相关专业的应急管理人才数量十分有限，难以实现对快速发展的产业进行有效监管。一些部门具有一定工作经验的监管人员也在晋升、轮岗等工作调整中离开应急管理相关工作岗位，缺乏专业性人才储备也造成了一些安全监管工作难以找到合格的继任者。

[①] 于海明、崔凌南、王相：《"十四五"时期中国应急管理人才培养模式探析》，《教育教学论坛》2022年第30期。

3. 综合性学科研究人才不足

从学科研究方面看，目前我国应急管理相关的专业依旧比较少，具有应急管理专业硕士点、博士点的高校并不多。应急管理专业的资深学者来源于多个领域，包括但不限于管理学、工程学、政治学、经济学、社会学、传播学、医学等。在学科研究人员培养方面，不同学科背景的科研人员也形成了不同的研究流派，侧重点各不相同，对学生学科基础的要求也有很大差别。应急管理学科研究的关注点较为分散。应急管理的客观特点要求学习者需要对突发事件具有一定程度的综合性知识储备，目前以综合性应急为基础的研究人才依旧不足。突发事件的次生衍生事件研究需要进行跨学科合作，但限于不同的研究专业的术语和研究范式，研究关联性的深入程度有限，难以形成更多领域应急合作的研究成果。这也是因为缺少能将不同突发事件研究进行衔接和综合的应急管理研究人才。

（二）当前应急管理专业人才存在问题分析

1. 课程设置不够合理

应急管理是在非常态的情况下进行的管理活动，其实际活动的环境与传统学科并不相同。传统学科的研究是基于原有的基础、资源、方法进行整合创新，以常态下逻辑学习知识、进行分析判断。[①] 而应急管理研究环境和方式基于突发事件的特点，不能全部以理性假设为前提。因此在看待同一知识内容或决策选择时的着眼点是不同的。这一点差异也需要体现在课程设计上。一些以自然科学为基础的应急管理人才培养，与传统科目的课程设置差别不大，只是强调了工程和材料应用领域是与安全相关的。一些社会科学相关的课程设计也是将已有的突发事件进行常规化分析，这与应急管理的非常

---

① 佟瑞鹏、赵旭、王露露：《高校应急管理人才培养模式探究与展望》，《中国安全科学学报》2021年第7期。

态管理环境相悖。一些案例分析的社会基础和社会主要矛盾已然发生变化，并不适应于以常规的分析方式进行案例学习。这造成了课程设置偏离对应急领域实际工作的认识，难以达到提升应急管理学习者能力的客观要求。

2. 教学方式不够灵活

应急管理的研究课题涵盖范围广泛，一些突发事件具有事前难以预料的特征，偶发性的"黑天鹅"事件并不能全部在教学科研中通过归纳、演绎的方式推导出来，而是需要在面对缺少与其准备的前提下进行灵活应对。[①] 在教学中，同样需要以灵活的方式理解和应对难以预期的未来风险。固化的理论讲授和程式化案例分析并不完全满足应急管理人才培养的客观需要。在特定的风险环境下，一些突发事件的应对并不能机械进行，如果在教学中难以展现出类似问题的差异性，就容易陷入纸上谈兵的困境。目前，在一些高校的应急管理教学模式创新中，主要表现在师生的互动性提升，但只是将标准答案的输出从教师的直接讲授变为学生表述，教师进行更正，依旧缺乏以突发事件自身特点为本质特征的教学方式改变。因此，应急管理的教学中方式的灵活性缺失会在客观上影响了学习者对应急管理的特征理解。

3. 实践活动不够务实

应急管理的工作目标在于消除隐患和平息危机，这要求在研究学习中以突发事件为核心进行分析。由于突发事件的应对活动直接关系到人民生命财产安全，一些突发事件现场的危险性也需要参与者具备良好的自救互救能力。在真实突发事件发生后，以实习身份参与工作的人员难以真正参与到一线工作之中。在参与应急信息传递的分析中，需要以效率为优先，对参与者的技能熟练程度有较高要求。目前，一些高校的应急管理实践教学和实习仅以观看陈列、参观旧址等方式进行，缺乏操作性方面的学习。作为应急事件

---

① 孙颖妮：《从人才需求出发统筹规划系统性进行学科建设——应急管理学科专业建设研讨会综述》，《中国应急管理》2019年第7期。

教学重要组成部分的应急演练依然存在重"演"轻"练"的情况，很多演练将曾发生过的重大突发事件进行简单还原。对于早已成定论的重大突发事件，学习者通常早已在其他教学中清楚事件走向，通过阅读调查报告获得问题的关键和应该改进的方向，因此在演练中只是将调查报告简单复述，并不能起到在复杂情况下通过风险研判作出应急决策的演练作用。

4. 业务培训不够及时

突发事件的多变性和耦合性决定了已经入职应急管理相关工作的人员仍然需要进行相关业务的培训。无论是政府部门还是企事业单位，较大规模的应急培训通常出现在刚刚发生重大突发事件之后，针对之前发生的突发事件类型进行培训。这起到了亡羊补牢的作用，但并不足以应对日益复杂的安全形势。由于工作计划紧迫等原因，一些企事业单位未能及时进行应急管理相关业务培训。一些企事业单位引入应急管理相关人才，但并未制定提升这类人才专业素质的培训计划，仅以应付监管部门要求为目的，进行临时的培训与演练，培训内容较为固化，缺乏对社会环境变化的内容更新。这也造成了已参与工作的应急管理专业人才的能力下降，未能紧跟技术与管理理念进步的资深管理人员又通常因为职位晋升担负起培训新进员工的责任。由于企业的安全培训不能直接产生效益，安全观念不强的企业领导将其优先级降低，这就造成了业务培训的时间滞后与业务内容滞后。

（三）思维综合下的应急管理专业人才培养策略

1. 课程设置体系化

在应急管理基础课程综合化的基础上，高校仍然需要结合应急管理来源专业的优势，形成更符合应急管理学科规律的课程体系。首先课程设置的体系化需要依据我国应对突发事件的基本规程，从国家安全体系的高度设置课程。从课程标准上看，应急管理需要以职业化为导向，为社会培养应对自然灾害、事故灾难、公共卫生事件、社会安全事件的人才。各高校针对不同的突发事件类型各有所长，都需要从预防各类风险、应急准备、监测预警、应急救援、恢复重建等环节入手，做到课程安排与工作流程相对应，工作导向与教学理念相一致。从课程内容上看，需要重视突发事件的多变性和不确定性，塑造在信息不完全、时间紧迫条件下的研究体系，以非常态的管理环境作为应急管理课程内容的前提。课程安排上还需要从国家体系建设的高度统筹发展和安全，并非仅为强调安全的重要性而忽视社会基础的现实能力。从课程结果上看，将课程与实践、科研相结合，让课程在开始之前就明确对接的目标，让学生能够通过专业课程的学习获得更深入的理解。侧重于实践的课程内容可以激发学生加强课余的学习动力，提升对应急救援等工作的认识；侧重于科研的课程有利于为学校科研任务培养梯队人才，带动整个应急科研社群的建设。

2. 教学方式多元化

应急管理教学的方式需要更为多元化的尝试，以便更好地学习应急管理实践性特征。引入国内外典型案例并以此为基础进行情景构建，打造复杂化的应急管理案例内容。[①]我国的应急管理指导思想的核心是生命至上、人民至上。教学中应充分考虑人民群众看待突发事件的视角，分析不同的人群切实的利益诉求，将多元化的角度分析融入教学方式探索之中。除了传统的讲授方式之外，还可以设置不同立场的辩论教学模式，在利益冲突中分析应急管理的特征和方向。在应急管理常见的案例教学中，以小组竞争的模式比较应急方案的制定，以角色扮演的方式在案例中增加互动，使案例中的情况更为复杂，更接近现实情况。增加媒体沟通等课程方式的灵活性，模拟召开各类突发事件发生后的记者招待会，以教学方式的多元化模拟社会诉求的多元化。

---

① 凌日平、安祥生：《地方本科院校实践教学发展的困境与推进模式》，《教育理论与实践》2021年第9期。

3. 实习实践操练化

应急管理需要学习者在真正参与应急管理工作时具备良好的实践能力。一些突发事件发生后，一线应急管理工作存在一定程度的危险，这需要参与者具有良好的自救互救能力，这无法仅从纸面习得，需要具体的实习操练，如心脏复苏、灭火器材使用等。与应急救援联系紧密的专业更需要增强现场救援的实践操练，一些救援行动需要多人合作，这需要反复的练习和配合，增强应急行动的规范化才能在紧急情况下完成相应的救援动作。侧重于管理的应急人才培训也需要加大应急实践的比例，更多地参与应急救援的一线工作，只有清楚应急实施进度的现实情况，才能制定高效的应急救援计划，合理分配应急资源，保障参与人员的安全。

4. 业务培训常态化

应急人才的培养是个长期持续的工程，参与应急管理工作的人员依然需要定期进行应急相关培训。首先，针对行业运作或使用材料更新的安全培训十分重要，工作规程的改变或使用材料的变更都对应急管理产生重要影响，这需要及时对管理内容和风险监管过程进行调整。其次，定期的风险意识培训与应急意识培养十分重要，持续安全的情况会使一些从业人员麻痹大意，需要不断提升意识，强化底线思维。最后，以应急业务的常态化培训来强化应急管理人才的梯队建设是应急工作长久发展的必要保障，业务培训的常态化使更多的相关人员参与应急工作之中，扩大应急协作规模，对应急能力的提升有重要作用。

三、思维能力综合推进应急体系整合

（一）应急管理理论发展需要思维整合

第一，应急管理基础理论较为薄弱。21 世纪以来，国内外学者虽然对应急管理的体制机制、方法技术等进行了大量研究，但作为一个新兴的学科，应急管理的研究方式并不统一，务实的多学科的研究也更适合复杂的风险变化。但各学科对思维的综合能力提升的需求是一致的。综合性的思维能力不仅有利于应急管理理论的发展，对于管理的方法技术、体制机制等应急实践的发展也具有重要的价值。思维综合引导下的理论综合，有利于分析应急管理的主体、客体、对象、方法、程序与保障等核心要素，拓展现代应急管理的内涵，加强原创性的中国特色的应急管理理论研究。现有研究虽然在突发重大危机事件的预防和控制方面积累了较多的成果和经验，但在超前洞察、前瞻设计、韧性恢复等方面的探索还较为匮乏。尤其在综合研判、系统布局和精准施策方面与应急管理实践需求还有较大差距。因此，统合应急管理观念，构建具有前瞻性、过程控制性与恢复性的应急管理理论体系十分重要。

第二，新技术问题研究欠缺。随着互联网、人工智能的兴起，网络安全等新型突发事件不断发生，各种突发事件极易交织演化成更为复杂的公共危机事件甚至是复合型公共危机事件，如果不能得到及时有效的管控，很可能对公众的心理及社会和谐稳定产生巨大的负面影响。在这种背景下，需要将应对突发事件的管理思维与互联网思维进行综合，对应急管理的体制机制与方法技术等问题的深入研究，为构建更为科学有效的现代化应急管理体系提供理论指导。需加强对应急管理的科研投入，推动应急管理的理论与科技创新，尤其是互联网、大数据、云计算等现代信息技术在应急管理中的应用研究，为现代化应急管理提供新的理论与方法指导，进一步提高应急管理的科技化与智能化水平。研究舆情在突发公共卫生事件中的传播路径及演变规律，对于有效引导和控制舆情具有重要意义。重大突发公共危机事件中公众认知及行为涌现特征研究也是未来应急管理研究的重要内容。

第三，应急管理研究范围较窄。从研究范围来看，现有文献较多关注国家内部与城市应急管理体系建设，跨国家或地区突发公共事件应急管理的研究较少。经济全球化背景下，区域性、国际性突发公共事件的发生频率显著上升，严重危及世界和平稳定发展，协作治理成为未来应急管理体系建设的重要内容。因此，需要综合不同地区的应急思维，扩大应急管理的研究范围，加强对全球性突发公共事件应急管理策略的研究，积极推动国际化应急管理体系的发展。另外，政府、应急管理部门、企业、社会组织及公众的应急思维方式能力并不相同，应加大对不同主体的应急管理综合研究，为建立全社会积极参与的联动应急管理机制提供理论依据。① 加强"文化应急"理念的创新研究，营造科学的应急文化氛围，构建以应急文化为引领的科学应急管理体系。

第四，应急管理理论转化不力。理论的本质在于实践，现阶段应急管理科研平台尚未实现系统化，有效的产学研用合作机制尚未建立，应急管理理论、科技创新成果等转化效率较低，研究成果对应急管理实践的指导性依然不足。早期的应急管理研究以定性分析和案例研究为主，近年来社会网络分析、系统动力学等方法开始应用于应急管理的相关研究，但较多集中于对突发事件事中管理，即应急响应阶段的研究，缺少对应急资源的储备与调运方案等的量化分析及对应急管理绩效与能力水平的评价研究。因此，需要加强理论思维与实践思维的综合，为紧急状态下应急救援、资源供应与调度提供理论指导，提升研究成果的针对性、实用性和可操作性，形成更为科学有效的研究成果。加强对应急管理体制机制有效性的评价研究，有利于改善现有应急管理体制机制建设的薄弱环节，提升应急管理的能力水平。

（二）以思维综合推进应急管理体系整合

一是推动应急知识体系的整合，探索应急管理跨学科知识生产方式的创

---

① 王燕青、陈红：《应急管理理论与实践演进：困局与展望》，《管理评论》2022年第5期。

新。新兴的跨界风险问题需要跨学科知识予以解决。不同学科的思维方式和研究方法并不相同。这首先需要对突发事件的直接相关学科进行知识整合，如灾害学、安全科学、公共卫生学等。其次，需要对新兴的研究方法与传统的研究方法进行整合，用已成熟的研究方法形成新的知识产出。最后，需要加大社会科学的思维与自然科学思维的整合，如在复杂灾害中，既需要工程学提供具体的建设，也需要社会学进行宏观的判断，两种学科的结合过程可能造成冲突和矛盾，这需要通过以思维方式的整合完善应急管理知识体系的整合。

二是推进储备与产业体系整合，探索应急资源保障能力的提升空间。加大对行政性储备与社会性储备的整合，寻找政府储备与企业储备及家庭储备的平衡点，形成企业化、信息化、智能化的物流平台，用以识别、监测和计算，为应急储备的动态扩展提供实时数据的支撑。

三是探索应急产业链、产业群、产业园的整合可能，推进物联网、云计算技术的应用和普及，形成应急产业关联企业之间的互联互通。对产业链进行全面分析，了解应急产业的核心企业和相关配套企业，包括供应商、制造商、分销商等。识别产业链中的关键环节和潜在的瓶颈问题，为整合提供方向。政府进行政策支持和资金扶持，制定有利于应急产业发展的政策环境。

四是反馈渠道整合，促进人民群众的良性互动。在应急类热线之外，依托 12345 平台，对其他服务类热线进行实质性整合，拓展吸纳公众诉求的通道，发挥诉求吸纳对危机沟通的促进作用，推动应急管理在最大范围内得到公众的认可，在最大程度上提升公众对应急策略的遵从。健全相关的法律法规体系，推动区块链技术的发展和应用，为公众更负责任的观点和情绪表达提供可追溯的技术平台的支撑，减少虚假信息的传播，更精准高效地识别公众诉求。①

---

① 薛澜：《学习四中全会〈决定〉精神，推进国家应急管理体系和能力现代化》，《公共管理评论》2019年第1期。

（三）将公共卫生融入应急管理体系

我国进入疫情常态化风险防控阶段后，政府的应急综合协调能力将面临长期考验。这需要协调应急管理工作与其他社会治理工作的关系，完善应急管理体系，化解社会矛盾，发挥应急管理对社会发展的促进作用。提升工作人员和民众的风险共识，增强应急组织体系的完整性与协调性，有利于提升疫情常态化下的人员协调能力，同时提升应急资源的储备、汲取和分配能力。

针对新冠疫情，习近平总书记指出，要从体制机制上创新和完善重大疫情防控举措，健全国家公共卫生应急管理体系，提高应对突发重大公共卫生事件的能力水平。由局部地区暴发并迅速影响全国的疫情，对全国各级政府协调能力提出严峻挑战。在疫情防治工作中，政府的应急综合协调能力作为疫情防治的重点备受公众关注。应急综合协调能力作为国家治理能力现代化的重要组成部分，直接影响公共突发事件的处置效率。在应对危机的过程中，政府的协调能力并不是单一的品质或特征，而是一个复合体，既包括将既定目标转化为现实的绝对能力，也包括政府适应复杂环境进行调整的相对能力。

公共卫生事件发生后，社会主体间在意识层面上的价值一致性程度影响公共突发事件的复杂性和政府应对活动的效率。涉事政府人员的协调能力的基础在于其对突发事件的共识程度。从个体来看，政府人员对自身在应急管理体系中的地位和角色的认同程度越深，其在应急合作行为中的一致性和协调性就越强。个体的协调行为最终会在整体上影响政府的协调能力。因此，提升人员的协调能力首先是提升相关主体在意识层面上的共识。社会主体对突发事件的共识主要取决于两个内容：一是客观的社会风险认知，二是参与应对风险的个体的自我认知。尽管风险在本质上有客观依据，但必然是通过社会过程形成的。复杂化的现代社会使社会公众对风险的理解的难度增大。不同社会群体在面对同一公共危机事件时，所处环境的危险性也并不相同。

就全国暴发的疫情而言，不同地域和社会阶层的个体存在不同的客观风险程度。个体对风险有过高或过低的认知都会影响政府的协调工作。因此，政府工作人员协调职能也体现为将风险的客观情况有效地传达到相关人员。同时，提升政府工作人员的风险共识程度有利于更好地发挥部门间和个体间的协调能力。公众在认知风险的客观性的过程中，更为关注的是政府对这些风险的态度和应对方式。当政府风险预估充分，对突发事件掌控有力时，原先被公众高估的风险就会降低。政府出台应对公共危机事件的行政指令，严格执行应对公共危机事件中所采取的必要措施会减少部分公众对风险的侥幸心理。新冠疫情波及全国，全国人民都成为公共事件的参与者。普通民众在参与公共突发事件的过程中，通过对信息的理解和分析，在个体因素和社会因素的影响下产生个人对风险的感知。政府进行及时的信息发布和舆论引导，其本质在于提升公众作为疫情参与者的共识程度。因此，在突发事件相关信息的管理中，应始终以信息接收者为中心，关注不同群体对于所获得信息的感知和理解。

（四）应急管理体系整合推进国家治理现代化

从国家治理的角度来看，应急管理工作和其他社会治理工作的最终目的都是通过党、政府和全国人民的努力来提升人民群众的幸福感、安全感和满足感。为了应对突发事件的危害性，一些保护性的突发事件应对措施在客观上会对其他社会治理工作的开展产生一定的影响。这也造成了应对突发事件工作与其他社会工作在短期目标上存在一定的矛盾。这就需要政府主导，充分发挥我国政党在组织制度上的优越性，协调短期目标与长期目标的关系，坚持依法治国，通过健全应急管理在新领域上的法律法规，更好地将应急管理体系与其他社会治理体系相融合。安全是社会发展的目的之一，同时也是社会发展的基础。分区分级精准防控是国家治理体系现代化在应急管理领域的集中体现，也是新时代应急管理的必然要求。切实做好兼具整体性和灵活性的应急管理工作是对国家社会治理重要战略的有力支撑，对社会发展具有直接的促进作用。因地制宜设计具有针对性的应急管理策略，大力推进应急管理精细化、科学化也会为其他社会治理活动提供地方经验和管理借鉴。应急综合协调能力的提升，也有利于应急管理工作与其他社会治理工作的有机结合，相互促进。

在现代社会中，居民的社会化程度逐渐提高，每个公民的生存和发展都不能离开社会组织和社会网络的影响。在应对突发事件中，应急组织机构的覆盖程度是影响人员协调效率的重要因素。提升应急组织体系的完整性，主要是指提升应急组织机构的覆盖程度，形成覆盖多元主体的结构化的应急组织体系，其目的在于减少和消除应急处置过程中的"碎片化"情况。不同于自然灾害和事故灾难，新冠疫情引发的公共卫生事件覆盖全国人民的结构化应急组织体系。我国政府之所以能够良好地应对也正是得益于管理组织的完整性。以社区为单位的结构性组织管理在控制疫情发展的过程中起到了重要作用。社区的应急管理水平是衡量我国治理体系和能力现代化的重要标准之一。在相对有限的时间和空间条件下，组织的稳定性和功能性是实现网络化、整体性协调治理最重要的依据。结构性的应急组织体系并不是既定科层体制的简单拓展，而是重构，是基于现代社会建立的网络治理组织体系，以便更大程度地协调应急管理相关人员，实现全覆盖的应急管理。不同组织要实现各自的管理职能就需要进行有效的协调，而增强应急管理组织体系协调性的关键在于明晰组织间职责边界。

参考文献

专著

[1] 习近平 . 习近平谈治国理政：第一卷 [M]. 北京：外文出版社，2018.

[2] 习近平 . 习近平谈治国理政：第二卷 [M]. 北京：外文出版社，2018.

[3] 习近平 . 在经济社会领域专家座谈会上的讲话 [M]. 北京：人民出版社，2020.

[4] 习近平 . 在网络安全和信息化工作座谈会上的讲话 [M]. 北京：人民出版社，2016.

[5] 习近平 . 论坚持全面依法治国 [M]. 北京：中央文献出版社，2020.

[6] 习近平 . 习近平在"不忘初心、牢记使命"主题教育总结大会上的讲话 [M]. 人民出版社，2020.

[7] 中共中央宣传部：习近平总书记系列重要讲话读本（2016）[M]. 北京：人民出版社，2016.

[8] 中共中央纪律检查委员会、中共中央文献研究室 . 习近平关于党风廉政建设和反腐败斗争论述摘编 [M]. 北京：中国方正出版社，2015.

[9] 中共中央文献研究室 . 习近平关于全面从严治党论述摘编 [M]. 北京：中央文献出版社，2016.

[10] 中共中央文献研究室 . 习近平关于全面深化改革论述摘编 [M]. 北京：中央文献出版社，2014.

[11] 中共中央党史和文献研究院 . 十八大以来重要文献选编 [M]. 北京：中央文献出版社，2014.

[12] 中共中央文献研究室 . 习近平关于全面依法治国论述摘编 [M]. 北京：中央文献出版社，2015.

[13] 中华人民共和国国家安全法 [M]. 北京：中国法制出版社，2015.

[14] 毛泽东 . 毛泽东选集：第 1 卷 [M]. 北京：人民出版社，1991.

[15] 毛泽东 . 毛泽东选集：第 2 卷 [M]. 北京：人民出版社，1991.

[16] 毛泽东 . 毛泽东选集：第 3 卷 [M]. 北京：人民出版社，1991.

[17] 毛泽东 . 毛泽东选集：第 4 卷 [M]. 北京：人民出版社，1991.

[18] 邓小平 . 邓小平文选：第 2 卷 [M]. 北京：人民出版社，1994.

[19] 邓小平 . 邓小平文选：第 3 卷 [M]. 北京：人民出版社，1993.

[20] 马克思，恩格斯 . 马克思恩格斯全集：第 8 卷 [M]. 北京：人民出版社，1961.

[21] 中共中央马克思恩格斯列宁斯大林著作编译局 . 马克思恩格斯文集：第 5 卷 [M]. 北京：人民出版社，2009.

[22] 马克思，恩格斯 . 马克思恩格斯选集：第 2 卷 [M]. 北京：人民出版社，1972.

[23] 马克思，恩格斯 . 马克思恩格斯选集：第 3 卷 [M]. 北京：人民出版社，1995.

[24] 马克思，恩格斯 . 马克思恩格斯选集：第 4 卷 [M]. 北京：人民出版社，1995.

[25] 恩格斯 . 自然辩证法 [M]. 北京：人民出版社，2015.

[26] 刘颖，苏巧玲 . 医学心理学 [M]. 北京：中国华侨出版社，1997.

[27] 克劳塞维茨 . 战争论 [M]. 孙志新，译 . 北京：北京联合出版公司，2014.

[28] 李大钊 . 史学要论 [M]. 北京：北京出版社，2016.

[29] 王夫之 . 读通鉴论 [M]. 北京：中华书局，2013.

[30] 王宏伟 . 突发事件应急管理预防处置与恢复重建 [M]. 北京：中央广播电视大学出版社，2009.

[31] 刘川，孙莹 . 自然灾害应对理念与应对机制演变研究 [M]. 沈阳：辽宁人民出版社，2022.

[32] 中国大百科全书哲学卷：第 1 期 [M]. 北京：中国大百科全书出版社，1987.

[33] 李淮春 . 马克思主义哲学全书 [M]. 北京：中国人民大学出版社，1996.

[34] 朱熹 . 四书章句集注 [M]. 北京：中华书局，1983.

[35] 皮金，卡斯帕森，斯洛维奇 . 风险的社会放大 [M]. 谭宏凯，译 . 北京：中国劳动社会保障出版社，2010.

[36] 乔瑞金 . 非线性科学思维的后现代诊解 [M]. 太原：山西科学技术出版社，2003.

[37] 赵松年 . 非线性科学——它的内容方法和意义 [M]. 北京：科学出版社，1994.

[38] 王跃新 . 创新思维学 [M]. 长春：吉林人民出版社，2010.

[39] 刘倩如 . 创造能力培养 [M]. 天津：天津科技翻译出版公司，1993.

[40] 路凯，刘仲春 . 现代创造教育 [M]. 北京：光明日报出版社，1989.

[41] 康德 . 纯粹理性批判 [M]. 北京：商务印书馆，1982.

[42] 宾汉姆 . 法治 [M]. 毛国权，译 . 北京：中国政法大学出版社，2012.

[43] 十八大报告辅导读本 [M]. 北京：人民出版社，2012.

[44] 昂格尔.现代社会中法律 [M].吴玉章,周汉华,译.北京:中国政法大学出版社,2014.

[45] 汪永清.中华人民共和国突发事件应对法解读 [M].北京:中国法制出版社,2007.

[46] 格罗索.罗马法史 [M].黄风,译.北京:中国政法大学出版社,1994.

[47] 刘小兵.戒严与戒严法 [M].北京:中国人民公安大学出版社,1995.

[48] 陈新民.德国公法学基础理论 [M].济南:山东人民出版社,2001.

[49] 徐高,莫纪宏.外国紧急状态法律制度 [M].北京:法律出版社,1994.

[50] 布莱斯特,列文森.宪法决策的过程 [M].张千帆,译.北京:中国政法大学出版社,
2002.

[51] 祚胤.周易注译 [M].长沙:岳麓书社,2000.

[52] 陈荣.应急管理史鉴 [M].杭州:浙江人民出版社,2012.

[53] 刘安.淮南子 [M].上海:上海书店,1986.

[54] 童星.中国社会治理 [M].北京:中国人民大学出版,2018.

论文及期刊

[1] 钟开斌."一案三制":中国应急管理体系建设的基本框架 [J].南京社会科学,2009（11）:
77—83.

[2] 张海波.新时代国家应急管理体制机制的创新发展 [J].人民论坛,2019（5）:6—15.

[3] 中国行政管理学会课题组.建设完整规范的政府应急管理框架 [J].中国行政管理,2004
（4）:8—11.

[4] 张海波.中国应急预案体系:结构与功能 [J].公共管理学报,2013（2）:1—13+137.

[5] 钟开斌.中国应急预案体系建设的四个基本问题 [J].政治学研究,2012（6）:87—98.

[6] 钟开斌.中国应急管理体制的演化轨迹:一个分析框架 [J].新疆师范大学学报（哲学社
会科学版）,2020（6）:73—89+2.

[7] 刘霞,严晓.我国应急管理"一案三制"建设:挑战与重构 [J].政治学研究,2011（1）:
94—100.

[8] 钟开斌.找回"梁"——中国应急管理机构改革的现实困境及其化解策略 [J].中国软科
学,2021（1）:1—10.

[9] 滕五晓.新时代国家应急管理体制:机遇、挑战与创新 [J].人民论坛 · 学术前沿,2019
（5）:36—43.

[10] 闪淳昌,周玲,钟开斌.对我国应急管理机制建设的总体思考 [J].国家行政学院学报,

2011（1）：8—12+21.

[11] 杜钰，李天云．中国应急管理研究 30 年：演进历程、核心议题与议程展望 [J]．行政与法，2023（11）：105—117.

[12] 周孜予，杨鑫．"1+4" 全过程：我国应急管理法律体系的构建 [J]．行政论坛，2021（3）：102—106.

[13] 闪淳昌，周玲，秦绪坤，等．我国应急管理体系的现状、问题及解决路径 [J]．公共管理评论，2020(2)：5—20.

[14] 张海波．中国第四代应急管理体系："逻辑与框架" [J]．中国行政管理，2022（4）：112—122.

[15] 薛澜，刘冰．应急管理体系新挑战及其顶层设计 [J]．国家行政学院学报，2013（1）：10—14+129.

[16] 薛澜，沈华．五大转变：新时期应急管理体系建设的理念更新 [J]．行政管理改革，2021（7）：51—58.

[17] 程惠霞．"科层式" 应急管理体系及其优化：基于 "治理能力现代化" 的视角 [J]．中国行政管理，2016（3）：86—91.

[18] 岳向华，林毓铭，许明辉．大数据在政府应急管理中的应用 [J]．电子政务，2016（10）：88—96.

[19] 黎宏．论总体国家安全观的变革性特征 [J]．重庆大学学报（社会科学版），2015（3）：153—157.

[20] 王勇．国家安全委员会的历史使命与完善之策 [J]．中国党政干部论坛，2014（6）：47—50.

[21] 黄保红．毛泽东战略思维研究 [D]．中共中央党校博士论文，2003.

[22] 李正义．历史思维的哲学诠释与当代价值 [J]．东岳论丛，2019（8）：175—182.

[23] 陈剑．论历史思维 [J]．探索，2001（2）：87—89.

[24] 吴怀祺．历史观、历史思维与安邦兴邦 [J]．史学史研究，2007（2）：7—11.

[25] 赵恒烈．历史思维的三时态 [J]．首都师范大学学报（社会科学版），1993（4）：1—8.

[26] 黄俊杰．中国历史思维的特征 [J]．史学理论研究，2013（2）：127—133.

[27] 王贵仁．史家历史思维结构解析 [J]．山东社会科学，2007（8）：12—18.

[28] 闪淳昌，周玲，方曼．美国应急管理机制建设的发展过程及对我国的启示 [J]．中国行政管理，2010（8）：100—105.

[29] 游志斌，薛澜. 美国应急管理体系重构新趋向：全国准备与核心能力 [J]. 国家行政学院学报，2015（3）：118—122.

[30] 薛澜. 学习四中全会《决定》精神，推进国家应急管理体系和能力现代化 [J]. 公共管理评论，2019（1）：33—40.

[31] 张海波. 应急管理的全过程均衡：一个新议题 [J]. 中国行政管理，2020（3）：123—130.

[32] 高小平，张强. 再综合化：常态与应急态协同治理制度体系研究 [J]. 行政论坛，2021（1）：59—67.

[33] 高小平，刘一弘. 应急管理部成立：背景、特点与导向 [J]. 行政法学研究，2018（5）：29—38.

[34] 钟开斌. 国家应急管理体系：框架构建、演进历程与完善策略 [J]. 改革，2020（6）：5—18.

[35] 刘一弘，高小平. 新中国 70 周年应急管理制度创新 [J]. 甘肃行政学院学报，2019（4）：4—13.

[36] 童星. 中国应急管理的演化历程与当前趋势 [J]. 公共管理与政策评论，2018（6）：11—20.

[37] 冯国瑞. 辩证思维及其当代意义 [J]. 北京行政学院学报，2010（5）：53—58.

[38] 彭华. 阴阳五行研究（先秦篇）[D]. 华东师范大学博士学位论文，2004.

[39] 彭华. 中国传统思维的三个特征：整体思维、辩证思维、直觉思维 [J]. 社会科学研究，2017（3）：126—133.

[40] 习近平. 全面贯彻落实党的十八大精神要突出抓好六个方面工作 [J]. 求是，2013（1）：3—7.

[41] 刘爱莲，李树文. 论习近平社会治理思想中的辩证思维 [J]. 河海大学学报（哲学社会科学版），2015（10）：6—10.

[42] 龚维斌. 统筹发展和安全：以新安全格局保障新发展格局 [J]. 中国应急管理科学，2022（5）：1—9.

[43] 黄大慧，胡庆. 统筹发展和安全：演进逻辑与时代价值 [J]. 国家安全研究，2022（3）：5—25.

[44] 张新宁. 统筹发展和安全：原则、逻辑与路径 [J]. 上海经济研究，2023（6）：5—14.

[45] 钟开斌. 统筹发展和安全：理论框架与核心思想 [J]. 行政管理改革，2021（7）：59—67.

[46] 何艳玲，汪广龙．统筹的逻辑：中国兼顾发展和安全的实践分析 [J]．治理研究，2022（2）：4—14+123．

[47] 刘金平，周广亚，黄宏强．风险认知的结构，因素及其研究方法 [J]．心理科学，2006（2）：370—372．

[48] 孟博，刘茂，李清水．风险感知理论模型及影响因子分析 [J]．中国安全科学学报，2010（10）：59—66．

[49] 王治莹，梁敬，刘小弟．突发事件情境中公众的风险感知研究综述 [J]．情报杂志，2018（10）：161—166．

[50] 刘树枝．新时代"枫桥经验"基本内涵探究 [J]．社会治理，2018（4）：61—63．

[51] 苗东升．论系统思维（一）：把对象作为系统来识物想事 [J]．系统辩证学学报，2004（7）：3—7．

[52] 苗东升．论系统思维（四）：深入内部精细地考察系统 [J]．系统辩证学学报，2005（4）：1—5．

[53] 魏宏森．复杂性研究与系统思维方式 [J]．系统辩证学学报，2003（1）：7—12．

[54] 王跃新，李晨语．创新思维：引领开拓创新的第一动力 [J]．学术界，2022（8）：203—209．

[55] 余华东．创新思维的关键是非逻辑思维 [J]．山西大学师范学院学报，2002（1）：1—9．

[56] 黄蓉生，方建．创新思维的理论逻辑与实践运用 [J]．中国高校社会科学，2020（2）：34—42+157—158．

[57] 鲍跃全，李惠．人工智能时代的土木工程 [J]．土木工程学报，2019（5）：1—11．

[58] 曹家乐，李亚利，孙汉卿，等．基于深度学习的视觉目标检测技术综述 [J]．中国图象图形学报，2022（6）：1697—1722．

[59] 张涛，刘玉婷，杨亚宁，等．基于机器视觉的表面缺陷检测研究综述 [J]．科学技术与工程2020（20）：14366—14376．

[60] 余萍，曹洁．深度学习在故障诊断与预测中的应用 [J]．计算机工程与应用，2020（3）：1—18．

[61] 宋关福，钟耳顺，李绍俊，等．大数据时代的 GIS 软件技术发展 [J]．测绘地理信息，2018（1）：1—7．

[62] 邹积亮．我国应急演练的创新性实践 [J]．中国减灾，2019（12）：22—25．

[63] 李雪峰．应急演练类型、设计、实施与评估 [J]．中国减灾，2019（12）：14—17．

[64] 钱洪伟，尤晴晴，王建东. 河南省黄河流域洪灾应急演练设计理论框架与技术要点研究 [J]. 中国应急救援，2021（2）：4—10.

[65] 刘杨. 法治的概念策略 [J]. 法学研究，2012（6）：29—33.

[66] 陈金钊. 对"法治思维和法治方式"的诠释 [J]. 国家检察官学院学报，2013（3）：77—96.

[67] 梁迎修. 理解法治的中国之道 [J]. 法学研究，2012（6）：3—6.

[68] 夏锦文. 习近平新时代法治与发展思想论要 [J]. 江海学刊，2018（2）：20—29.

[69] 清华大学社会学系社会发展研究课题组."中等收入陷阱"还是"转型陷阱"?[J]. 开放时代，2012（3）：125—145.

[70] 李林. 全面推进依法治国的思考和建议 [J]. 法学研究，2013（2）：5—10.

[71] 崔俊杰，李嘉豪. 我国突发事件应急法制的检视与完善 [J]. 中国应急管理科学，2020（6）：24—33.

[72] 李蕊伶，郝稚立. 新时代背景下《突发事件应对法》的适应性调整与修订方向 [J]. 行政科学论坛，2023（5）：40—46.

[73] 陈金钊."法治改革观"及其意义——十八大以来法治思维的重大变化 [J]. 法学评论，2014（6）：1—11.

[74] 周少华. 适应性：变动社会中的法律命题 [J]. 法制与社会发展，2010（6）：105—117.

[75] 孙迎春. 国外政府跨部门协同机制及其对中国的启示 [J]. 行政管理改革，2013（10）：63—67.

[76] 潘孝伟. 唐朝减灾行政管理体制初探 [J]. 安庆师院社会科学学报，1996（3）：18—22.

[77] 于安. 论国家应急基本法的结构调整——以《突发事件应对法》的修订为起点 [J]. 行政法学研究，2020（3）：3—10.

[78] 夏乃儒. 中国古代"忧患意识"的产生与发展 [J]. 上海师范大学学报，1989（3）：81—87.

[79] 李崇富. 论治国理政的"底线思维"[J]. 马克思主义研究，2016（3）：5—15.

[80] 张琳. 习近平"底线思维"重要论述的思想内涵双重意义 [J]. 陕西师范大学学报（哲学社会科学版），2020（5）：14—25.

[81] 王磊，伍麟. 论风险研究领域中的社会表征理论 [J]. 南京师大学报（社会科学版），2013（2）：116—122.

[82] 范如国."全球风险社会"治理：复杂性范式与中国参与 [J]. 中国社会科学，2017（2）：

65—83+206.

[83]彭宗超.中国合和式风险治理的概念框架与主要设想[J].社会治理，2015（3）：43—51.

[84]于海明，崔凌南，王相.“十四五”时期中国应急管理人才培养模式探析[J].教育教学论坛，2022（30）：42—45.

[85]佟瑞鹏，赵旭，王露露.高校应急管理人才培养模式探究与展望[J].中国安全科学学报，2021（7）：1—8.

[86]孙颖妮.从人才需求出发统筹规划系统性进行学科建设——应急管理学科专业建设研讨会综述[J].中国应急管理，2019（7）：28—31.

[87]凌日平，安祥生.地方本科院校实践教学发展的困境与推进模式[J].教育理论与实践，2021（9）：44—47

[88]王燕青，陈红.应急管理理论与实践演进：困局与展望[J].管理评论，2022（5）：290—303.